U0716767

KUAIJI XINXIHUA

会计信息化

张俊龙　李剑飞　潘　威　主编

西安交通大学出版社
XI'AN JIAOTONG UNIVERSITY PRESS

内容提要

本书以用友 ERP-U8V10.1 软件为操作平台,以"突出实战"为主导思想,以"项目任务驱动"为编写体例,将一个工业企业常见的经济业务分解成 9 个项目 32 个任务贯穿始终,内容涉及会计信息化系统功能模块。全书分别介绍了信息化环境下总账、薪资管理、固定资产管理、应收款管理、应付款管理、UFO 报表等系统的基本工作原理和操作流程,使读者在了解必须理论知识的基础上,系统掌握上述各系统业务的操作步骤及方法,以及利用财务软件查找财务和报表资料的方法。

本书所有任务均提供相应的账套数据备份、演示操作视频等二维码资源,每个任务既环环相扣,又可以独立运作,能够适应不同层次教学的需要。

本书可供普通高校、各类职业教育院校以及成人培训机构会计专业的师生使用,也可供社会从业人员学习参考。

图书在版编目(CIP)数据

会计信息化 /张俊龙,李剑飞,潘威主编. — 西安:

西安交通大学出版社,2017.6

ISBN 978-7-5605-9894-9

Ⅰ.①会… Ⅱ.①张…②李…③潘… Ⅲ.①会计信息-财务管理系统-教材 Ⅳ.①F232

中国版本图书馆 CIP 数据核字(2017)第 170939 号

书 名	会计信息化
主 编	张俊龙 李剑飞 潘威
责任编辑	王建洪
出版发行	西安交通大学出版社
	(西安市兴庆南路 10 号 邮政编码 710049)
网 址	http://www.xjtupress.com
电 话	(029)82668357 82667874(发行中心)
	(029)82668315(总编办)
传 真	(029)82668280
印 刷	陕西元盛印务有限公司
开 本	787mm×1092mm 1/16 印张 16.25 字数 395 千字
版次印次	2017 年 8 月第 1 版 2017 年 8 月第 1 次印刷
书 号	ISBN 978-7-5605-9894-9
定 价	36.00 元

读者购书、书店添货,如发现印装质量问题,请与本社发行中心联系、调换。
订购热线:(029)82665248 (029)82665249
投稿热线:(029)82668133
读者信箱:xj_rwjg@126.com

编审说明

为贯彻《2006—2020 国家信息化发展战略》，全面推进我国会计信息化工作，进一步深化会计改革，充分发挥会计在经济社会发展中的作用，财政部发布了《关于全面推进我国会计信息化工作的指导意见》(财会〔2009〕6 号)，明确指出我国会计信息化工作的目标和主要任务，以推进会计信息化人才建设。ERP(企业资源计划)作为一个信息高度集中的管理系统，在信息技术建立基础上，利用现代企业的先进管理思想，全面集成企业的所有资源，并为企业提供决策、计划、控制与经营业绩评价的全面化、整合化和动态化的管理平台，是企业信息化建设的核心部分。作为中国最大的企业管理 ERP 软件供应商之一的用友，其 ERP 在国内的广泛运用和软件更新，对会计、税务、审计工作及相关经济管理工作人员了解、使用和维护财务管理软件提出了更高的要求。

本书从企业应用的实际出发，严格遵循由浅入深、循序渐进的原则，力求通俗易懂，便于操作。学习者可以通过一个个实验，亲自体验用友 ERP-U8V10.1 软件财务管理和供应链管理系统的功能，掌握各项业务处理步骤及操作方法，提高信息化环境下的业务处理能力。全书按照"职业导向、能力本位，项目驱动、任务载体"的课程整体设计原则，将信息化工作过程划分为 9 个项目、32 个任务，即将一个工业企业的经济业务贯穿始终，分别介绍了总账、薪资管理、固定资产管理、应收款管理、应付款管理、UFO 报表等财务管理系统。每个任务包括任务描述、知识准备与业务操作两部分内容，其中知识准备与业务操作部分中设有业务资料、操作步骤小模块，项目后有项目小结，针对各业务资料操作步骤中的关键点和易错点，以"小提示！"形式列出，以加深学习者的印象。本书另配有会计信息化学习资源，以提高学习者运用实际资料使用财务软件功能的能力。

本书特色主要体现在以下几个方面：

(一)双师型编者队伍。以校企合作为平台，组建编者队伍。编者既有来自全国或省示范高职院校的双师型资深骨干，还有行业企业和软件公司实战能力突出的专家，形成由校企共同开发课程、共同建设课程的有效机制。

(二)岗证结合。充分发挥工学结合的作用，基于会计信息化工作过程的系统化设计，充分体现课程教学与会计信息化工作的一致性，以工作能力为本位，充分体现了能力培养的主导思想。

(三)课证融合。将全国信息化工程师(ERP 认证)考证内容列入教学内容，力争做到课证内容统一，提高考证通过率，从而确保"双证制"有效实施。

(四)数字化配套资源。为了满足学习者针对不同内容学习的需要，我们对教材中的任务都做了账套数据备份，可以使学习者任意选取所要完成的实验任务，而不会因为数据准备不充分而无法随机选取学习内容。同时为了满足教师教学需要，还提供了任务的演示操作视频和教学课件，努力做到想教师及学生之所想，急教师及学生之所急。

(五)教材形式上充分体现了互联网＋的教改理念。

全套教材定位于互联网＋立体化教材，编写团队全面整合了数媒与纸媒的教材资源，使教材独具数字化、网络化和媒介化特色。主要体现在：

1.在每个任务标题后配置二维码。用手机扫码，会出现需要通行证才能登录的界面，刮开封底的账号密码输入，登录成功即可呈现数字化教学资源的四大模块。①学习资料：一些概念和准则等文本；②视频讲解：flash 视频直观讲解教师不易表达的难点、晦涩点；③课后习题：针对知识点进行题库练习,交卷评卷看解析,二次巩固;④随堂实训:针对教材的案例动手实训,体会和掌握实操技能。通过这四个维度的展示,足以满足学生对相应知识的认知掌握。

2.在线建立行政班级进行管理。教师可通过手机 APP 建立一个行政班级,通过后台对学生进行实时管理,检查学生观看视频的情况、做题多少、准确率等,还可以根据需要制定实训内容,以满足教师个性化教学需要。

3.配套数字化辅助学习资源。教材各章节或各单元均有相当翔实的延伸阅读内容(或案例分析或习题参考答案或政策法规)上传"会计专业学习指导"微信公众号(kjzy2016),通过扫描二维码即可实现手机阅读,快捷方便。

上述立体化教材不仅改变了学与教的传统方式,而且拓展了学习者的学习时空,折射出整个教育资源建设理念的升级,使教师从传统的教材"消费者"转变为积极的教材开发者,同时也改善了教材与教学、学习的内在关系,最终通过数字化教材资源建设来推动教育教学方式的升级与转型。教学形式也由传统的讲授式课堂转变为翻转式课堂、混合式与互动式课堂等新形式。学习者在课堂不仅可以与学科专家、教学名师等进行对话,而且也可以与学习工具进行互动。

经审定,本书可作为高等院校(含高职高专、成人高校)开设会计信息化课程的教学用书,也可作为会计从业以及用友资格考试 ERP 认证参考用书,还可供欲掌握财务软件应用的人员自学使用。本书的参考学时为 72 学时,建议采用"理实一体"教学模式,项目的参考学时见学时分配表。

学时分配表

项 目	项目内容	学 时
项目一	会计信息化任知	2
项目二	系统管理	4
项目三	企业应用平台	4
项目四	总账管理	12
项目五	薪资管理	6
项目六	固定资产管理	6
项目七	应收款管理	6
项目八	应付款管理	6
项目九	UFO 报表	6
附 录	会计信息化综合实训	20
合计		72

本书编写人员都是担任"会计信息化"课程教学工作多年的教师和用友 ERP 软件系统培训人员,由哈尔滨职业技术学院张俊龙、李剑飞、潘威主编,黑龙江农垦职业学院咸苏娜、辽宁商贸职业学院赵炫炜、哈尔滨职业技术学院刘震威担任副主编。编写分工如下:张俊龙(项目一、项目二、项目三、项目四),李剑飞(项目五、项目六),潘威(项目七、项目八),刘震威(项目九、项目十),咸苏娜和赵炫炜承担了数据测试任务。在本书编写过程中,还得到新道科技有限公司的大力支持和帮助,在此表示衷心的感谢!

由于会计信息化变革很快,作者的知识水平和社会实践有限,加之编写时间仓促,书中错漏之处在所难免,恳请读者对本书不足之处给予批评指正,以便进一步修订完善。

互联网＋高等教育精品课程"十三五"规划教材编审指导委员会

2017 年 7 月

目 录

项目一　会计信息化认知

◆**职业能力目标**

了解会计信息化的基本原理和会计信息化实施的意义;认识用友 ERP-U8V10.1 软件及主要功能;掌握配置用友 ERP-U8V10.1 软件的运行环境,并能正确安装。

◆**典型工作任务**

了解会计信息化;用友 ERP-U8V10.1 软件认知;用友 ERP-U8V10.1 软件安装。

任务一　了解会计信息化

【任务描述】

目前,计算机和网络通信等现代信息化技术得到了前所未有的发展和应用。信息化浪潮冲击着各行各业,并成为这一时代的主旋律。为顺应信息化潮流,运用现代信息技术,改革传统会计,实现会计信息化,已成为时代发展的迫切要求。本任务主要是了解会计信息化的含义、产生与发展及意义,分析手工会计核算系统与电算化会计信息系统间的关系,从而理解会计信息化产生的必然性。

【知识准备与业务操作】

一、会计信息化的含义及运行要素

（一）会计信息化的含义

会计信息化是将会计信息作为管理信息资源,全面运用计算机、网络和通信为主的信息技术对其进行获取、加工、传输、存储、应用等处理,为企业经营管理、控制决策和经济运行提供充足、实时、全方位的信息。会计信息化是信息社会的必然产物,是未来会计的发展方向。

目前,对会计信息化还没有严格的定义,其名称也不统一,有人称为"会计信息系统",有人称为"会计电算化"等,但基本含义都是计算机技术、信息技术、网络和通信技术应用到会计业务处理和财务管理工作中,属于信息管理与信息系统中的一部分。会计信息化绝不仅仅是以计算机为处理工具来取代手工处理过程,而是要实现手工处理无法实现的功能,使会计信息处理产生质的飞跃。

（二）会计信息化的运行要素

会计信息系统是一个人机系统,其运行要素由系统人员、计算机硬件、计算机软件以及系统运行制度构成。

1. 系统人员

系统人员是会计信息系统的主体,包括会计人员、系统管理人员、系统开发与维护人员等。人员是会计信息系统中的一个重要因素,没有一支高水平、高素质的系统人员队伍,再好的信息系统也难以稳定正常运行。

2. 计算机硬件

计算机硬件是进行会计数据输入、处理、存储、传输和输出的各种电子与机械设备。输入设备有硬盘、光电自动扫描输入装置、条形码扫描装置等;数据处理设备是计算机;存储设备有磁带机和磁盘机等;传输设备有电缆、光缆、调制解调器等;输出设备有打印机、显示器等。另外,可能还需要防火墙、UPS 电源等辅助设备。硬件设备不同的结构及组合方式决定了会计信息系统的不同工作方式。目前,常见的有单用户结构、局域网结构和广域网结构三种类型。

3. 计算机软件

计算机软件包括系统软件和应用软件。系统软件主要是指中文操作系统和数据库管理系统。一般在购买设备时由计算机厂商提供或自行购买。应用软件主要指会计软件,是会计信息系统中的一个重要组成部分。有关会计软件的一些文档资料也包括在会计软件之内,会计软件可由使用单位组织开发设计或购买商品化会计软件。

4. 系统运行制度

系统运行制度是保证会计信息系统正常运行的各种制度和控制程序。比如硬件管理制度、数据管理制度、岗位责任制度、保密制度等。

二、会计信息化的产生与发展

(一)会计信息化的产生

自从 1946 年世界上第一台计算机问世,计算机在信息处理方面所显示出来的巨大潜力就引起了会计人员的重视。计算机具有的能自动、高速进行大量计算和数据处理的特性,使其成为进行大规模数据处理的经济管理工作的必然选择。20 世纪 50 年代,美国第一次用计算机计算职工薪金,从而引发了会计处理形式的变革,会计信息化也应运而生。20 世纪 60 年代中期以后,计算机硬件、软件性能得到进一步改进,可操作性不断增强,价格不断降低,为计算机在会计领域的普及创造了条件。特别是微型计算机的问世,数据库与计算机网络技术的迅猛发展,使人们充分认识到电算化数据处理的优越性。

在我国,将计算机应用于会计数据处理的工作起步较晚。1979 年,第一汽车制造厂大规模信息系统的设计与实施,成为我国会计信息化发展过程中的一个里程碑。1981 年 8 月,在财政部、原第一机械部、中国会计学会的支持下,中国人民大学和第一汽车制造厂联合召开“财务、会计、成本应用电子计算机问题讨论会”,第一次正式提出了“电子计算机在会计工作中的应用”的问题,引入了“会计电算化”概念。

(二)会计信息化的发展

1. 国外会计信息化的发展

国外会计软件的应用非常普及,已融入 ERP 系统中。经过十几年甚至几十年的发展,ERP 软件在研制思想上注重内部控制、法律法规、行业规范与标准、审计监督、系统集成性等方面都表现得较为完善。将能够设置为控制点的环节全部设计控制功能,在企业根据具体情况进行选择和设置的前提下实施强制性控制,这对企业制约性较强,也是国内企业抱怨国外软件死板、不够灵活的原因之一。

国外会计信息化的发展经历了四个阶段:单项会计核算业务信息化;会计综合数据处理的全部的信息化;建立网络化的、以管理为重心的会计信息系统或企业管理信息系统;建立了会计或企业管理决策支持系统和专家系统。

2.我国会计信息化的发展

我国会计信息化起步较晚,大致开始于20世纪70年代,其发展历程分为以下几个阶段:

(1)模拟手工记账的探索起步阶段。20世纪80年代,我国会计信息化开始起步。这个阶段的会计核算软件只是将计算机作为一种高级的计算工具应用到会计领域,采用相应的数据库管理系统,出发点主要是减轻会计人员的工作强度,提高工作效率。一般只是设置专门的账务处理系统,模拟手工业务处理过程。

(2)与其他业务结合的推广发展阶段。20世纪90年代后,随着国内市场需求的扩大以及国际化进程的加速,国内各大软件生产厂家出于发展战略的考虑,先后推出了商品化会计核算软件。这个阶段是会计信息化的丰富发展阶段,引入了更多的会计核算子系统,将企业其他部门的日常核算纳入计算机管理,形成一套完整的会计核算软件系统,包括账务处理子系统、报表子系统、往来管理子系统、工资核算子系统、固定资产子系统、成本核算子系统、销售核算子系统。会计信息化工作顺利完成由单项会计核算业务到全面信息化发展,实现企业内部以会计核算系统为核心的信息集成化。

(3)引入会计专业判断的渗透融合。2009年,我国对企业会计标准进行了重大改革,建立了与国际趋同的企业会计准则体系,引入了会计专业判断的要求。这个阶段是在会计信息系统提供信息的基础上,结合其他数据和信息,运用会计专业判断,将会计准则中关于各种确认、计量、记录、报告等要求渗透融合进企业的会计信息系统,逐步完成由单机应用到局域网应用的转变。

(4)与内部控制相结合建立ERP系统的集成管理。ERP(enterprise resource planning,企业资源计划)是将企业各种资源进行整合集成管理,是指建立在信息技术基础上,以系统化的管理思想,为企业决策层及员工提供决策运行手段的管理平台,是企业管理信息化的代名词。简而言之,就是对企业物流、资金流和信息流进行全面一体化管理的管理信息系统。其功能模块不同于以往的财务管理软件,不仅用于生产企业的管理,而且被许多其他类型企业用于资源计划和管理,一般分为:财务、供应链管理、制造管理、项目管理、人力资源管理和决策支持等。ERP系统体现了先进的财务会计、管理会计和成本管理思想。由于会计信息由计算机进行集中化、程序化处理,会使手工处理的某些职责分离、相互牵制的控制措施失去效用,因此,计算机的磁盘存储会计信息的准确完整极为重要。必须结合会计信息系统的特点,建立一套更为严格的内部控制制度,以满足信息使用者的多样化信息需求。

三、会计信息化和手工会计处理的异同

(一)会计信息化和手工会计处理的共同点

1.系统目标一致

最终目标都是通过会计信息处理实现加强经营管理,参与经营决策,提高经济效益的目

的。但会计信息化会使预测和计划更加科学、核算更加明细和准确、控制更加有效、分析更加透彻、考评更具激励性。

2. 会计法规一致

必须遵守国家的会计法规及现行的财经制度。但会计信息化对会计法规有所影响,目前一些会计规范及政策制度就是针对会计信息化制定的,以后还会不断完善。

3. 会计理论与会计方法一致

会计理论是学科的结晶,会计方法是会计工作的总结。会计信息化虽然会引起会计理论与方法上的变革,但这种变革是渐进型的,而不是突变型的。其仍然应当遵循基本的会计理论与会计方法(如会计要素和记账方向等)。

4. 基本功能相同

任何一种会计信息系统都有五个方面的基本功能,即信息的收集与记录、信息的存储、信息的加工处理、信息的传输及信息的输出。无论是手工还是会计信息系统,要达到系统目标,都必须具备上述五个功能。而会计信息化由于使用了现代化的工具和科学的管理机制与模式,其功能是手工处理无法比拟的。

(二)会计信息化和手工会计处理的不同点

1. 运算工具不同

手工会计处理使用的工具是算盘、计算器等,计算过程中每运算一次都要重复一次。由于要存储运算结果,使人不得不边运算边记录,工作量大,且速度慢、出错率高。

会计信息系统使用的运算工具是电子计算机,数据处理过程由计算机完成。由于它能存储运算结果,人只要输入原始数据便能得到所希望的信息。其速度快、准确率高,信息存储量大。

2. 信息载体不同

手工会计处理中的所有信息都以纸张为载体,占用空间大,保管难度大,查找困难。

会计信息化除不要的会计凭证之外,均可采用磁性介质或光盘为信息载体,占用空间小,查找方便,保管容易,可以利用网络传输。但其缺点是,被删除或篡改而不留痕迹,且磁性介质的损坏可能导致信息丢失。因此,会计信息系统必须解决好如何保留审计线索和如何保证会计信息的安全可靠等问题。

3. 账簿及记账规则不同

手工会计处理规定的日记账、总账采用订本式账册,明细账采用订本式或活页式账册,账簿记录错误要用划线登记法、红字冲销法和补充登记法,账页中的空行、空页要用红线划销。

会计信息化打印输出的账页是折叠账页,账簿不必全部打印,凭证的分类、排序、合并和记账都是由一个程序完成的,不存在账账、账证、账表核对。会计信息化的账簿不可能完全采用手工改错的方法,为保证审计线索,规定凡是已记账的凭证数据不能直接修改,只能采用红字冲销和补充登记,以便留下修改痕迹,打印输出的账页空白部分也不准用划线注销。

4. 会计核算形式不同

手工会计处理账务的程序有记账凭证核算程序、科目汇总表核算程序、日记账核算程序和汇总凭证核算程序四种,它们都避免不了重复转抄与计算的根本弱点,伴之而来的是人员、环节与差错的增多。

会计信息系统账务处理程序有两种方案:一是基本按手工系统方式进行系统移植,兼容多种核算方式,这也是目前大多数商品化软件都采用的方案;二是理想化的全自动账务处理程序,即会计凭证磁性化(或用条形码),由阅读机识别后输入计算机,根据用户定义进行计算机加工处理,并按照用户设定输出(显示器或打印机)。

5.会计工作组织体制不同

手工会计处理工作体制是以会计业务的不同性质作为制定的主要依据,一般可划分为如下专业组:材料组、工资组、成本组、固定资产组、综合财务组,它们之间通过信息资料传递、交换建立联系,相互稽核牵制,使系统正常运转。岗位一般分为:出纳、工资、材料、固定资产和成本等若干工作岗位。

会计信息系统工作体制是以数据的不同形态作为制定的主要依据。会计信息化可划分为以下的专业组:数据收集组、凭证编码组、数据处理组和系统维护组。岗位一般分为:录入、审核、维护等岗位。

6.人员结构不同

手工会计处理全部是会计专业人员,属于专职会计人员。会计信息系统中的人员由会计专业人员和计算机软件、硬件操作人员组成,对人员要求比较高,既要掌握一定的会计专业知识,又要掌握相关的计算机知识、会计软件使用技术及设备的保养和维护知识。

7.内部控制方式不同

手工会计处理对会计凭证的正确性,一般从摘要内容、数量、单价、金额、会计分录、签字盖章等项目审核,通过账证相符、账账相符、账实相符等内部控制方式来保证数据的正确,堵塞漏洞。

会计信息化系统由于账务处理程序和会计工作组织体制的变化,在手工的内部控制方式上做了必要的修改。账证、账账、账表和对待控制方式已经不再存在强调输入的严密控制,保留了签字、盖章等控制,增设了权限、序时等控制方式。

四、会计信息化的意义

(一)减轻会计人员的劳动强度,提高会计工作效率

实现会计信息化后,大量数据的计算、分类、归集、汇总、分析等工作由计算机自动完成,这就将会计人员从繁杂的记账、算账、报账中解脱出来,减轻了劳动强度。同时,由于计算机数据处理速度快,运算准确率高,从而使大量的会计信息得到及时、迅速的处理,提高了会计工作效率,便于满足企业市场经济预测和决策的需要。

(二)促进会计工作规范化,提高会计工作质量

实现会计信息化后,软件对输入数据提出一系列规范要求,并进行数据校验,防止非法数据的录入,使数据在整个处理过程中得以严格控制,避免了手工操作中存在的不统一、不规范、易错记、漏记等问题,从而保证会计信息的合法性、完整性,促进了会计工作的规范化,提高了会计工作质量。

（三）促进会计工作职能的转变，提高企业的管理水平

实现会计信息化后，不仅可以将会计人员从繁杂的事务中解放出来，使他们有更多的时间和精力用于对会计信息进行分析，参与经济管理。同时也提供了更全面、科学的决策依据，更加充分地发挥会计的预测和决策职能，从而较好地促进会计工作职能的转变。

（四）促进会计队伍素质的提高

实现会计信息化后，对会计人员提出了更高的要求。一是会计信息处理方式的改变，要求会计人员学习和掌握许多新知识，以便适应工作需要；二是大部分工作由计算机来完成，留出更多的学习时间和培训机会；三是会计职能的转变，需要会计人员更多地参与经济活动的分析、预测，探索经济活动规律，这样必然可以提高整个会计队伍的业务素质。

（五）促进会计理论研究和实务的发展，促进会计制度的改革

在实现会计信息化的过程中又提出了许多新的技术问题，如信息化的内部控制、审计程序等，促进会计理论和实务的探索，推动会计理论研究和实务的发展。

（六）推动企业管理现代化

会计信息作为经济活动信息的重要组成部分，在经济管理中起着至关重要的作用。据统计，会计信息量占企业管理信息量的 $60\% \sim 70\%$。实现会计信息化后，会计信息可以得到及时准确的处理，加快信息流动，为企业管理现代化奠定了重要基础，促进和带动其他业务、管理部门的信息沟通，加快企业管理现代化的实现。

五、会计电算化岗位设置

会计电算化岗位是指直接管理、操作、维护计算机及会计核算软件的工作岗位，实行会计电算化的单位要根据计算机系统操作、维护、开发的特点，结合会计工作要求，划分电算化会计岗位。会计电算化岗位设置因企业规模大小而略有不同。

（一）大中型企业电算化会计岗位设置

大中型企业和使用大规模会计电算化系统的单位，一般可设立电算主管、软件操作、审核记账、电算维护、电算审查、数据分析和会计档案保管等基本岗位。

(1)电算主管。负责协调计算机及会计软件系统的运行工作。

(2)软件操作。负责会计核算软件具体使用操作。

(3)审核记账。负责凭证的审核记账。

(4)电算维护。负责保证计算机硬件、软件的正常运行，管理计算机内的会计数据。

(5)电算审查。对电算化系统运行进行监督，防范利用电算化系统舞弊。

(6)数据分析。负责对计算机内的会计数据进行分析。

(7)会计档案保管。负责会计电算化数据和程序的备份，打印的账表、凭证和各种会计档案资料的保管。

上述会计电算化岗位中，软件操作岗位与审核记账、电算维护、电算审查岗位为不相容岗位。会计电算化岗位及其权限设置一般在系统初始化时完成，平时根据人员的变动可进行相应调整。电算主管负责定义各操作人员的权限；具体操作人员只有修改自己口令的权限，无权更改自己和他人的操作权限。

（二）中小企业实行电算化岗位设置

目前,我国的企业绝大多数是中小型企业,这些企业会计部门的人数常常不足 10 人,会计业务也比较简单。实行会计电算化后,其岗位应根据实际需要进行设置,有时一人可以兼任多个工作岗位。这样,不仅能够加强对会计电算化工作的管理,而且能够提高工作效率。不过设置的电算化会计岗位应该注意满足内部牵制制度的要求,如出纳和记账审核不应是同一人,软件开发人员不能操作软件处理会计业务等,较小单位电算化岗位的设立,可由会计主管兼任电算主管和审核记账岗位。

任务二　用友 ERP-U8V10.1 软件认知

【任务描述】

用友 ERP-U8V10.1 企业应用软件是中国 ERP 普及旗舰产品,是中国用户量最大、应用面最广、行业实践最丰富的 ERP 系统之一,并与中国企业业务实践相结合,形成了适合中国企业经营管理的平台,能满足不同的竞争环境下,不同的制造、商务模式下,以及不同运营模式下的企业经营,实现从企业日常运营、人力资源管理到办公事务处理等全方位的产品解决方案。本任务是了解用友 ERP-U8V10.1 软件主要功能模块及其运行环境,并掌握软件的安装方法。

【知识准备与业务操作】

一、用友 ERP-U8V10.1 软件的主要功能

用友 ERP-U8V10.1 于 2016 年发布,根据业务范围和应用对象不同,用友 ERP-U8V10.1 划分为财务管理、供应链、生产制造、人力资源、决策支持、集团财务、企业门户等系列产品,由 40 多个系统构成,各系统之间信息高度共享,其中财务管理和供应链管理模块组成如图 1-1 所示。

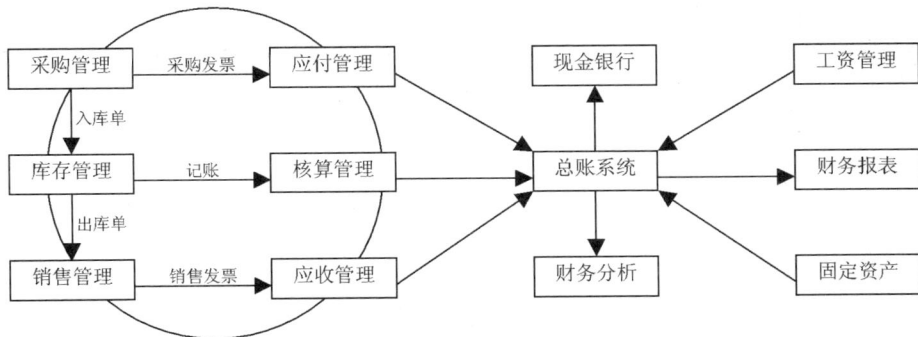

图 1-1　用友 ERP-U8V10.1 财务管理和供应链管理模块构成

（一）财务管理

财务管理主要包括总账管理、应收款管理、应付款管理、薪资管理、固定资产管理、UFO 报表和财务分析等模块。这些模块从不同的角度，实现了从预算到核算到报表分析的财务管理的全过程。

（二）供应链管理

供应链管理主要包括采购管理、销售管理、库存管理和存货核算等模块。主要功能在于使企业管理模式更符合实际情况，制造出最佳的企业运营方案，实现管理的高效率、实时性、安全性、科学性、现代化和智能化。

二、用友 ERP-U8V10.1 软件的运行环境

（一）系统技术架构

用友 ERP-U8V10.1 管理软件采用三层架构体系，即数据库服务器、应用服务器和客户端。物理上，可将数据库服务器、应用服务器和客户端安装在一台计算机上（即单机应用模式），也可将数据库服务器和应用服务器都安装在一台计算机上，而将客户端安装在另一台计算机上（网络应用模式只有一台服务器）。当然也可将其分别安装在不同的三台计算机上（网络应用模式只有两台服务器）。如果是 C/S 网络应用模式，在服务端和客户端分别安装了不同的内容，则需要进行三层结构的互联，在系统运行过程中，可根据实际需要随意切换远程服务器，即通过在登录时改变服务器名称来访问不同服务器上的业务数据，从而实现从单机到网络应用模式的转换。

（二）系统运行环境

用友 ERP-U8V10.1 管理软件属于应用软件范畴，需要按以下要求配置硬件环境，准备系统软件，如表 1-1 所示。

表 1-1　用友 ERP-U8V10.1 应用系统的运行环境

对　象	硬件环境		系统软件
	最低配置	推荐配置	
客户端	内存 512MB 以上、CPU 频率 800MHz 以上、磁盘空间 4GB 以上、系统盘有 500M 以上的空间	内存 1GB 以上、CPU 频率1.8 GHz 以上、磁盘空间 10GB 以上、系统盘有 2G 以上空间	Windows XP＋S Windows 2000 Server/ Professional＋SP4 Windows 2003 Server Windows NT＋SP6a
数据库服务器	内存 1GB 以上、CPU 频率1.8 GHz 以上、磁盘空间 20GB 以上	内存 2GB 以上、CPU 频率2.4 GHz 以上、磁盘空间 40GB 以上	Windows 2000 Server＋SP4 Windows 2003 Server Windows NT＋SP6a
应用服务器	内存 1GB 以上、CPU 频率1.8 GHz 以上、磁盘空间 10GB 以上	内存 1GB 以上、CPU 频率1.8 GHz 以上、磁盘空间 20GB 以上	
网络协议	IE6.0＋SPL，TCP/LP，NamedPipe		

📣 小提示!

➤ 如果是单机安装,即将数据服务器、应用服务器、客户端安装在一台机器上,则需要满足以上三项最低要求。

➤ 在数据库服务器安装、单机版安装或安装所有产品的情况下,请首先安装 SQL Server 2000＋SP3。

三、用友 ERP-U8V10.1 软件的安装

(一)数据库安装

用友 ERP-U8V10.1 软件支持 SQL2000(包括 MSDE)ESP4 及以上版本补丁[SQL2005(包括 Express)ESP2 及以上版本补丁]和 SQL2008 及以上版本。

本教材以 SQL2000 个人版为例,说明数据库安装过程。

(1)双击光盘中的"sql server"文件夹,选择"AUTORUN. EXE"安装程序,进入安装主界面。

(2)单击左边第一个安装程序"安装 SQL sever 2000 组件(C)",如图 1-2 所示。

(3)单击左边第一个安装程序"安装数据库服务器(S)",进入后出现自动安装界面,直至出现安装协议。

(4)选择"是(Y)"按钮后,进入图 1-3 的界面。

(5)如果你想要安装单机版或网络版的服务器端,请选择"服务器和客户端工具",选择好后单击"下一步",如图 1-3 所示。

图 1-2　安装组件

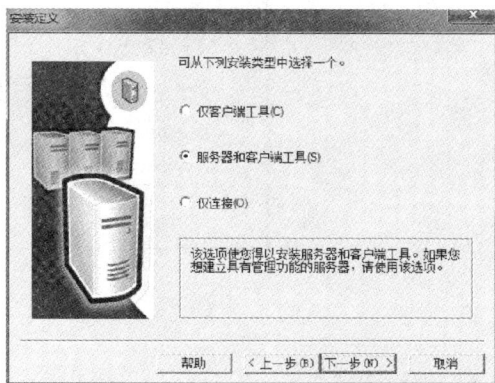

图 1-3　安装类型

(6)默认的是"典型(T)",设置好安装路径。单击"下一步",选择"使用本地系统账户(L)",如图 1-4 所示。

图 1-4　服务账户

（7）继续单击"下一步"，选择"混合模式（Windows 身份验证和 SQL Server 身份验证）（M）"，如图 1-5 所示。

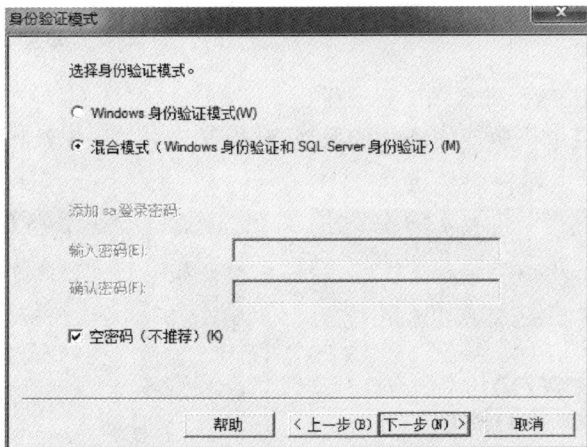

图 1-5　身份验证模式

（8）继续单击"下一步"，直至出现程序自动安装界面。

（9）安装完毕后出现最后的界面，单击"完成"，SQL Server 2000 全部安装成功。

（二）用友 ERP-U8V10.1 软件安装

（1）以系统管理员身份注册录入系统，双击"setup. exe"文件，运行 ERP-U8V10.1 安装程序，之后进入安装欢迎界面。

（2）单击"下一步"，进入安装授权许可证协议界面，接受协议内容方可继续安装。

（3）单击"下一步"，首先检测是否存在历史版本的相关产品。

（4）如果存在历史版本残留内容，提示并开始清理历史版本残留内容（清理 MSI 安装包时间较长，请耐心等待）。

（5）单击"下一步"，在图 1-6 中输入用户名和公司名，用户名默认为本机的机器名。

（6）单击"下一步"，选择安装程序文件的文件夹，可以点击"更改"按钮修改安装路径和文件夹，如图 1-7 所示。

（7）单击"下一步"，选择最适合自己的安装类型，默认"标准"。

（8）单击"下一步"，进入环境检测，其过程分为基础环境和缺省组件。基础环境不符合要求的，需要退出当前安装环境后，手工安装所需的软件和补丁；缺省组件没有安装，可以通过"安装缺省组件"功能自动安装，也可以选择手工安装。

（9）单击"确认"，显示检测报告并显示出检测结果，点击"下一步"，可以选择是否记录安装每一个 MSI 安装包的详细日志，默认不勾选。

（10）单击"安装"，进行产品安装，安装完成后，系统会提示已成功安装，是否需要立即启动计算机，建议您选择"是"，立即重新启动计算机。

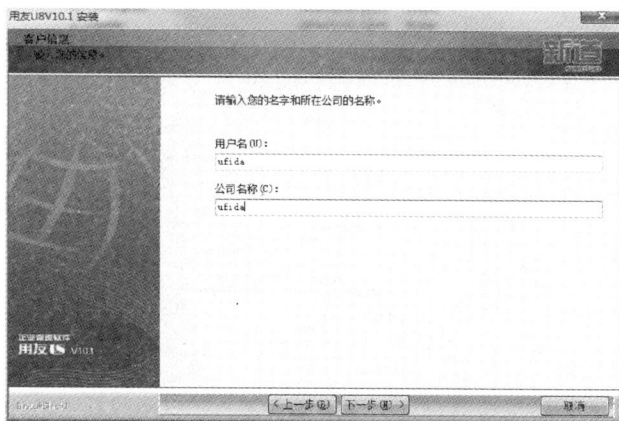

图 1-6　客户信息

图 1-7　安装路径

🔊 小提示！

➤ 安装产品成功后重新启动计算机，进入 Window 操作平台，在右下角任务栏中显示"⬛"表示 SQL server 服务管理器安装成功并启动，"⬛"表示 U8 服务管理器已启动。

项目小结

项目一会计信息化认知内容结构如图 1-8 所示。

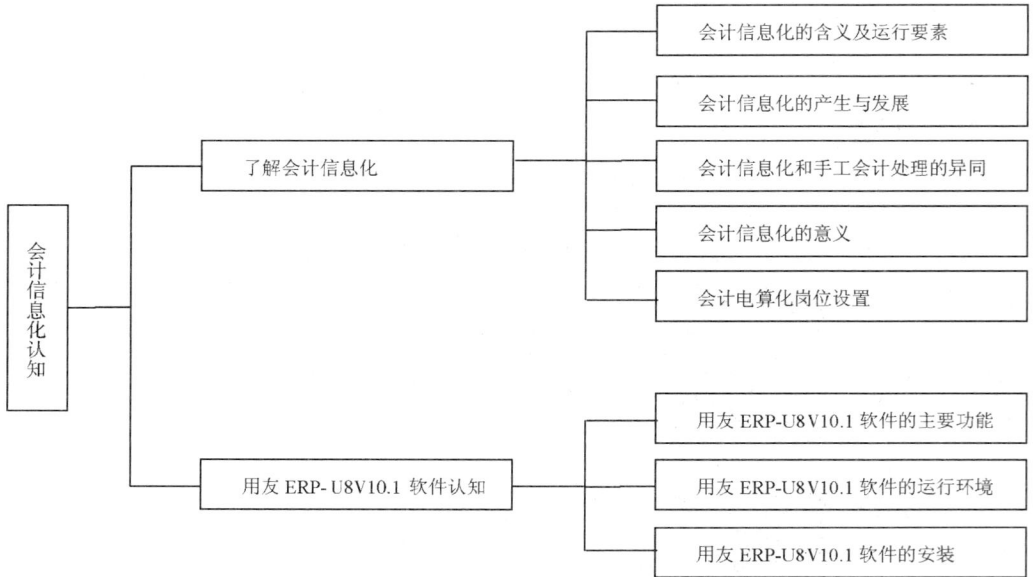

图 1-8 项目一会计信息化认知内容结构图

项目二　系统管理

◆**职业能力目标**

了解系统管理的相关概念及功能；熟悉角色、用户、权限及账套的概念及系统管理操作流程；能根据企业核算要求建立账套，并进行备份、修改以及引入操作；能根据企业会计岗位分工设置角色、用户及操作权限。

◆**典型工作任务**

系统管理概述；操作员设置；账套管理；操作员权限管理。

任务一　系统管理概述

【任务描述】

用友 ERP-U8V10.1 软件产品是由多个产品组成，各个产品之间相互联系、数据共享，完全实现财务业务一体化的管理，对企业资金流、物流、信息流的统一管理提供了有效的方法和工具。对于整个企业多个产品的管理，系统需要一个平台进行集中管理，即系统管理。本任务主要是了解系统管理的概念及功能。

【知识准备与业务操作】

一、系统管理相关概念

（一）账套与年度账

账套是一组紧密相关的数据。一般来说，我们可以为每一个独立核算的单位或部门在系统中建立一个账套。不同的账套数据之间彼此独立，没有丝毫联系。每个账套中一般存放不同年度的会计数据，为方便管理，不同年度的数据存放在不同的数据表中，称为年度账。

（二）系统管理员与账套主管

系统管理员是负责整个系统的总体控制和数据维护工作的人员，可以管理系统中的所有账套。账套主管是负责所选账套的维护工作，主要包括对所管理的账套进行修改，对年度账进行管理及对该账套操作员的权限进行设置。

二、系统管理的功能

系统管理为其他各个子系统提供公共账套、年度账和相关信息，统一操作员设置并分配功能权限。其主要功能有：

（一）账套管理

对账套的统一管理，包括建立、修改、引入和输出（恢复备份和备份）。

（二）年度账管理

对年度账的管理，包括建立、引入、输出年度账，结转上年数据，清空年度数据。

（三）用户及权限的集中管理

为了保证系统数据的安全与保密，系统对操作员及其功能权限实行统一管理，包括定义、设定用户角色及用户功能权限。

（四）系统运行安全的统一管理

系统管理员要对系统运行安全负责，通过系统管理，可以对整个系统的运行过程进行监控，清除系统运行过程中的异常任务，设置系统自动备份计划等。

任务二　操作员设置

【任务描述】

用友 ERP-U8V10.1 软件中系统管理对操作员及其功能权限实行统一管理，设立统一的安全机制，包括角色、用户和权限设置等功能，以明确指定系统权限进行授权的操作员，并对其使用进行明确规定，以避免无关人员对系统进行非法操作。本任务主要掌握如何设置操作员。

【知识准备与业务操作】

一、注册系统管理

系统允许以两种身份登录系统管理：一是系统管理员的身份；二是账套主管的身份。

（一）以系统管理员的身份注册系统管理

系统管理员负责整个应用系统的总体控制和维护工作，可以管理该系统中所有的账套。以系统管理员的身份登录，可以进行账套的建立、引入和备份，设置用户、角色和权限，设置备份计划，监控系统运行过程，清除异常任务等。

【业务资料】

以系统管理员身份启动系统管理。

【操作步骤】

1.单击"开始"/"程序"/"用友 ERP-U8V10.1"/"系统服务"/"系统管理"命令，打开系统管理窗口。

2.单击"系统"/"注册"命令，打开系统管理登录窗口。

3.系统中预设了一个系统管理员"admin"，第一次运行时，系统管理员密码为空，如图 2-1 所示，单击"确定"按钮，登录系统管理。

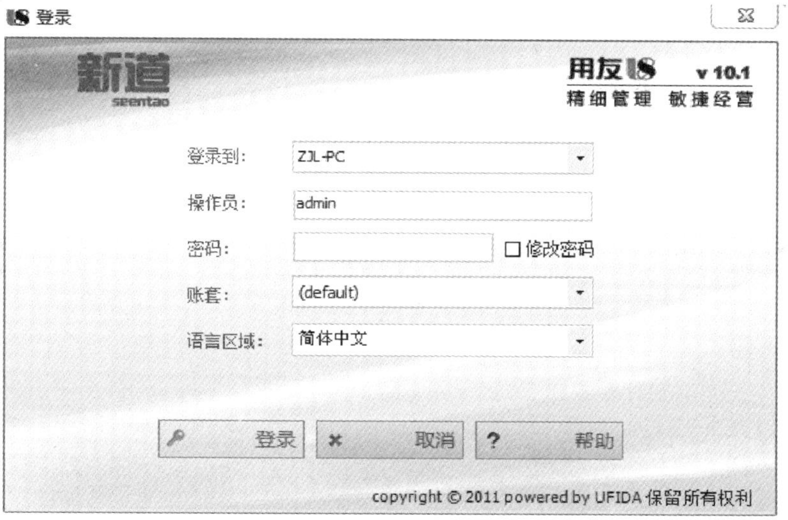

图 2-1　系统管理员登录系统管理

◁)) 小提示！

➤ 系统管理员（admin）的初始密码为空，但为了保证系统运行的安全性，企业实际应用中应及时对其设置密码。但在教学过程中，由于多人共用一台计算机，为了使用方便，建议不为系统管理员设置密码。

➤ 登录后显示"系统管理"界面，分为上下两部分。上面部分列示的是正登录到系统管理的各系统名称、运行状态和注册时间，下面部分列示的是各系统中正在执行的功能。查看时，用户可在上一部分用鼠标选中一个子系统，下一部分将自动列出该子系统中正在执行的功能。这两部分的内容都是动态的，它们将根据系统的执行情况而自动更新变化。

➤ 系统运行状态有：正常（0），即表示正常；正常（1）—正常（5），即表示客户端与数据库服务失去连接的时间。客户端与数据库失去连接多长时间被判定为异常，在"U8 应用服务管理器"/"加密服务"中设置。可手动清除异常任务，也可以在"U8 应用服务管理器"/"加密服务"中设置异常自动清除。

（二）以账套主管的身份注册系统管理

账套主管负责所选账套的维护工作，主要包括对所管理账套进行修改，对年度账进行管理（包括创建、清空、引入和输出及各子系统的年末结转），以及该账套操作员的权限设置。

系统管理员和账套主管权限差异如表 2-1 所示。

表 2-1　系统管理员和账套主管权限明细表

主要功能	详细功能 1	详细功能 2	系统管理员（admin）	账套主管
账套操作	账套建立	新账套建立	Y	N
		年度账建立	N	Y
	账套修改		N	Y
	数据删除	账套数据删除	Y	N
		年度账数据删除	N	Y
	账套备份	账套数据输出	Y	N
		年度账数据输出	N	Y
	设置备份计划	设置账套数据输出计划	Y	N
		设置年度账数据输出计划	Y	Y
	账套数据恢复	账套数据恢复	Y	N
		年度账数据恢复	N	Y
	升级 Access 数据		Y	Y
	升级 SQL、Server 数据		Y	Y
	清空年度数据		N	Y
	结转上年数据		N	Y
人员、权限	角色	角色操作	Y	N
	用户	用户操作	Y	N
	权限	权限操作	Y	Y
其他操作	清除异常任务		Y	N
	清除所有任务		Y	N
	清除选定任务		Y	N
	清退站点		Y	N
	清除单据锁定		Y	N
	上机日志		Y	N
	视图	刷新	Y	Y

◁)) 小提示！

➢ 系统管理员和账套主管看到的登录界面是有差异的。系统管理员登录界面包括服务器、操作员、密码、语言区域，而账套主管登录界面则包括服务器、操作员、密码、账套、操作日期、语言区域。

二、角色管理

在用友 ERP-U8 V10.1 产品中继续加强企业内部控制中权限的管理，增加了按角色分工的管理理念，加大控制的广度、深度和灵活性。角色是指在企业管理中拥有某一类职能的组织，这个角色组织可以是实际的部门，也可以是由拥有同一类职能的人构成的虚拟组织。例如：实际工作中最常见的会计和出纳两个角色（他们可以是一个部门的人员，也可以不是一个部门但工作职能是一样的角色统称）。

在设置角色后，可以定义角色的权限，如果用户归属此角色，其相应也就具有该角色的权限。此功能的好处是方便控制操作员权限，可以依据职能统一进行权限的划分。本功能可以进行账套中角色的增加、删除、修改等维护工作。

三、用户管理

用户是指有权限登录系统，对应用系统进行操作的人员，即通常意义上的"操作员"。每次注册登录到应用系统，都要进行用户身份的合法性检查。只有设置了具体用户之后，才能进行系统相关操作。

【业务资料】

安徽阳光信息技术有限公司财务人员见表 2-2，根据资料增加操作员。

表 2-2　操作员信息

编　号	姓　名	角　色	口　令
001	学生本人	账套主管	001
002	王晶	出纳	002
003	马方	总账会计、应收会计、应付会计、资产管理、薪酬管理	003
004	白雪	采购主管、仓库主管、存货核算员	004
005	王丽	销售主管、仓库主管、存货核算员	005

【操作步骤】

1. 以系统管理员（admin）身份注册录入系统管理，单击"权限"/"用户"命令，打开操作员管理窗口。

2. 单击"增加"按钮，打开增加操作员对话框，输入编号"001"、姓名"学生本人"和口令"001"信息，选择账套主管角色，如图 2-2 所示。

3. 单击"增加"按钮，继续增加其他操作员。

小提示！

> 操作员编号和姓名是操作员信息必填选项，系统中以蓝色标识，不能为空，最大不能超过 20 位，不能输入数字、字母、汉字之间的非法字符。

> 用户与角色设置不分先后顺序，可以根据自己需要先后设置，但对于自动传递权限而言，应该首先设定角色，然后分配权限，最后进行用户的设置。这样在设置用户的时候，如果选择其归属哪一个角色，则其自动具有该角色的权限，同时可以额外增加角色中没有包含的权限。

图 2-2　增加"学生本人"操作员

➢ 一个角色可以拥有多个用户，一个用户也可以分属多个不同角色。

➢ 所设置的操作员一旦被使用，就不能删除，但可以将其"注销"，此后该用户无权限再登录系统。未被使用的操作员信息，除了操作员编码信息外，都可以进行修改。

任务三　账套管理

【任务描述】

用友 ERP-U8V10.1 软件中账套是一组相互关联的数据，是每个独立核算企业建立的一个完整的账套簿体系。各账套之间的数据相互独立、互不影响。本任务主要掌握账套管理中的建立、修改、备份和引入等操作。

【知识准备与业务操作】

一、建立账套

企业应用软件之前，首先就要在系统中建立企业的基本信息、核算方法、编码规则等，这也称为建账，然后才能启用软件中的各个功能模块，进行日常业务处理。

【业务资料】

根据如下资料完成安徽阳光公司的建账工作。

创建 001 账套，单位名称为安徽阳光信息技术有限公司（简称"阳光公司"），启用会计期为"2017 年 1 月"，该企业的记账本位币为"人民币（RMB）"，企业类型为"工业"，执行"2007 年新会计制度科目"，账套主管是"001 学生本人"，按行业性质预置会计科目。该企业有外币核算，对经济业务处理时，需要对存货、客户、供应商进行分类。其分类编码方案为：科目编码级次4222，客户、供应商分类编码级次 223，存货分类编码级次 1223，部门编码级次 122，地区分类编码级次 223，结算方式编码级次 12，收发类别编码级次 12。默认系统数据精度。创建账套完成时只启用总账、应收款管理和应付款管理，启用时间均为 2017 年 1 月 1 日。

【操作步骤】

1. 以系统管理员（admin）身份注册登录系统，单击"账套"/"建立"命令，打开创建账套——账套信息窗口。

2. 输入账套号"001"，账套名称"安徽阳光信息技术有限公司"，启用会计期"2017 年 1月"，如图 2-3 所示。

🔊 小提示！

➢ 账套号是账套的唯一标识，可以自行设置 3 位数字，但不能与系统已有的账套号相同，设置后将不允许修改。

➢ 账套名称用来输入新建账套的名称，作用是标识新账套的信息，用户必须输入，可以输入 40 个字符，可以是核算单位的简称，并可以由账套主管在修改账套功能中进行修改。它与账套号一起显示在系统正在运行的屏幕上。

> 账套路径为系统默认用友 ERP-U8V10.1 软件的安装路径,但不能是网络磁盘,用户可以进行修改。

> 启用会计期是用户输入新建账套的启用时间,必须输入,系统默认为计算机系统日期,可用鼠标单击"会计期间设置"按钮,设置账套启用的年度和月度。

图 2-3   账套信息

3. 单击"下一步",打开单位信息窗口,录入单位信息,如图 2-4 所示。

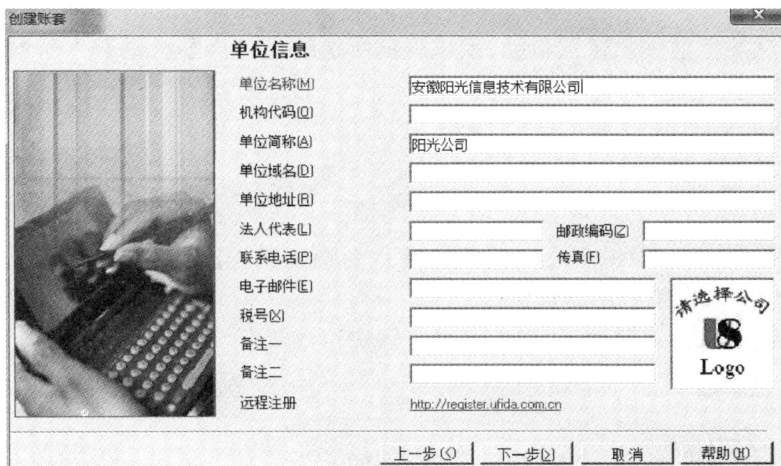

图 2-4   单位信息

🔊 小提示!

> 单位信息中只有单位名称是必须录入的,以蓝色标识。

> 单位名称应录入企业的全称,以便打印发票时使用。

4. 单击"下一步",打开"核算类型"窗口,选择"工业"类型和"2007 年新会计制度科目"性质,选择"001 学生本人"为账套主管,其余默认,如图 2-5 所示。

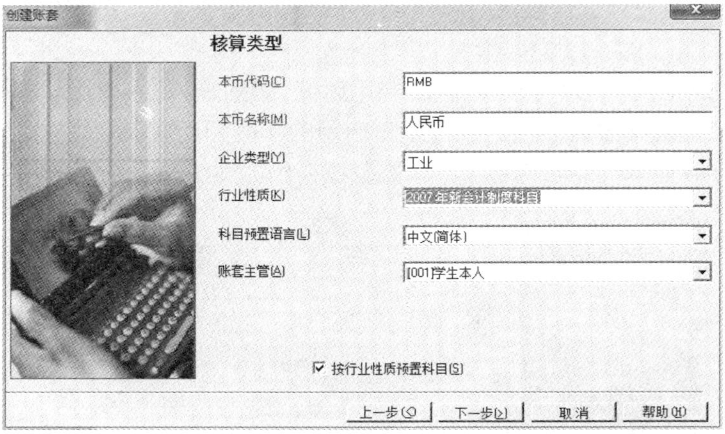

图 2-5　核算类型

🔊 小提示!

➤ 企业类型有工业和商业供选择。若不启用供应链管理模块,两者无差别;若启用供应链管理模块,应正确选择企业所属行业类型。因为工业和商业企业处理业务范围有区分。

➤ 行业性质将决定系统预置科目的内容,必须选择正确。

➤ 如果事先增加用户,则可以在此选择该用户为账套主管,反之到"权限"中进行账套主管的设置。

➤ 系统默认按行业性质预置科目,系统根据所选的行业类型自动装入国家规定的一级科目和部分二级科目。

5.单击"下一步",打开"基础信息"窗口,分别选中"存货是否分类""客户是否分类""供应商是否分类""有无外币核算"前的复选框,如图 2-6 斤示。

🔊 小提示!

➤ 是否对存货、客户及供应商进行分类将会影响到其档案设置,有无外币核算将会影响到外币信息的设置及日常能否处理外币业务。

➤ 如果基础信息设置错误,可以由账套主管进行修改。

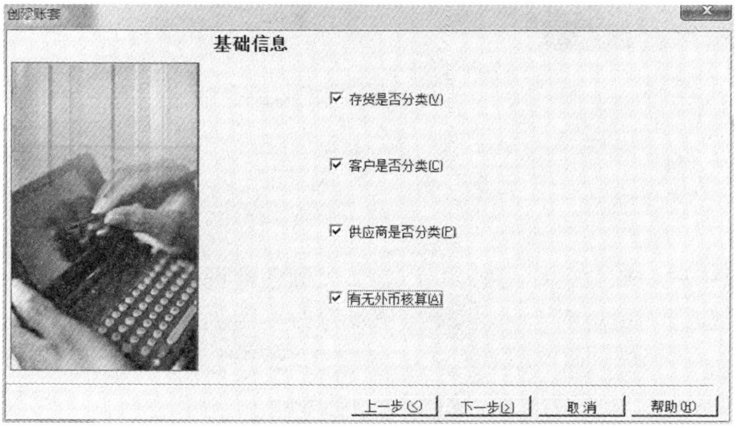

图 2-6　基础信息

6.单击"完成",系统弹出"可以创建账套了么?",单击"是",稍候打开编码方案窗口,按所给资料修改分类编码方案,如图2-7所示。

🔊 小提示!

➤ 编码方案是设置编码的级次,采用群码方案。编码规则是分类编码共分几级,每级有几位。一级至最底层的级数称为级次,每级的编码位数称为级长。

➤ 编码方案设置将会直接影响基础信息设置中相应内容的编码级次及每级编码的位长。

➤ 删除编码级次,必须从最后一级向前依次删除。

7.单击"确定",再单击"取消",打开数据精度窗口。根据资料,默认系统预置的设置,如图2-8所示。

8.单击"确定",稍候系统弹出信息提示框,如图2-9所示。

9.按资料启用总账、应收款管理和应付款管理,选中总账前面复选框,将时间设置为"2017年1月1日",如图2-10所示,单击"确定",系统提示"确实要启用当前系统吗?",单击"是",返回系统启用窗口。

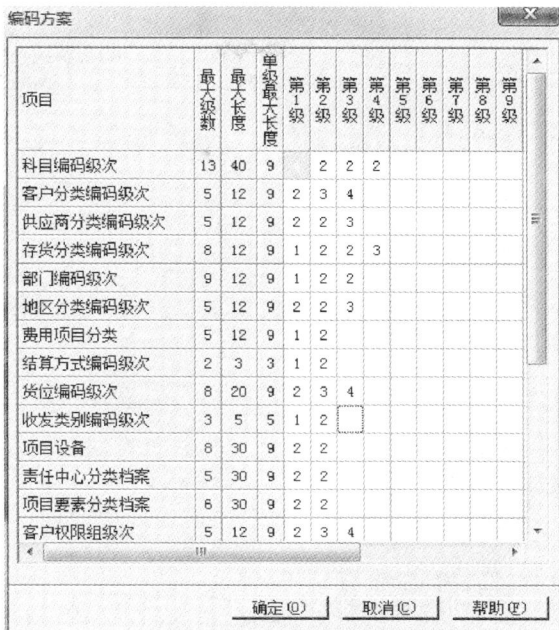

项目	最大级数	最大长度	单级最大长度	第1级	第2级	第3级	第4级	第5级	第6级	第7级	第8级	第9级
科目编码级次	13	40	9		2	2	2					
客户分类编码级次	5	12	9	2	3	4						
供应商分类编码级次	5	12	9	2	3	4						
存货分类编码级次	8	12	9	1	2	2	3					
部门编码级次	9	12	9	1	2	2						
地区分类编码级次	5	12	9	2								
费用项目分类	5	12	9	2								
结算方式编码级次	2	3	3	1	2							
货位编码级次	8	20	9	2		4						
收发类别编码级次	3	5	5	1	2							
项目设备	8	30	9	2								
责任中心分类档案	5	30	9	2								
项目要素分类档案	6	30	9	2								
客户权限组级次	5	12	9	2	3	4						

确定(O)　取消(C)　帮助(E)

图2-7　编码方案

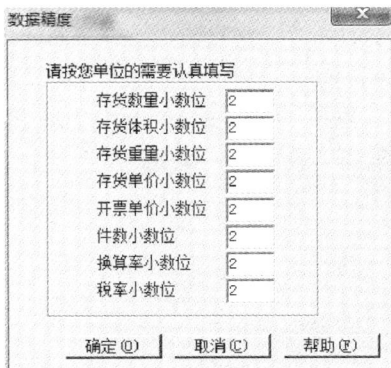

数据精度

请按您单位的需要认真填写

存货数量小数位	2
存货体积小数位	2
存货重量小数位	2
存货单价小数位	2
开票单价小数位	2
件数小数位	2
换算率小数位	2
税率小数位	2

确定(O)　取消(C)　帮助(E)

图2-8　数据精度

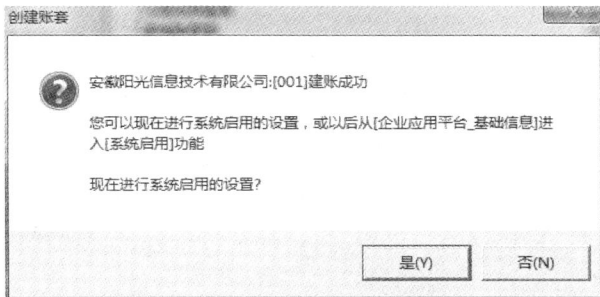

创建账套

安徽阳光信息技术有限公司:[001]建账成功

您可以现在进行系统启用的设置,或以后从[企业应用平台_基础信息]进入[系统启用]功能

现在进行系统启用的设置?

是(Y)　　否(N)

图2-9　系统启用提示

🔊 小提示!

➤ 在日历窗口中,设置完时间是当前2017年1月1日后,要单击"确定"按钮,而不是"今天"按钮,否则时间设置会是计算机系统默认的日期,比如2017年1月31日。

➤ 账套建立完成后直接进行"系统启用"设置,也可单击"否",之后以账套主管身份登录企业应用平台,再进行系统启用设置。

图 2-10　系统启用

二、修改账套

当系统管理员建完账套并设置了账套主管后,在未使用相关信息的基础上,需要对某些信息进行调整,以便使信息更加真实、准确反映企业的实际情况时,可以进行适当调整。

系统注册登录后,可以修改的信息主要有:账套信息中的账套名称、单位信息中所有信息、核算信息中的企业类型以及账套分类信息、数据精度信息。

【业务资料】

以账套主管身份,增加单位信息资料,法人代表:肖剑。

【操作步骤】

1. 以 001 学生本人身份注册登录系统,下拉"账套"菜单中的"修改"命令,如图 2-11 所示。

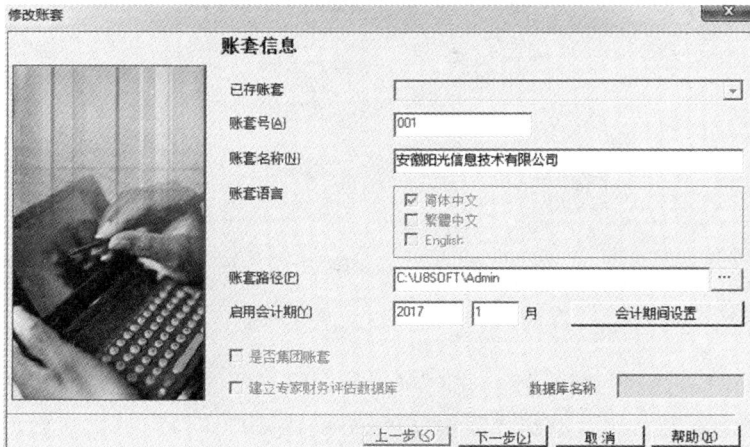

图 2-11　账套主管修改

2. 单击"下一步",进入单位信息窗口,录入法人代表"肖剑",如图 2-12 所示。

3.继续单击"下一步",直至出现"修改账套成功"提示信息。

🔊 小提示!

➤ 只有账套主管有权使用账套修改命令,系统管理员(admin)无权修改。

➤ 在修改账套中,注意查看可修改的信息和不可修改的信息内容,它们呈现出不同的颜色以示区分,即可修改的账套信息是"黑色",而不可修改的账套信息是"灰色"。

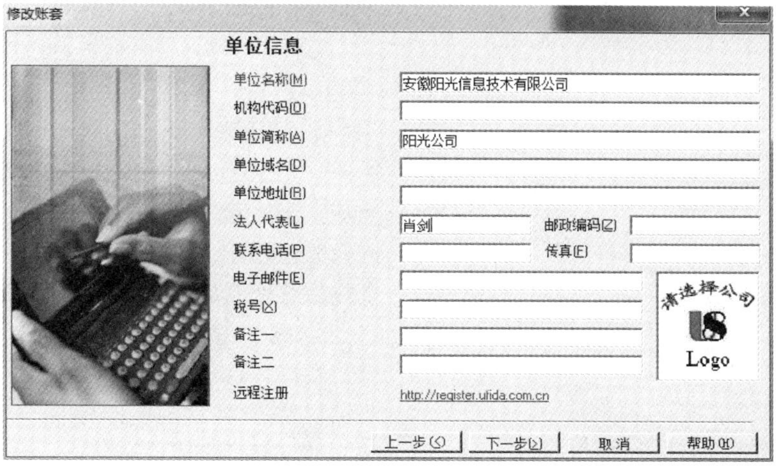

图 2-12　修改单位信息

三、备份账套

企业实际运营中,存在很多不可预知的不安全因素,如地震、火灾、计算机病毒和人为的误操作等,任何一种情况的发生对于系统安全都是致命性的。如何在意外发生时将企业损失降到最低,是每个企业共同关注的问题。对于系统管理员或账套主管来讲,定时将企业数据进行备份并存储到不同介质上(如 U 盘、光盘、网络磁盘等),对数据的安全性是非常重要的。备份数据一方面用于必要时恢复数据之用,另一方面对于异地管理的公司,还可以解决审计和数据汇总的问题。

【业务资料】

将 001 账套备份至"E:/001 账套备份/财务管理/实验一系统管理"文件夹中。

【操作步骤】

1.在 E 盘中建立"001 实验一系统管理"文件夹。

2.以系统管理员(admin)身份登录系统,单击"账套"/"输出",打开账套输出窗口。

3.单击"账套号"栏的下三角按钮,选择"[001]安徽阳光信息技术有限公司",如图2-13所示。

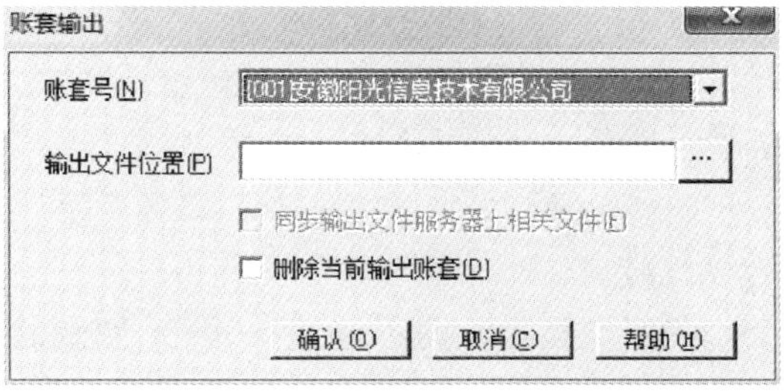

图 2-13　账套输出

图 2-14　选择备份路径

4.单击"确认"按钮,系统自动进行压缩备份,录入选择备份路径窗口,选择 F:/会计信息化/账套备份/项目二 系统管理"文件夹,如图 2-14 所示。

5.单击"确定"按钮,系统弹出"输出成功"信息。

6.单击"确定"按钮返回。

🔊 小提示!

➢ 利用账套输出功能还可以进行账套删除操作。方法是在账套输出对话框中,选中"删除当前输出账套"复选框,系统在删除账套的同时进行账套输出,当输出完成后,系统会提示"真要删除该账套吗?",单击"是",则删除该账套。

➢ 账套备份输出的文件为"UfErpAct.Lst"和"UFDATA.BAK"。

➢ 备份账套前应先建立一个备份文件夹,并注明该备份文件的内容。

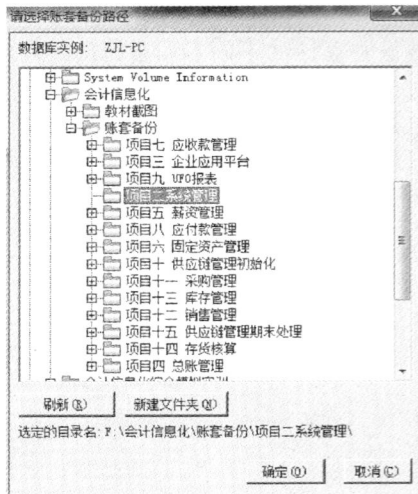

四、引入账套

引入账套是将系统外的账套数据引入到本系统中。例如,账套数据遭到破坏,将最近备份的账套数据引入到本账套中。该功能将有利于集团公司的操作,以便进行账套数据的分析和合并工作。

【业务资料】

将 001 账套备份至"F:/会计信息化/账套备份/项目二系统管理"文件夹中的账套数据引入到系统中。

【操作步骤】

1.以系统管理员(admin)身份登录系统管理。

2.单击"账套"/"引入",选择"F:/会计信息化/账套备份/项目二系统管理"文件夹中的数据文件"UfErpAct.Lst",如图 2-15 所示。

3.单击"确定"按钮,选择账套引入的目标路径,默认单击"确定"按钮,当出现"此项操作将覆盖[001]账套当前的所有信息,继续吗?"时,单击"是"按钮,系统弹出"账套[001]引入成功",如图2-16所示。

🔊 小提示!

➢ 备份账套数据不能直接运行,只有进行账套引入成功后,才能打开运行。

➢ 账套输出时未选择删除,系统里存在相同账套

图 2-15　账套引入

号,账套号是账套识别的唯一标识。账套号相同,可能账套数据内容不同,选择覆盖时应慎重。

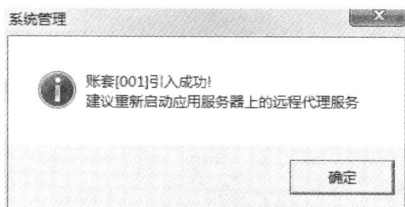

图 2-16 账套引入成功

任务四 操作员权限管理

【任务描述】

在系统使用之前,需要对用户进行岗位分工,以此来防止与业务无关人员擅自使用软件。系统管理员与账套主管都可以登录系统管理,但权限不完全相同。为了保证系统运行安全、有序,适应企业精细化管理与内控制度的要求,权限管理还必须向更细、更深的方向发展。用友ERP-U8V10.1系统提供了权限的集中管理功能,除了提供用户对各模块操作权限的管理外,还提供了数据的记录级、字段级权限与金额的权限设置,组合方式的不同使得权限控制更加灵活有效。本任务主要是掌握用户权限的设置方法。

【知识准备与业务操作】

一、功能级权限管理

该权限提供了细致的功能级权限管理功能,包括各功能模块相关业务的查看分配权限。

【业务资料】

安徽阳光公司财务人员分工见表 2-3,根据资料设置操作员权限。

表 2-3 操作员权限

编 码	姓 名	财务分工	权 限
001	学生本人	负责财务业务一体化管理系统运行环境的建立,以及各项初始设置工作;负责软件的日常运行管理工作,监督并保证系统的有效、安全、正常运行;负责总账管理系统的凭证审核、记账、账簿查询、月末结账工作,负责报表管理及其财务分析工作	账套主管

续表 2-3

编　码	姓　名	财务分工	权　限
002	王晶	负责现金、银行账管理工作	具有出纳签字和出纳全部的操作权限
003	马方	负责总账系统的凭证管理工作以及客户往来、供应商往来管理工作	具有公用目录设置、总账管理、应收款管理、应付款管理、薪资管理和固定资产管理的全部权限
004	白雪	主要负责采购业务处理	具有公共单据、公用目录设置、采购管理、销售管理、库存管理、存货核算的全部操作权限
005	王丽	主要负责销售业务处理	具有公共单据、公用目录设置、采购管理、销售管理、库存管理、存货核算的全部操作权限

【操作步骤】

1. 以系统管理员(admin)身份注册系统管理。

2. 单击"权限"/"权限",打开操作员权限窗口。

3. 在账套主管右边的下拉表框中,选中"[E001]安徽阳光信息技术有限公司"账套。

4. 在左侧的操作员列表中,选中"王晶"所在行,如图 2-17 所示。

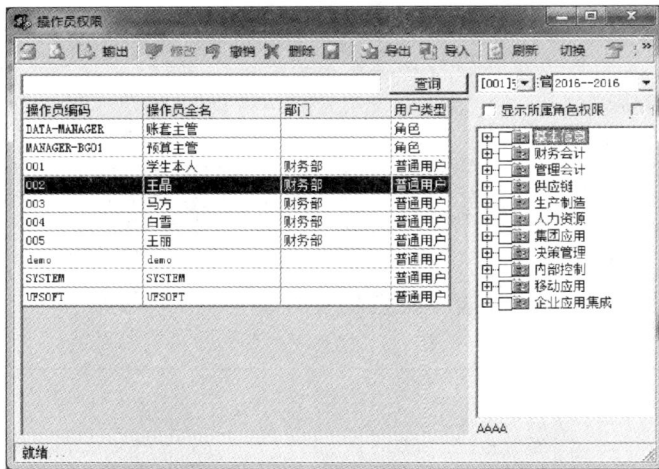

图 2-17　操作员权限

5. 单击"修改",单击总账左边"＋"展开总账所有权限,单击凭证左边"＋"展开凭证所有权限,将"出纳签字"前的方框选中,再选中"出纳"前方框,如图 2-18 所示。

6. 单击"保存"按钮返回。

7. 继续增加其余操作员操作权限。

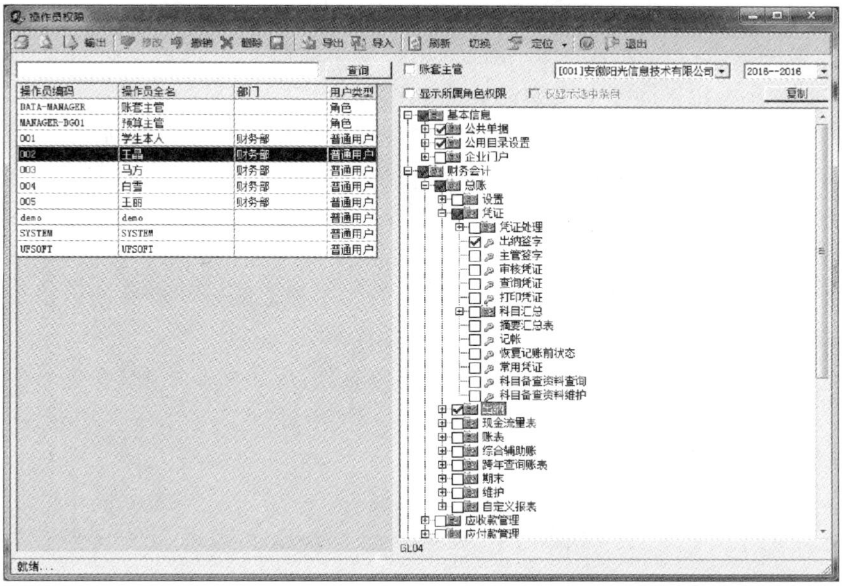

图 2-18　增加权限

🔊 小提示！

➤ 只有系统管理员才有权设置或取消账套主管,而账套主管仅有权对所辖账套进行非主管操作员权限设置。

➤ 如果增加用户时已经将该操作员定义为相应角色,此时该用户已经拥有与角色对应的权限,若不完全与角色对应权限相同,可以进行修改。

➤ 设置权限时应注意分别选中"账套"和相应的"用户"。

➤ 一个账套可以有多个账套主管。

➤ 将系统管理账套数据备份到"001 账套备份 /财务管理 /实验一系统管理"文件中。

二、数据级权限管理

数据级权限设置的作用是设置用户、用户组所能操作的档案、单据的数据权限,用于控制后续业务处理允许编辑、查看的数据范围,包括记录级权限分配和字段级权限分配。

进行数据权限控制的前提是:在系统管理中已设置角色和用户,且已进行功能权限的分配。

只有对某一对象设置了需要进行数据权限控制后,才能在后续的数据权限设置中对用户、用户组授权。

(一)数据权限控制设置

本功能是数据权限设置的前提,用户可以根据需要先在数据权限默认设置表中选择需要进行权限控制的对象,系统将自动根据该表中的选择在数据权限中显示所选对象。

(二)数据权限设置

(1)记录级权限设置。记录级权限设置分配是指对具体业务对象进行权限分配。可以对如下档案进行记录级权限控制:单据设计(可以对哪些单据进行单据设计处理)、单据模板(可以使用哪些单据模板进行单据的增加)、科目(用户能够对哪些科目数据进行查询或录入)、凭证类型(用户能够录入和查询哪些类别的凭证)、项目(用户能够对各项目大类中的哪些项目有查询和录入数据的权限)、客户(用户能够对哪些客户的业务数据进行查询或录入)、部门(用户能够对哪些部门的业务数据进行查询或录入)、供应商(用户能够对哪些供应商的业务数据进行查询或录入)、存货(用户能够对哪些存货的业务数据进行查询和录入)等。

(2)字段级权限设置。字段级权限分配就是指出于安全保密的考虑,一些单据或列表中有些栏目限制查看权限。如限制仓库保管员看到出入库单据上的有些产品的价格信息。

【业务资料】

操作员白雪只具有应收账款、预付账款、其他应收款、应付账款、预收账款 5 个科目的明细账查询权限。

【操作步骤】

1. 以 001 学生本人身份注册登录企业应用平台。

2. 单击左下角"系统服务"/"权限"/"数据权限控制设置",进入其设置窗口,如图 2-19 所示。

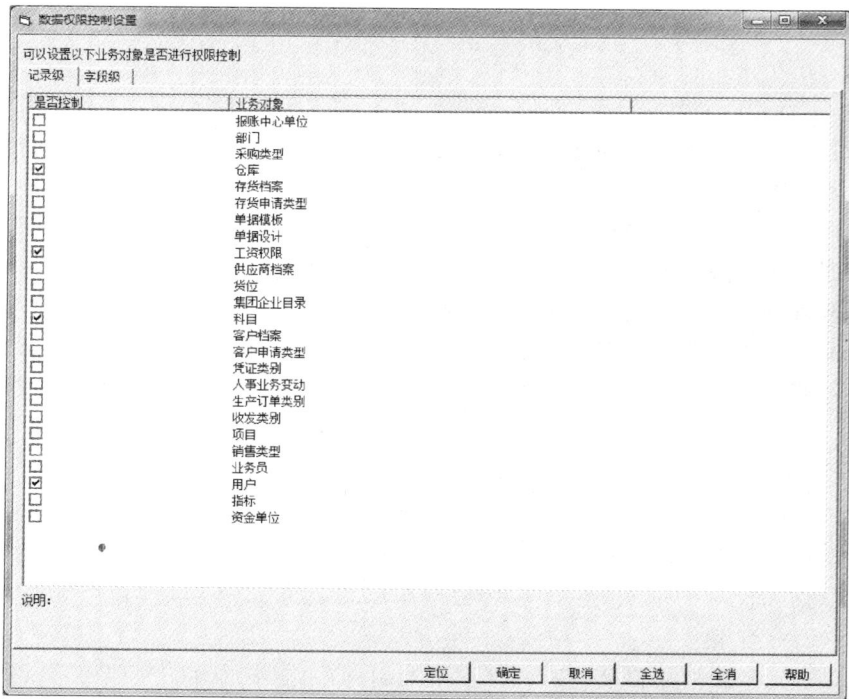

图 2-19 数据权限控制设置

3. 系统默认"仓库""科目""用户"。

4. 单击"权限"/"数据权限分配",进入权限浏览设置窗口。

5. 选择"白雪",业务对象系统默认"科目",单击"授权"按钮,打开科目记录权限设置窗口,选择资料中所要求的会计科目,如图 2-20 所示。

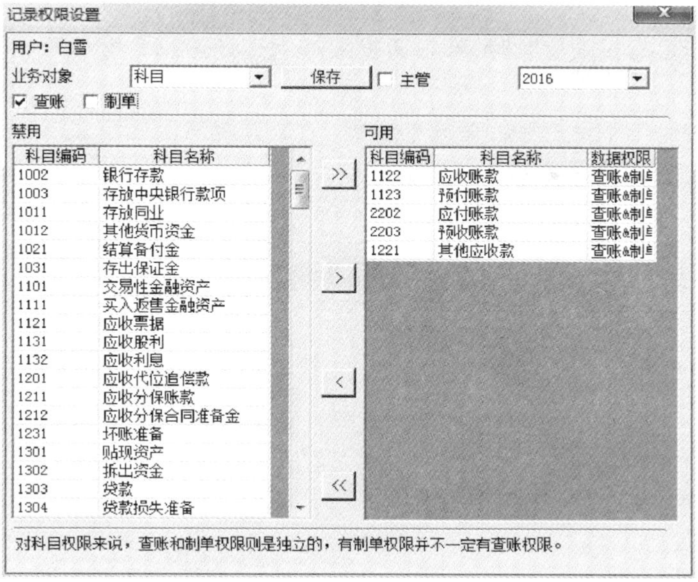

图 2-20　科目设置

6.单击"保存"按钮,系统提示保存成功。

🔊 小提示!

➢ 账套主管不参加数据权限分配。

三、金额级权限管理

本功能用于设置用户可使用的金额级别,对业务对象提供金额及权限设置可以对以下业务对象提供金额级权限设置:采购订单的金额审核额度、科目的制单金额额度。在设置这两个金额权限之前必须先设定对应的金额级别。

设置科目金额级别时,上下级科目不能同时出现,如已经设置了 1001 科目的金额级别,则不能再设置一个 100101 科目的金额级别,此时设置的 1001 科目的金额级别对其下级科目全部适用,即所有 1001 的下级科目拥有相同的金额级别。

🔊 小提示!

➢ 设置科目级别时,当对一个用户设置了一个级别后,相当于该用户对所有的科目均具有相同的级别,若该科目没有设置金额级别,即表示科目不受金额级别控制。

设置金额授权前需要先分别设置金额级别,级别总共分 6 级。对于科目来说,可以根据需要设置对应科目的金额级别,可以直接对上级科目设置级别,也可以明细到末级进行级别设置,但不允许对有上下级关系的科目同时进行级别设置。从级别 1 至级别 6,金额必须逐级递增,不允许中间为空的情况存在,但允许最后有不设置的级别存在。

🔊 小提示!

➢ 只能直接对用户进行授权,对于一个对象、一个用户只能有一条记录存在。

➢ 若对一个用户授权的级别没有对应的金额,但是该级的前面级别有金额,则对于该用户而言表示其拥有无穷大权限。

➤ 在需要进行金额权限控制时,若申请权限的用户还没有金额权限记录,则作为没有任何金额权限处理。

➤ 金额权限控制中不受控制的有三种情况:一是调用常用凭证生成的凭证;二是期末转账结转生成的凭证;三是外部系统生成的凭证。

项目小结

项目二系统管理内容结构如图 2-21 所示。

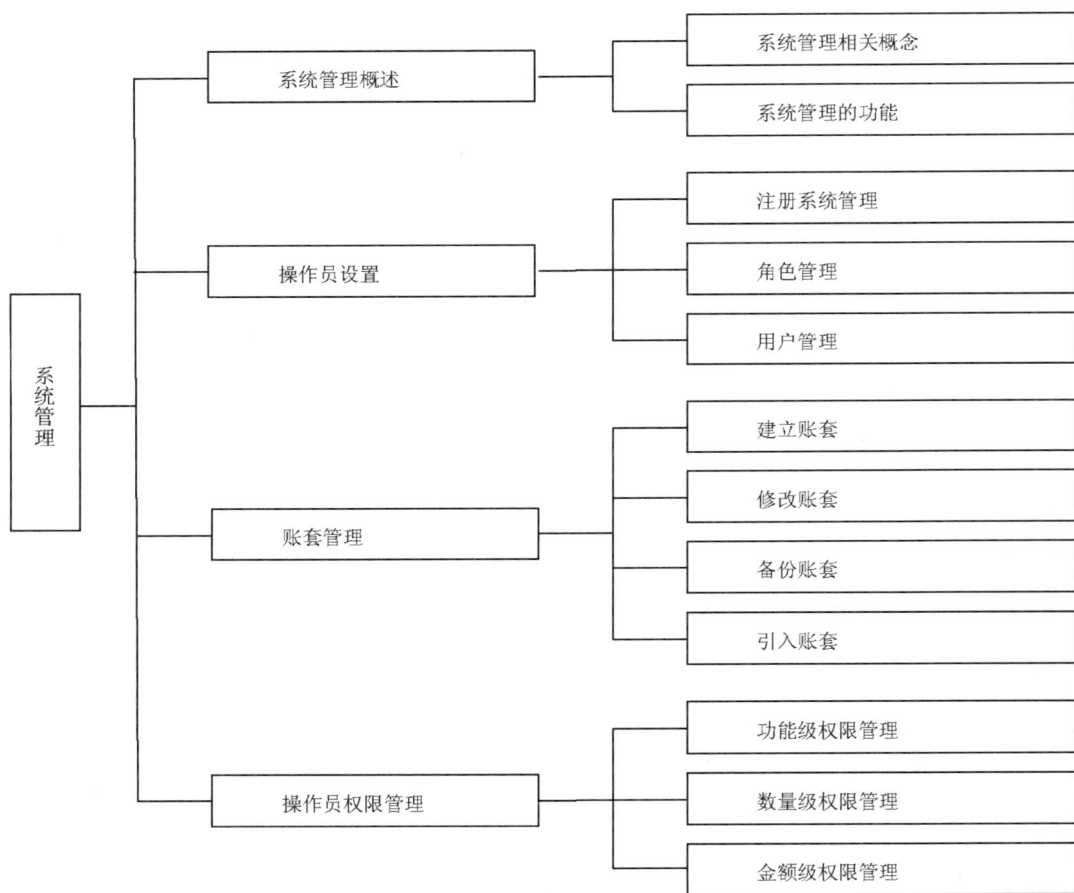

图 2-21 项目二系统管理内容结构图

项目三 企业应用平台

◆**职业能力目标**

认识企业应用平台的主要功能；理解企业应用平台在用友 ERP-U8V10.1 中的作用；掌握在企业软件应用平台中设置系统启用、建立各项基础档案的方法，并理解各项基础档案在系统中所起的作用及各项目的含义。

◆**典型工作任务**

企业应用平台认识；系统启用；基础档案设置。

任务一 企业应用平台认识

【任务描述】

用友 ERP-U8V10.1 软件提供了企业应用平台，集中了系统所有的功能，为各个子系统提供了一个公共的交流平台。用户通过单一的访问入口，访问企业的各种信息，定义自己的业务工作，并设计自己的工作流程，以达到信息的及时沟通，资源的有效利用，与合作伙伴的在线和实时的链接。通过这个公共的交流平台可高效地完成企业初始化工作。本任务主要是了解系统主操作界面——企业应用平台。

【知识准备与业务操作】

一、常用工作场景

为使企业能够存储企业内部和外部的各种信息，使企业员工、用户和合作伙伴能够通过单一渠道访问其所需要的个性化信息，以场景驱动业务工作在门户中体现，系统预置了两个常用工作场景。

（一）简易桌面

系统预置的企业门户的默认显示布局，用户可以修改，包括业务导航视图、我的工作、消息中心（隐藏）、子产品许可管理（隐藏）。

工作场景由"视图"组成，视图是用于用户处理或监控某项工作、完成某种功能的窗口。ERP-U8V10.1 提供 10 个视图：业务导航视图、我的工作、消息中心、审批进程表、审批视图、许可管理视图、我的报表、工作日历、流程导航、助手视图。

简易桌面及业务导航视图如图 3-1 和图 3-2 所示。

图 3-1　简易桌面

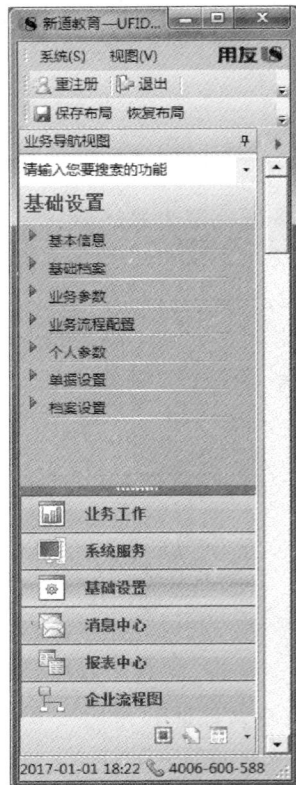

图 3-2　业务导航视图

(二)高级桌面

高级桌面是进行各种高级处理后的一个平台,如图 3-3 所示。

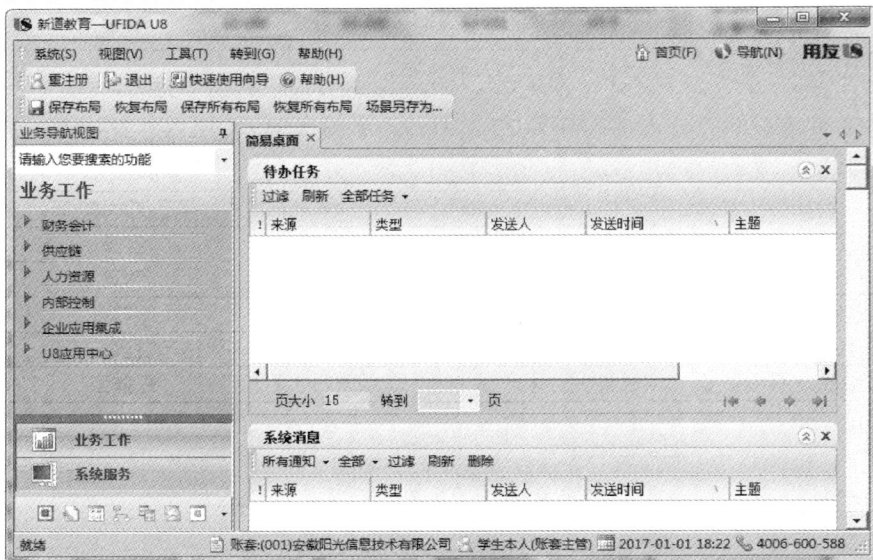

图 3-3　高级桌面

二、基本操作

（一）工具按钮

工具栏中常用的按钮如图 3-4 所示。

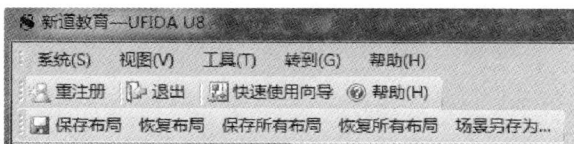

图 3-4　常用按钮

（二）快捷菜单

在熟练使用系统之后，可以不用打开菜单，直接在键盘上按下列快捷键就可完成相应操作，如表 3-1 所示。

表 3-1　常用快捷键

快捷键	功　能	说　明
F1	帮助	在线帮助
F2	参照	光标所在字段的参照
F3	查询	在账表及列表中调出查询条件窗，在参照中模糊查询后连续定位
F5	增加	新增一张凭证或单据
F6	保存	保存单据、凭证或账表格式
F7	企业日历	在基础档案中修改
F8	修改	在基础档案中成批修改
F9	计算器	
F10	激活菜单	
F11	记事本	
F12	显示命令窗	
Ctrl＋F3	定位	用于单据、列表和报表界面
Delete	删除	一般用于单元格的操作
PageUp	上一个/张	
Alt＋PageUp	第一个/张	
Pagedown	下一个/张	
Alt＋Pagedown	末一个/张	
Ctrl＋I	增行	在单据和其他录入界面操作时新增一行
Ctrl＋D	删行	在单据和其他录入界面操作时删除一行
Ctrl＋X	剪切	一般用于对单元格操作
Ctrl＋C	复制	一般用于对单元格操作
Ctrl＋V	粘贴	一般用于对单元格操作
Ctrl＋P	打印	
Ctrl＋F4	退出当前窗口	
ALT＋F4	退出系统	

◀》) 小提示!

➤ 对帮助键"F1"而言,在没有登录任何系统时,按"F1"键则弹出"帮助主题"窗口;在操作某功能时,按"F1"键则弹出与当前操作相关的帮助内容。

三、窗口使用

用友 ERP-U8V10.1 软件基础设置系统有三种常见的可视窗口。

(一)页编辑窗口

页编辑窗口如图 3-5 所示。

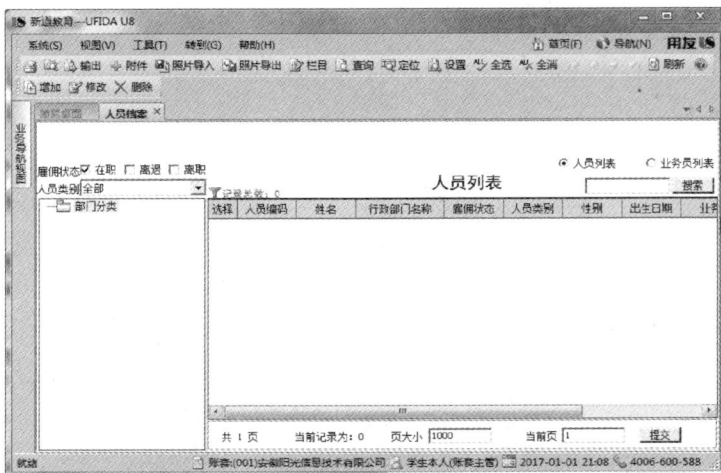

图 3-5　页编辑窗口

(二)行编辑窗口

行编辑窗口如图 3-6 所示。

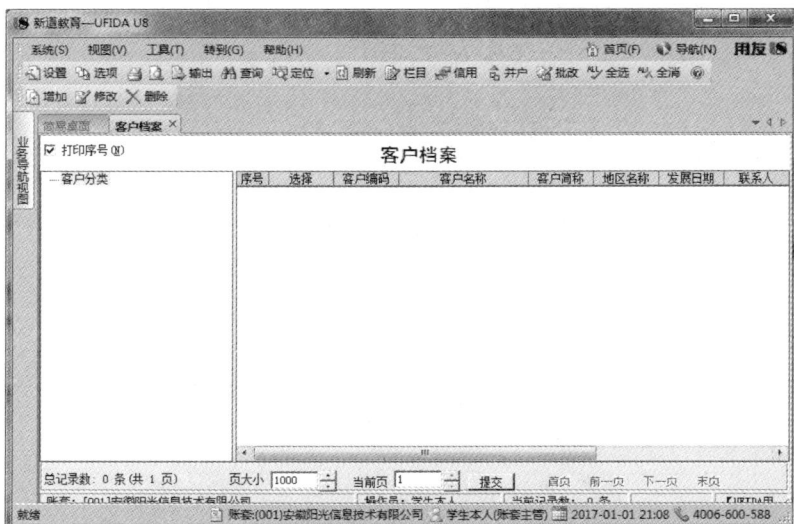

图 3-6　行编辑窗口

（三）目录编辑窗口

目录编辑窗口如图 3-7 所示。

图 3-7　目录编辑窗口

四、帮助使用

用友 ERP-U8V10.1 软件支持全程帮助，能够及时、快捷地获得所需要的帮助信息。在企业应用平台窗口，单击工具栏中的"帮助"按钮，即可弹出帮助窗口，如图 3-8 所示。

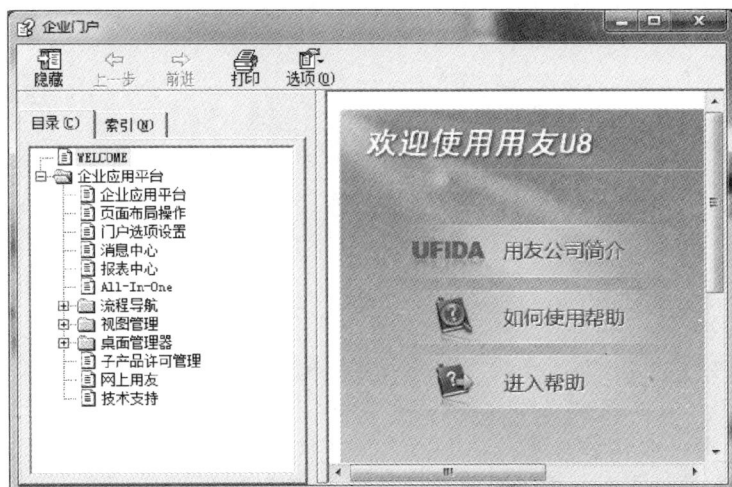

图 3-8　应用平台帮助窗口

在弹出的窗口中，单击"帮助"按钮，即可弹出帮助信息，如会计科目档案帮助系统，如图 3-9 所示。

图 3-9　科目档案帮助窗口

任务二　系统启用

3-2

【任务描述】

要使用用友 ERP-U8V10.1 系统中的各产品,必须先启用相应产品(UFO 报表除外),记录启用人和启用时间。用户创建账套后,会自动进入系统启用界面,用户可一气呵成地完成系统启用,此时启用人是系统管理员。另外,还可以在企业应用平台中,以账套主管的身份,进行启用。本任务就是掌握在企业应用平台中的系统启用操作方法。

【知识准备与业务操作】

企业核算账套建成后,系统启用还可以到企业应用平台中操作。

【业务资料】

引入实验一系统管理账套备份数据,安徽阳光公司账套还需要启用"固定资产"和"薪资管理",启用时间设置为 2017 年 1 月 1 日。

【操作指导】

1. 以 001 学生本人的身份注册企业应用平台,输入操作员和密码信息,如图 3-10 所示。

2. 单击"确定"按钮,选择"基础设置"/"基本信息"栏,双击"系统启用",打开系统启用窗口,在要启用的"固定资产"前的方框内打钩,并在启用时间内输入"2017 年 1 月 1 日",单击"确认"按钮,如图 3-11 所示。

3. 继续启用"薪资管理"系统,并将启用时间设置为"2017 年 1 月 1 日"。

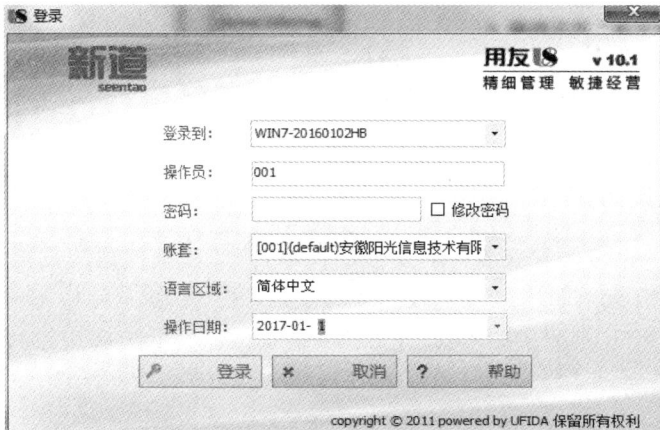

图 3-10　账套主管注册企业应用平台

图 3-11　系统启用

🔊 小提示!

➤ 只有"账套主管"才有权在"企业应用平台"中启用系统。

➤ 总账和其他系统启用日期都必须大于等于账套建立的日期。如账套建立日期为 2017 年 1 月 1 日,总账和其他系统启用日期在 2017 年 1 月 1 日之后。

任务三　基础档案设置

【任务描述】

用友 ERP-U8V10.1 软件在企业应用平台集中了系统的所有功能,为各子系统提供了一个公共的交流平台。在企业应用平台中通过基础档案设置可完成各模块的基本信息、基础档案,以保障后续业务工作的顺利开展。本任务就是掌握各项基础档案的设置顺序和操作方法。

【知识准备与业务操作】

一、基础档案设置顺序

由于企业基础数据之间存在着前后承接的关系,因此基础档案的设置应遵循一定的顺序,如图 3-12 所示。只有按照顺序进行基础档案的设置,才可以使基础档案的设置顺利进行。基础档案的设置既可以在"企业应用平台"中进行,也可在各个子系统中进行。设置好的基础档案的内容为各个子系统通用。

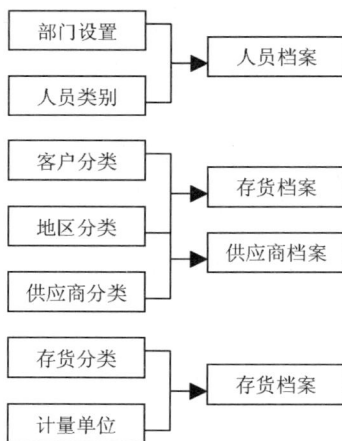

图 3-12　基础档案设置先后顺序

二、部门档案设置

部门档案主要用于设置企业各个职能部门的信息,既可以是实际中的部门机构,也可以是虚拟的管辖单元,只要是某使用单位下辖的具有分别进行财务核算或业务管理要求的单元体即可。

【业务资料】

安徽阳光公司的部门档案资料见表 3-2,根据资料增加部门档案。

表 3-2　部门档案

部门编码	部门名称	部门属性	部门编码	部门名称	部门属性
1	管理中心	管理部门	202	采购部	采购管理
101	总经理办公室	综合管理	3	制造中心	生产部门
102	财务部	财务管理	301	一车间	生产制造
2	供销中心	供销管理	302	二车间	生产制造
201	销售部	市场营销			

【操作步骤】

1. 以 001 学生本人的身份注册企业应用平台，单击左下角的"基础设置"栏，单击"基础档案"/"机构人员"，双击"部门档案"，打开部门档案设置窗口。

2. 单击"增加"按钮，录入部门编码"1"，部门名称"管理中心"，部门属性"管理部门"信息，单击"保存"按钮，继续增加其余资料，完成后如图 3-13 所示。

3. 输入完成后，单击"退出"按钮。

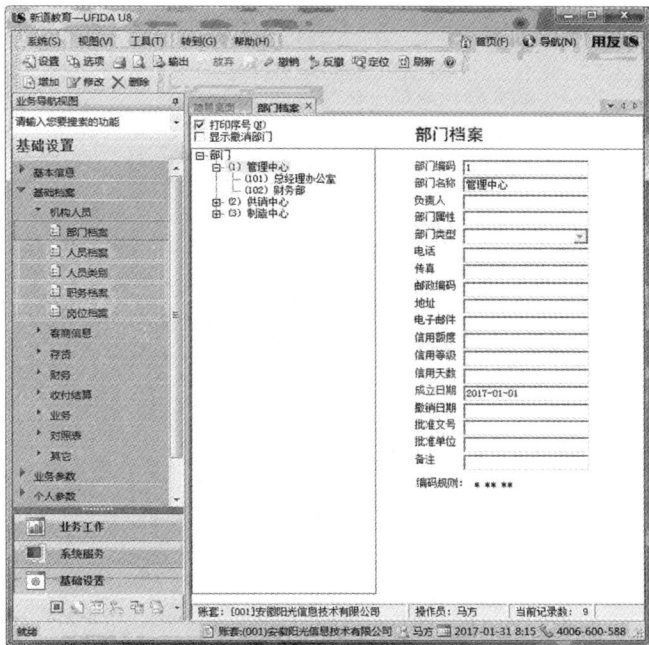

图 3-13　部门档案

◀» 小提示！

➢ 部门档案设置中蓝色是必填选项，成立日期一般默认输入时的系统时间，如 2017 年 1 月 31 日，可修改。

➢ 部门档案增加要先增加上级再增加下级，删除时先删下级再删上级。

➢ 部门档案编码要符合编码方案中定义的编码规则。

➢ 由于此时还未设置人员档案，部门中的负责人暂时不能设置。如果需要设置，则必须在完成人员档案设置后，再回到部门档案中以"修改"命令补充设置。

三、人员档案设置

人员档案设置主要用于企业各职能部门中需要进行核算和业务管理的职员信息,必须先设置好部门档案后,才能设置相应职员信息。

【业务资料】

安徽阳光公司的人员类别及档案资料见表 3-3 和表 3-4,根据资料设置人员档案。

表 3-3　在职人员类别

分类编码	分类名称
1001	企业管理人员
1002	经营人员
1003	车间管理人员
1004	生产人员

表 3-4　人员档案

人员编码	人员姓名	性别	人员类别	行政部门	是否业务员	是否操作员	对应操作员编码
101	肖剑	男	企业管理人员	总经理办公室	是	否	
102	学生本人	男	企业管理人员	财务部	是	是	001
103	王晶	女	企业管理人员	财务部	是	是	002
104	马方	女	企业管理人员	财务部	是	是	003
201	王丽	男	经营人员	销售部	是	是	005
202	孙健	女	经营人员	销售部	是	否	
211	白雪	女	经营人员	采购部	是	是	004
212	李平	男	经营人员	采购部	是	否	

【操作步骤】

1. 以 001 学生本人身份注册登录企业应用平台,单击左下角的"基础设置"栏,单击"基础档案"/"机构人员",双击"人员类别",打开人员类别设置窗口。

2. 双击"在职人员"类别,单击"增加"按钮,录入档案编码"1001",档案名称"企业管理人员"信息,如图 3-14 所示。

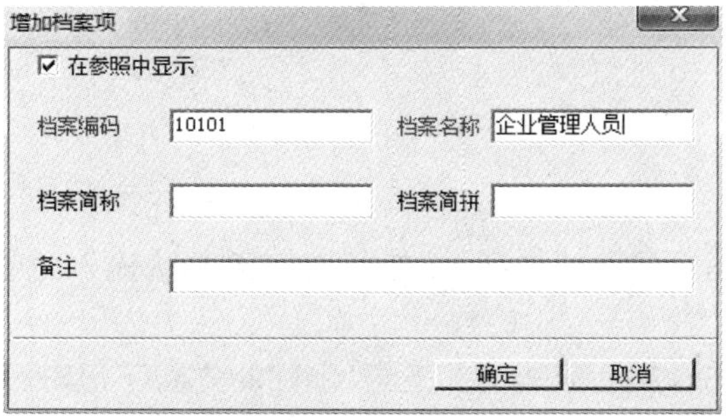

图 3-14　人员类别增加

3. 单击"确定"按钮保存,继续增加其余人员类别信息。

小提示！

➤ 人员类别与工资费用的分配、分摊有关，工资费用的分配与分摊是薪资管理中的一项重要功能。人员类别设置的目的是为工资分摊生成凭证设置的相应入账科目作准备，可以按不同的入账科目设置不同的人员类别。

➤ 人员类别是人员档案中的必选项，需要在人员档案设置前设置。

➤ 人员类别可以修改，但已使用的人员类别名称不能删除。

4. 双击"人员档案"，录入人员列表。

5. 单击"增加"按钮，进入人员档案窗口，输入人员编码"101"、人员姓名"肖剑"、性别"男"、人员类别"企业管理人员"、行政部门"总经理办公室"，选中"是否业务员"，如图 3-15 所示。

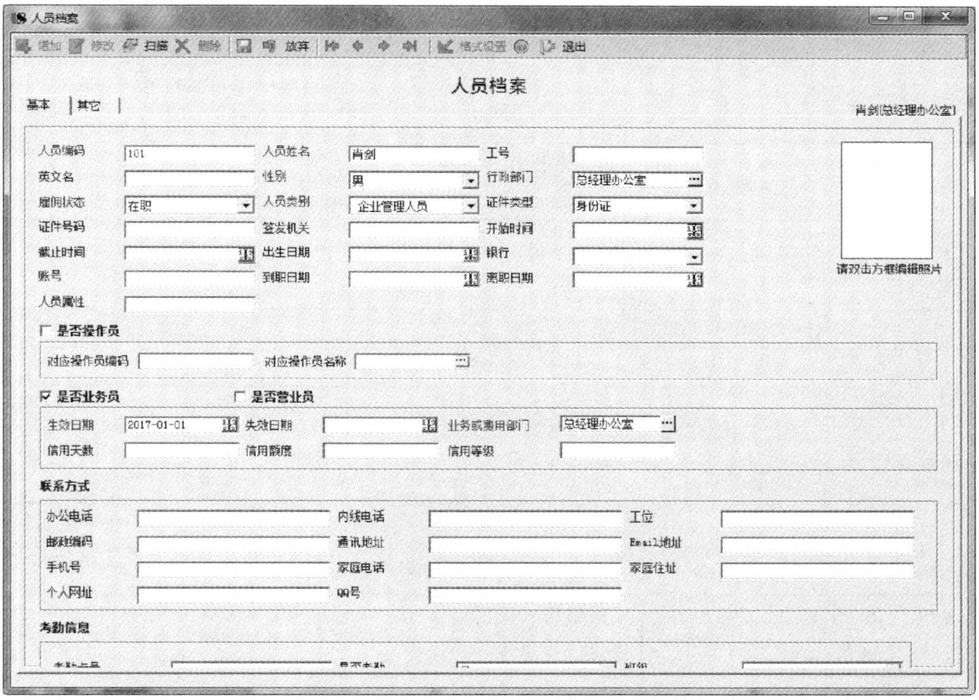

图 3-15 人员档案增加

6. 单击"保存"按钮，继续增加其余人员档案资料。

小提示！

➤ 人员档案应该包括企业所有员工。

➤ 人员编码必须唯一，行政部门只能是末级部门。

➤ 如果该员工需要在其他档案或其他单据的"业务员"项目中被参照，需要选中"是否业务员"复选框。

四、客商档案设置

客户及供应商档案功能主要用于设置往来客户和供应商的信息，以便于对客户和供应商资料管理和业务数据的录入、统计和分析。如果建立账套时选择了客户和供应商分类，则必须在设置完成客户和供应商分类档案后,才能设置客户和供应商档案。

　　建立客户供应商档案主要是为企业的采购管理、库存管理、应付款管理服务的。在填制采购入库单、采购发票和采购结算、应付款结算和有关供货单位统计时都会用到供货单位档案,因此必须先设立客户档案。

【业务资料】

　　安徽阳光公司地区分类、客户分类及客户档案资料如表 3-5、表 3-6 和表 3-7 所示,根据资料增加客户档案信息。

表 3-5　地区分类

地区分类	分类名称
01	东北地区
02	华北地区
03	华东地区
04	华南地区
05	西北地区
06	西南地区

表 3-6　客户分类

分类编码	分类名称
01	批发
02	零售
03	代销
04	专柜

表 3-7　客户档案

客户编码	客户简称	所属分类	所属地区	税号	开户银行（默认值）	银行账号	地址	邮编	扣率	分管部门	专管业务员
001	华宏公司	01	02	120009884 732788	工行上地分行	7385 654	北京市海淀区上地路 1 号	100077	5	销售部	王丽
002	昌新贸易公司	01	02	120008456 732310	工行华苑分行	6932 5581	天津市南开区华苑路 1 号	300310		销售部	王丽
003	精益公司	04	03	310106548 765432	工行徐汇分行	3654 2234	上海市徐汇区天平路 8 号	200032		销售部	孙健
004	利氏公司	03	01	108369856 003251	中行平房分行	4381 0548	哈尔滨平房区和平路 16 号	150008	10	销售部	孙健

【操作步骤】

　　1. 以 001 学生本人身份注册登录企业应用平台,单击左下角的"基础设置"栏,单击"基础档案"/"客商信息",双击"客户分类",打开客户类别设置窗口。

2．单击"增加"按钮，输入分类编码"01"、分类名称"批发"。

3．单击"保存"按钮，继续增加其余客户分类信息，全部输入完成后如图 3-16 所示。

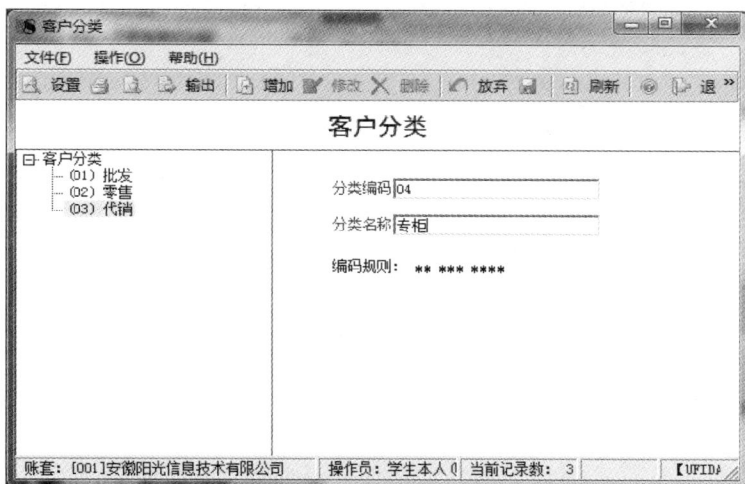

图 3-16　客户分类

4．单击"客商信息"，双击"地区分类"，录入地区分类设置窗口，输入分类编码"01"、分类名称"东北地区"，单击"保存"，继续输入其余地区分类信息，完成后如图 3-17 所示。

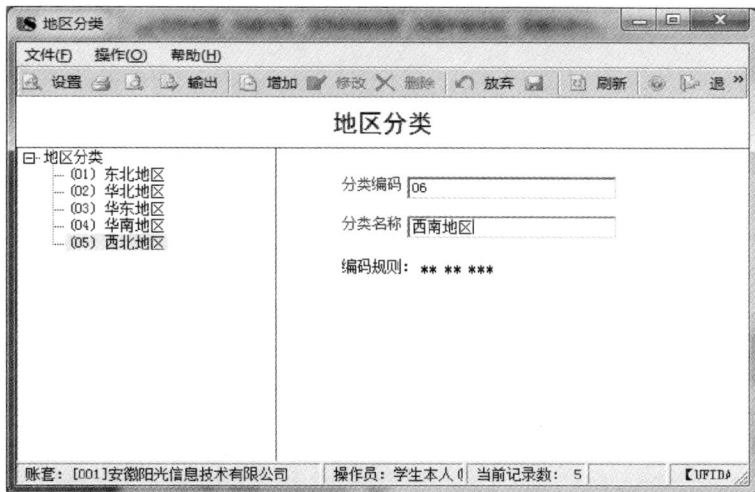

图 3-17　地区分类

小提示！

➤ 客户是否需要分类，应在建立账套时确定。

➤ 客户分类编码必须符合编码规则。

5．单击"客商信息"，双击"客户档案"，进入客户档案设置，单击"增加"按钮，打开增加客户档案设置窗口，输入客户编号"001"、客户名称简称"华宏公司"、所属分类编码"01"、所属地区

"02"、税号"120009884732788"，如图 3-18 所示。

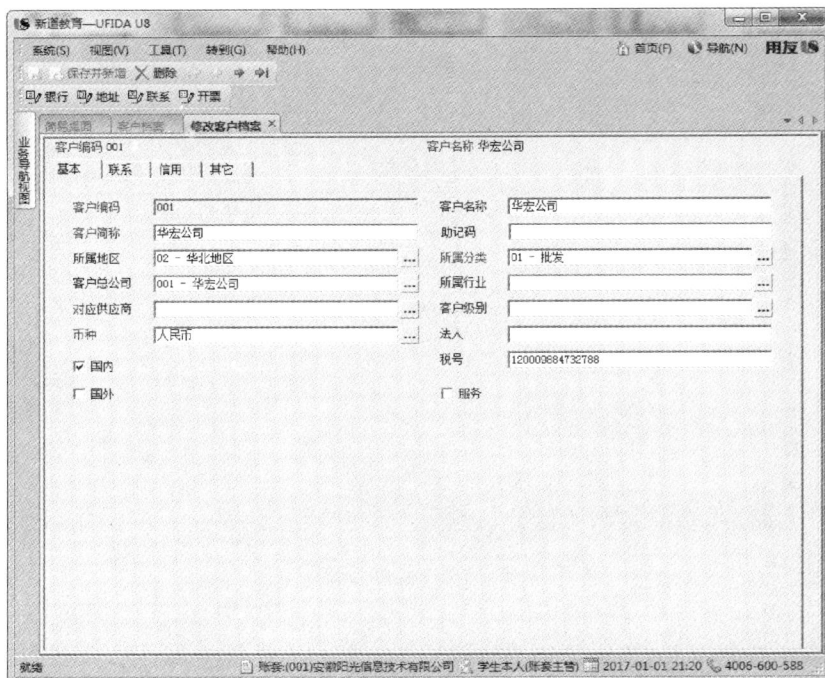

图 3-18　客户档案基本信息

6．单击"联系"页签，选择分管部门"销售部"、专管业务员"王丽"、邮编"100077"，如图3-19
所示。

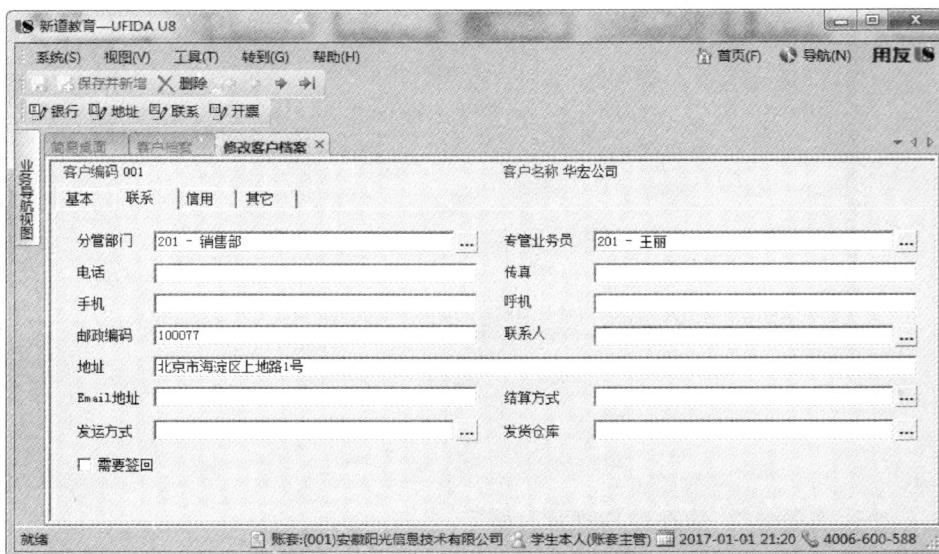

图 3-19　客户档案联系信息

◁))) 小提示！

➤ 之所以设置分管部门和专管业务员,是为了在应收、应付款管理中填制发票等原始单据时,能自动根据客户显示部门及业务员信息。

7.单击"信用"页签,输入扣率"5.0000",如图 3-20 所示。

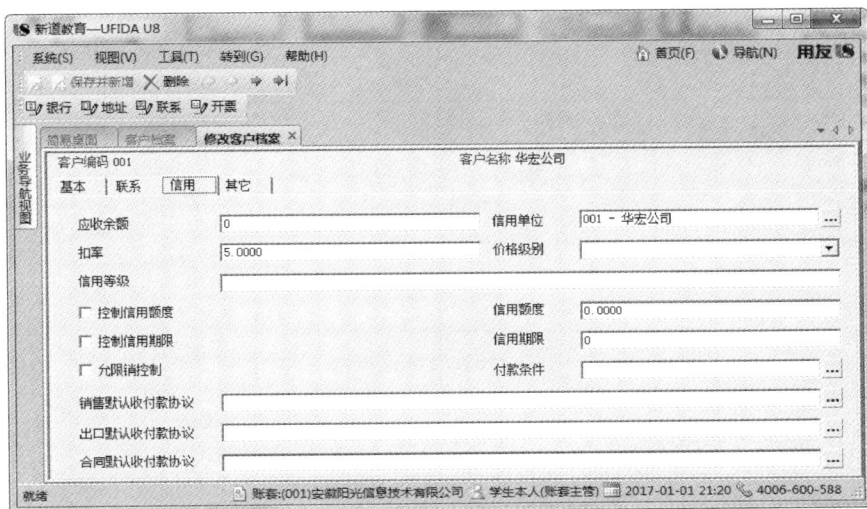

图 3-20　客户档案信用信息

8.单击"银行"按钮,打开客户银行档案设置窗口,单击"增加"按钮,选择所属银行"中国工商银行",输入开户银行"工行上地分行"、银行账号"7385654"、默认值"是",单击"保存"按钮,如图 3-21 所示。

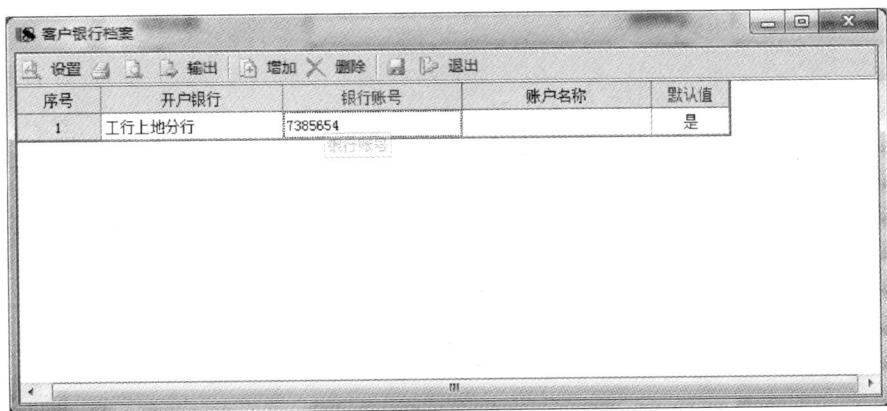

图 3-21　客户开户银行信息

9.单击"保存"按钮,同理,继续输入其他客户档案信息。

◁))) 小提示！

➤ 如果需要开具销售专用发票,客户档案必须输入税号、开户银行、银行账号等信息,否则只能开具普通发票。

【业务资料】

安徽阳光公司供应商分类和供应商档案资料如表3-8和表3-9所示,根据资料增加供应商档案信息。

表 3-8　供应商分类

分类编码	分类名称
01	原料供应商
02	成品供应商

表 3-9　供应商档案

供应商编码	供应商名称	所属分类码	所属地区	税号	开户银行	银行账号	地址	邮编	分管部门	专管业务员
001	兴华公司	01	02	110567453698462	中行	48723367	北京市朝阳区十里堡8号	100045	采购部	白雪
002	建昌公司	01	02	110479865267583	中行	76473293	北京市海淀区开拓路108号	100036	采购部	白雪
003	泛美公司	02	03	320888465372657	工行	55561278	南京市湖北路100号	230187	采购部	李平
004	艾德公司	02	03	310103695431012	工行	85115076	上海市浦东新区东方路1号	200232	采购部	李平

【操作步骤】

1. 以001学生本人身份注册登录企业应用平台,单击左下角的"基础设置"栏,单击"基础档案"/"客商信息",双击"供应商分类",打开供应商类别设置窗口。

2. 单击"增加"按钮,输入分类编码"01"、分类名称"原料供应商",单击"保存"按钮,继续增加其余供应商分类信息,全部输入完成后如图3-22所示。

3. 单击"客商信息",双击"供应商档案"进入供应商档案设置,单击"增加"按钮,打开增加供应商档案设置窗口,输入供应商编号"001"、供应商简称"兴华公司"、所属分类"01"、所属地区"02"、税号"110567453698462"、开户银行"中行"、银行账号"48723367"等基本信息,如图3-23所示。

4. 单击"联系"页签,选择分管部门"采购部"、专管业务员"白雪"、邮编"100045",如图3-24所示。

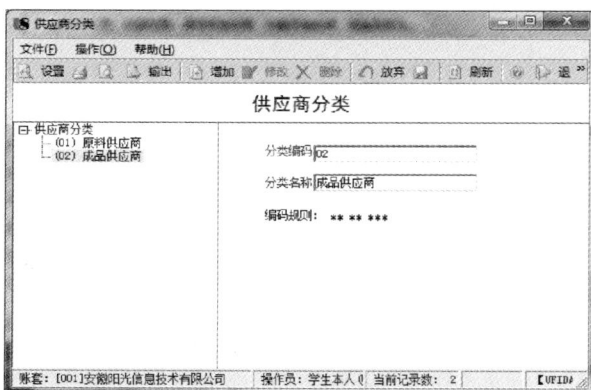

图 3-22　供应商分类

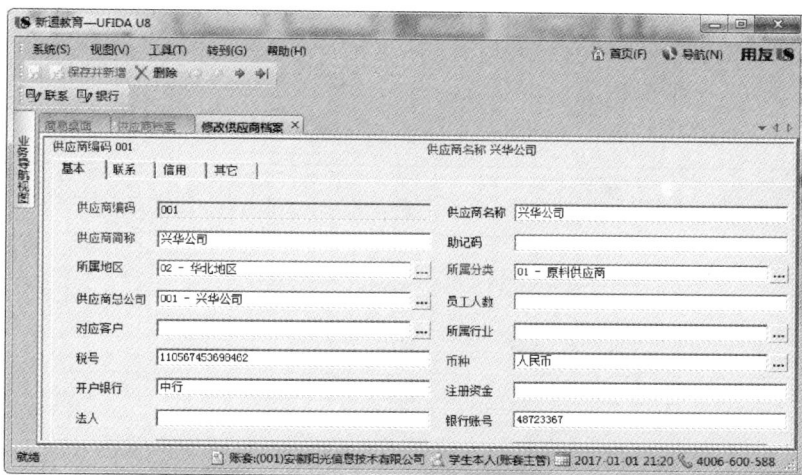

图 3-23　供应商档案基本信息

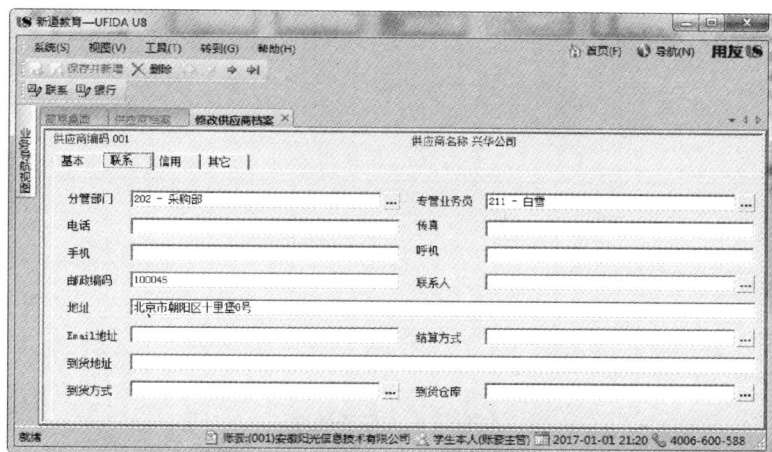

图 3-24　供应商档案联系信息

5. 单击"保存"按钮,继续输入其他供应商档案信息。

小提示!

➢ 供应商档案设置的各栏目内容与客户档案基本相同,其不同在于:选项卡中的两项内容,即信用选项卡和其他选项卡。信用选项中的单价是否含税是指该供应商供货价格中是否包含增值税;其他选项中的对应条形码是对该供应商所供货物进行条形码管理时,在存货条形码中需要输入对应的供应商信息。

五、存货档案设置

存货档案主要用于企业在生产经营过程中使用到的各种存货信息。本功能完成对存货档案的设置和管理,随同发货单或发票一起开具的应税劳务也应设置其中。若建账中选择了存货分类,则要先分类才能设置具体档案信息。

【业务资料】

安徽阳光公司存货分类、计量单位分组、计量单位及存货档案资料如表 3-10、表 3-11、表 3-12 和表 3-13 所示,根据资料增加存货档案信息。

表 3-10　存货分类

存货类别编码	存货类别名称	存货类别编码	存货类别名称
1	原材料	201	计算机
101	主机	3	配套用品
10101	处理器	301	配套材料
10102	硬盘	302	配套硬件
102	显示器	30201	打印机
103	键盘	30202	传真机
104	鼠标	303	配套软件
2	产成品	9	应税劳务

表 3-11　计量单位分组

计量单位组编码	计量单位组名称	计量单位组类别
01	无换算关系	无换算率

表 3-12　计量单位

计量单位编码	计量单位名称	所属计量单位组名称
01	盒	无换算关系
02	台	无换算关系
03	只	无换算关系
04	千米	无换算关系

表 3-13　存货档案

存货编码	存货名称	存货分类	计量单位组	计量单位	税率	存货属性
001	酷睿双核处理器	10101	01	盒	17%	外购、生产耗用、内销、外销
002	500GB 硬盘	10102	01	盒	17%	外购、生产耗用、内销、外销
003	23 英寸液晶屏	102	01	台	17%	外购、生产耗用、内销、外销
004	键盘	103	01	只	17%	外购、生产耗用、内销、外销
005	鼠标	104	01	只	17%	外购、生产耗用、内销、外销
006	计算机	201	01	台	17%	自制内销、外销
007	HP 激光打印机	30201	01	台	17%	外购、内销、外销
008	运输费	9	01	千米	11%	外购、内销、外销、应税劳务

【操作步骤】

1. 以 001 学生本人身份注册登录企业应用平台,单击左下角的"基础设置"栏,单击"基础档案"/"存货",双击"存货分类",打开存货分类设置窗口。

2. 单击"增加"按钮,输入分类编码"1"、分类名称"原材料",单击"保存"按钮,继续输入其余存货分类信息,全部输入完成后如图 3-25 所示。

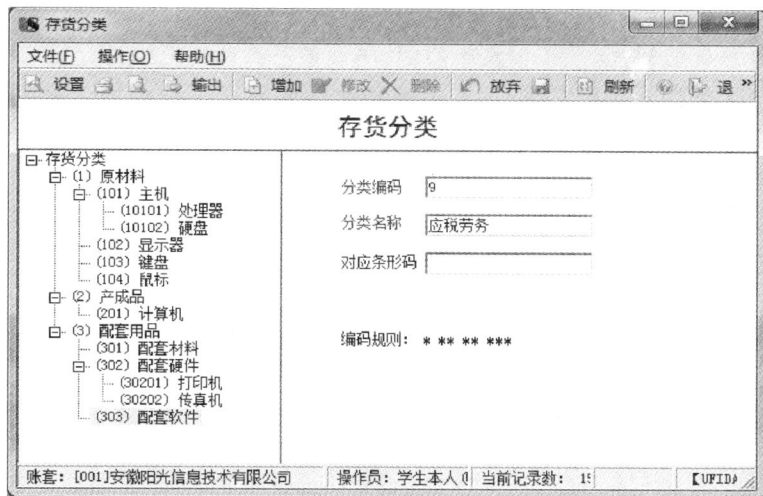

图 3-25　存货分类

🔊 小提示!

➤ 在企业的购销业务中,经常会发生一些劳务费用,如运输费、装卸费、包装费等。这些费用也经常构成企业存货成本的一个组成部分,并且它们一般具有与其他存货不同的税率。为了正确反映和核算这些劳务费用,应在存货分类中单独设置一类"应税劳务"。

3.单击"存货",双击"计量单位",单击"分组"按钮,打开计量单位组设置窗口,单击"增加"按钮,输入计量单位组编码"01"、计量单位组名称"无换算关系",选择计量单位组类别"无换算率",如图 3-26 所示。

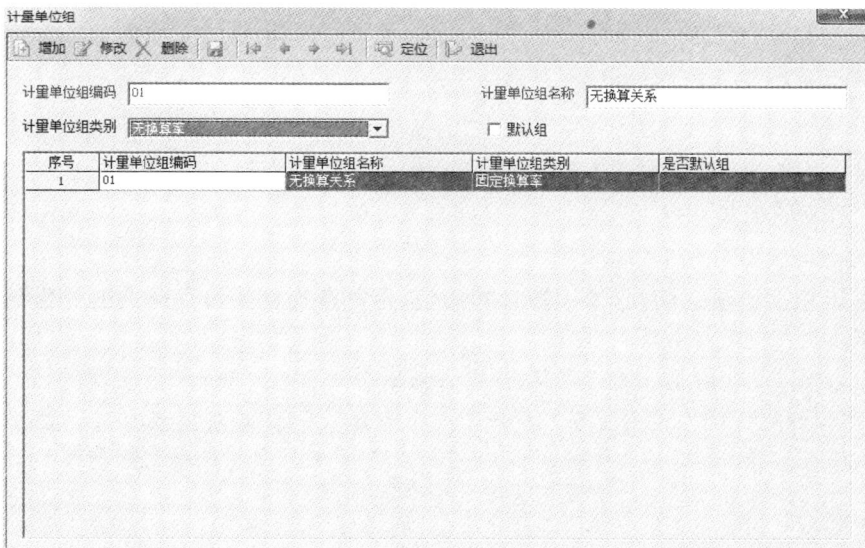

图 3-26　计量单位组增加

4.单击"保存"按钮,单击"退出"按钮。

🔊 小提示!

➤ 在设置计量单位时,必须先设置单位组,再设置各计量单位组的计量单位。

➤ 计量单位组分为无换算率、固定换算率和浮动换算率三种类型。如果需要换算,一般将财务计价单位或最小计量单位作为主计量单位。

➤ 计量单位可以根据需要随时增加。

5.选择"01 无换算关系",单击"单位"按钮,打开计量单位设置窗口,单击"增加"计量单位按钮,输入编码"01"、计量单位名称"盒",如图 3-27 所示。

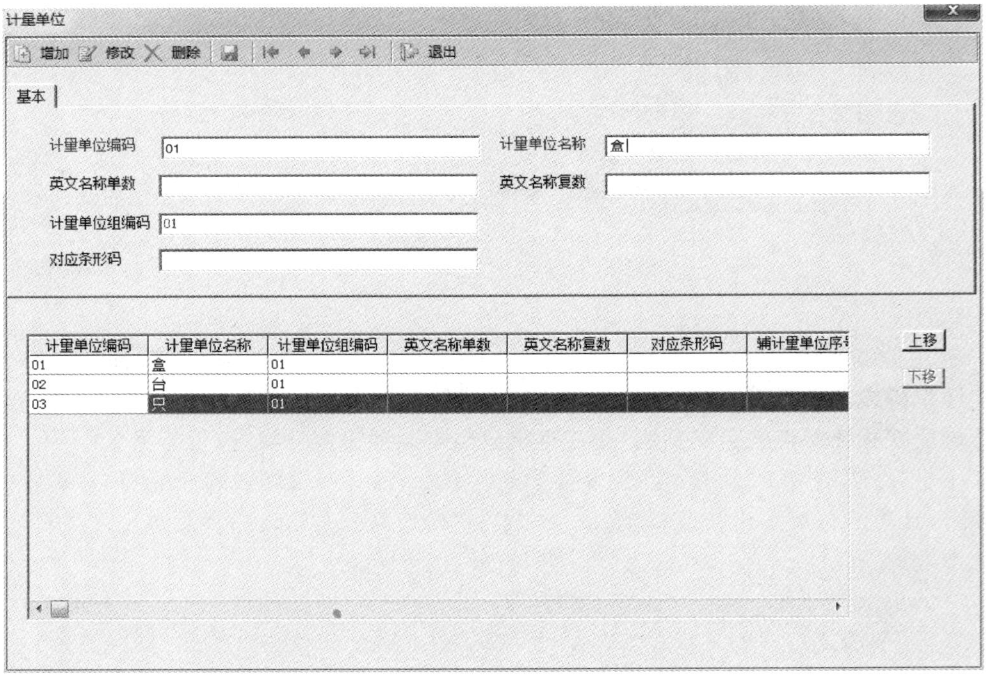

图 3-27　　计量单位增加

6.单击"保存"按钮,继续输入其他计量单位资料。

🔊 小提示!

➤ 在存货档案设置之前,必须设置计量单位,否则存货档案没有备选的计量单位,存货档案无法保存。

7.单击"存货",双击"存货档案",打开存货档案窗口,单击"增加"按钮,打开增加存货档案窗口,输入存货编码"001"、存货名称"酷睿双核处理器"、所属类别"10101"、计量单位组"无换算关系"、主计量单位"盒"、选中存货属性"外购、生产耗用、内销、外销",如图 3-28 所示。

8.单击"保存"按钮,继续输入其余存货档案。

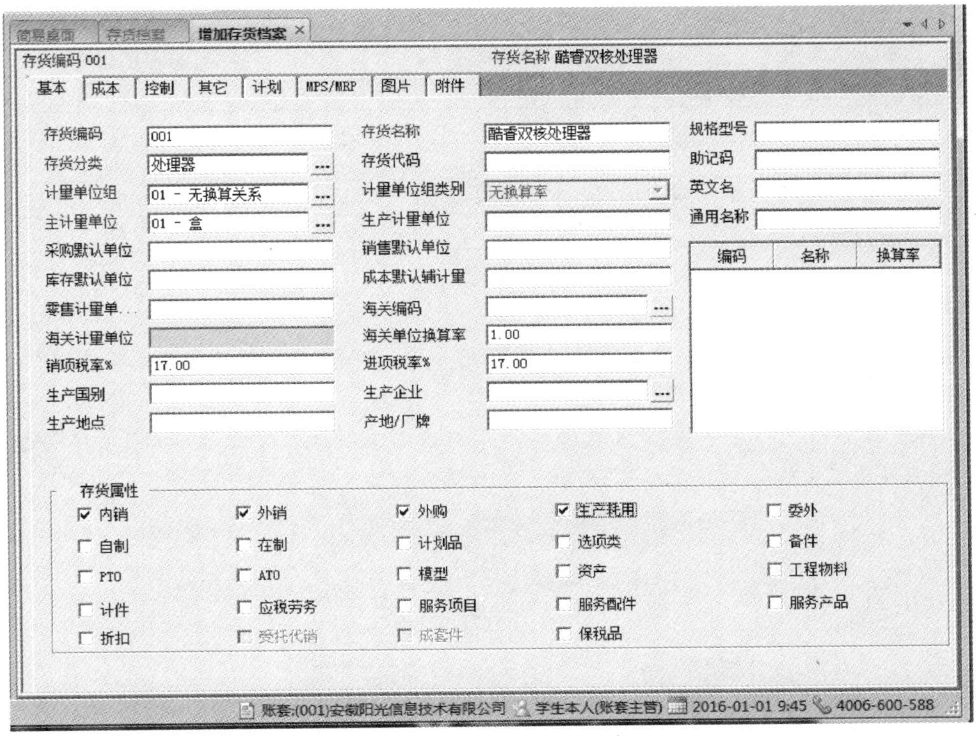

图 3-28　存货档案增加

◁)) 小提示!

➢ 如果只启用财务系统且不在应收、应付系统中填制发票,则不需要设置存货档案。在录入存货档案时,如果存货类别不符合要求,应重新进行选择。如果直接列示的计量单位不符合要求,应先将不符合要求的计量单位删除,再单击参照按钮重新选择。

➢ 系统为存货设置了 18 种属性,其目的是在参照输入时缩小参照范围。存货档案中的存货属性必须选择正确,否则,在填制相应单据时就不会在存货列表中出现。同一存货可设置多种属性,具有"内销""外销"属性的存货可用于出售,具有"外购"属性的存货可用于采购,具有"应税劳务"属性的存货可以抵扣进项税。

➢ 受托代销业务只有在建账时选择"商业"核算类型,并且在采购管理中确定"是否受托代销业务"后才能选择使用。

➢ 运输费作为存货档案单独一项,税率为 11%。

六、结算方式设置

结算方式的功能是用来建立和管理用户在经营活动中所涉及的结算方式,企业采购业务必然形成应付,销售业务必然形成应收,往来款项结算时要考虑用什么样的结算方式,是否有优惠,从哪个银行支付或收取。

【业务资料】

安徽阳光信息有限公司结算方式如表 3-14 所示,根据资料增加结算方式档案。

表 3-14　结算方式

结算方式编码	结算方式名称	是否票据管理
1	现金结算	否
2	支票结算	否
201	现金支票	是
202	转账支票	是
3	其他	否

【操作步骤】

1. 以 001 学生本人的身份注册登录企业应用平台,单击"基础设置"/"基础档案"结算/"收付",双击"结算方式",打开结算方式窗口。

2. 单击"增加"按钮,输入结算方式编码"1"、结算方式名称"现金",单击"保存"按钮,继续增加其他结算方式,完成后如图 3-29 所示。

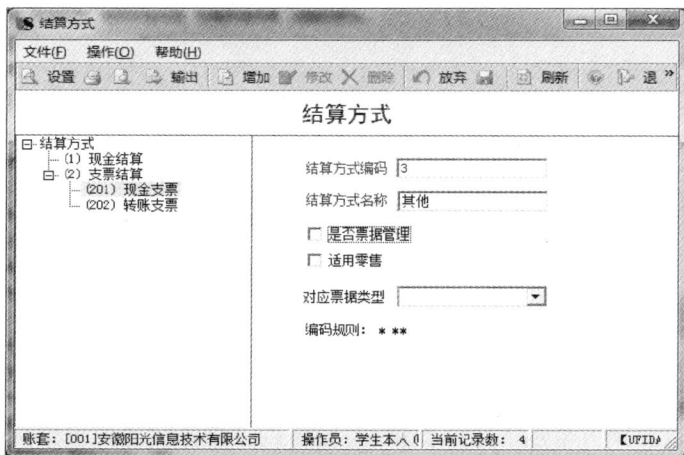

图 3-29　增加结算方式

◁)) 小提示!

➤ 支票管理是系统为辅助出纳对银行结算票据的管理而设置的功能,类似于手工系统中的支票登记簿。若需实施票据管理,则选中"是否票据管理"框。

➤ 在总账系统填制凭证使用"银行账"类科目时,会自动弹出选择银行结算方式辅助窗口,并可作为银行对账的一个参数。

七、开户银行设置

开户银行用于设置本企业在收付结算中对应的各个开户银行信息。系统支持多个开户银行和账户。在供应链管理系统中,如果需要开具增值税专用发票,则需要开户银行信息,同时在客户档案中还必须输入客户开户银行和账号等信息。

【业务资料】

安徽阳光信息有限公司开户银行档案资料如下:

编码:01;银行账号:831658793206;币种:人民币;开户银行:工商银行合肥分行中关村分

理处;所属银行编码:01 中国工商银行。

根据资料完成开户银行档案设置。

【操作步骤】

1. 以 001 学生本人身份录入基础档案,单击"收付结算",双击"本单位开户银行",打开本单位开户银行窗口。

2. 单击"增加"按钮,打开增加本单位开户银行卡片窗口。按资料输入相关项目,如图 3-30 所示。

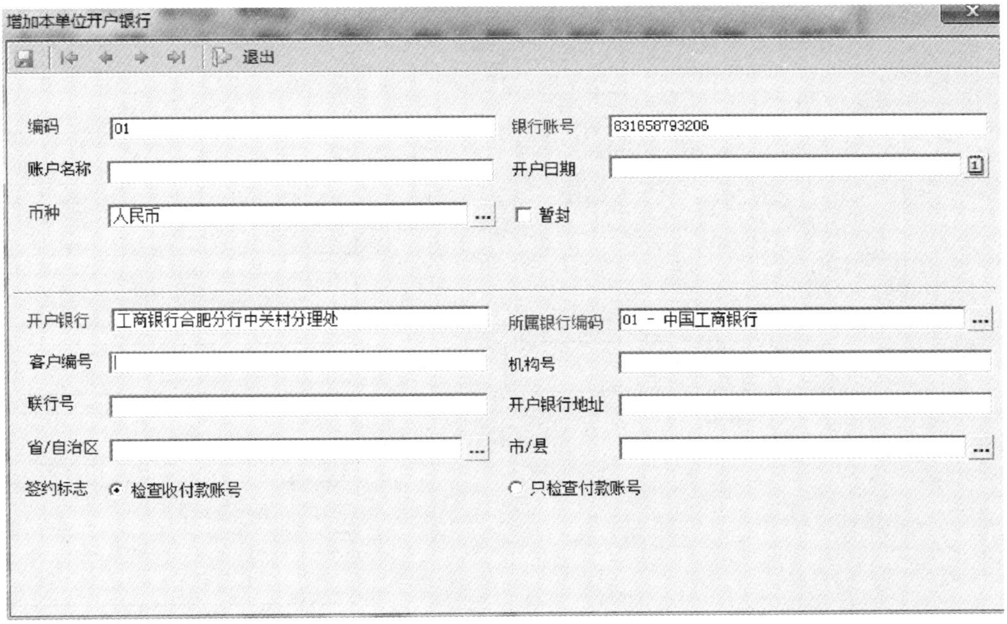

图 3-30 增加本单位开户银行

3. 单击"保存",再单击"退出"按钮,返回本单位开户银行窗口。

小提示!

➢ 如果不设置开户银行,在填制销售发票后不能保存。

若系统启用中没有启用"应收"和"应付"系统,则收付结算中没有本单位开户银行命令。

➢ 各项基础档案设置完毕后,进行账套输出,保存在"001 账套备份/财务管理/实验二基础档案"文件夹中。

项目小结

项目三企业应用平台内容结构如图 3-31 所示。

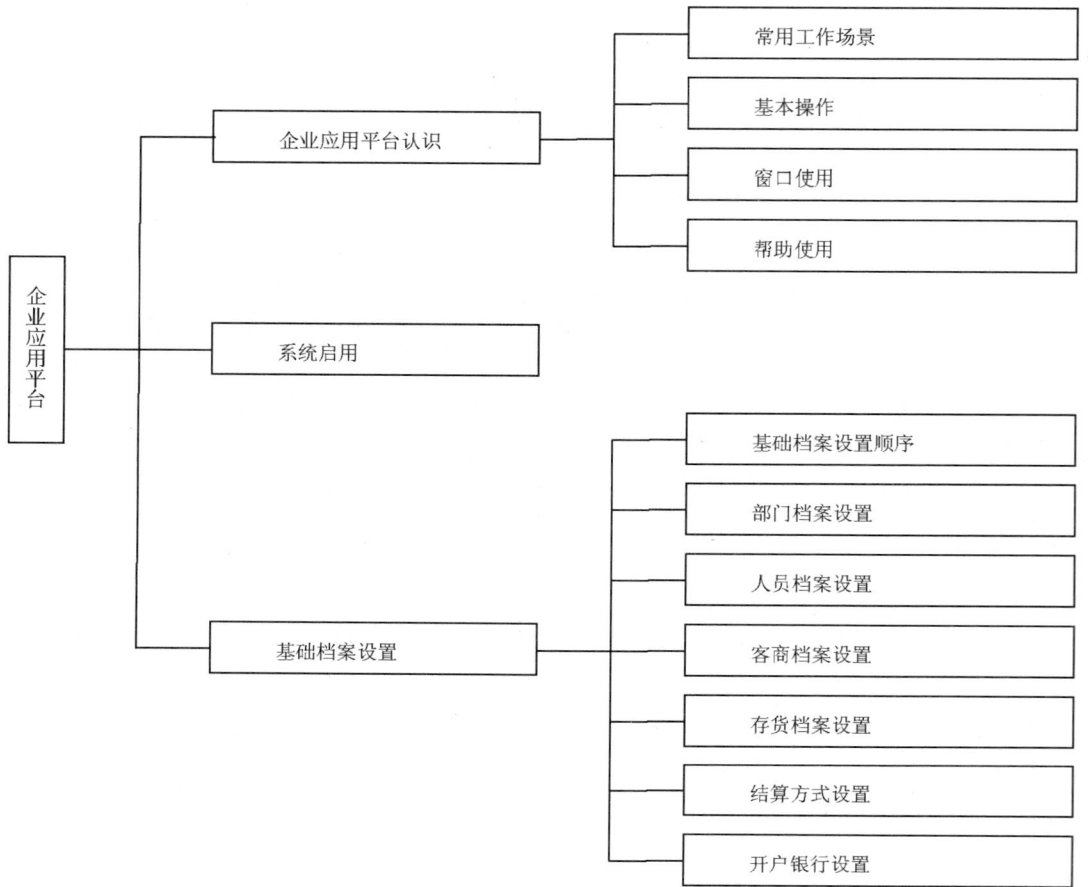

图 3-31　项目三企业应用平台内容结构图

项目四 总账管理

◆**职业能力目标**

了解总账管理的功能、总账管理与其他系统的关系,掌握总账管理的数据流程;熟悉总账管理初始化的主要内容,并能根据企业核算要求完成总账管理初始化工作;熟悉总账管理凭证处理、出纳管理和期末处理的内容,并能根据企业实际业务完成总账管理日常业务处理和期末处理工作。

◆**典型工作任务**

总账管理概述;总账管理初始化;总账管理凭证处理;出纳管理;总账管理期末处理。

任务一 总账管理概述

【任务描述】

总账管理又称账务处理系统,就是要完成从记账凭证输入到记账,从记账到账务输出等账务处理工作的子系统。总账管理是会计信息系统的核心系统,与其他子系统之间有着大量的数据传递关系。本任务就是了解总账管理功能、总账管理与其他系统的关系,以及总账管理的数据处理流程,为后续总账管理业务操作奠定理论基础。

【知识准备与业务操作】

一、总账管理的功能

总账管理适用于各类企事业单位进行凭证管理、账簿处理、个人往来款管理、部门管理、项目核算和出纳管理等。其功能有:

（一）会计科目

可根据需要增加、删除或修改会计科目或选用行业标准科目。

（二）记账凭证

通过严密的制单控制保证填制凭证的正确性。提供资金赤字控制、支票控制、预算控制、外币折算误差控制以及查看科目最新余额等功能,加强对发生业务的及时管理和控制。制单赤字控制可控制出纳科目、个人往来科目、客户往来科目、供应商往来科目。凭证填制权限可控制到科目,凭证审核权限可控制到操作员,从而高效、正确地完成记账过程。

（三）现金管理

为出纳人员提供一个集成办公环境,加强对现金及银行存款的管理。提供支票登记簿功能,用来登记支票的领用情况;并可完成银行日记账、现金日记账,随时做出最新资金日报表、余额调节表以及进行银行对账。

（四）期末处理

自动完成月末分摊、计提、对应转账、销售成本、汇兑损益、期间损益结转等业务，进行试算平衡、对账、结账、生成月末工作报告等处理。

二、总账管理与其他系统的关系

总账管理属于财务管理系统的一部分，而财务管理系统与其他系统形成并行关系。总账管理系统既可独立运行，也可同其他系统协同运转。总账产品在整个 ERP-U8V10.1 中占有绝对重要的地位，与其他产品的关系如图 4-1 所示。

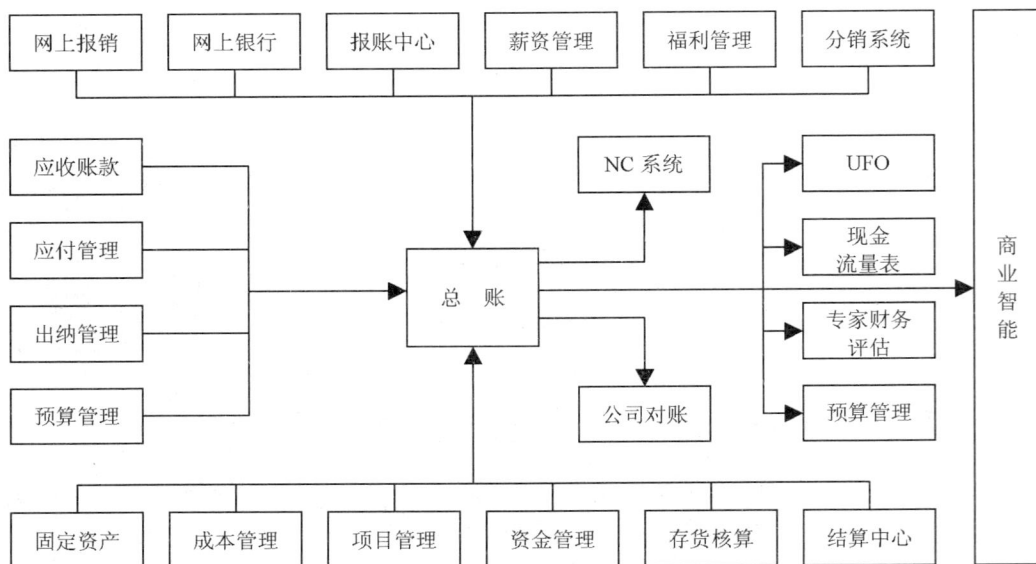

图 4-1　总账管理与其他系统的关系

三、总账管理的操作流程

对于总账管理的使用，新用户操作流程如图 4-2 所示，老用户操作流程如图 4-3 所示。

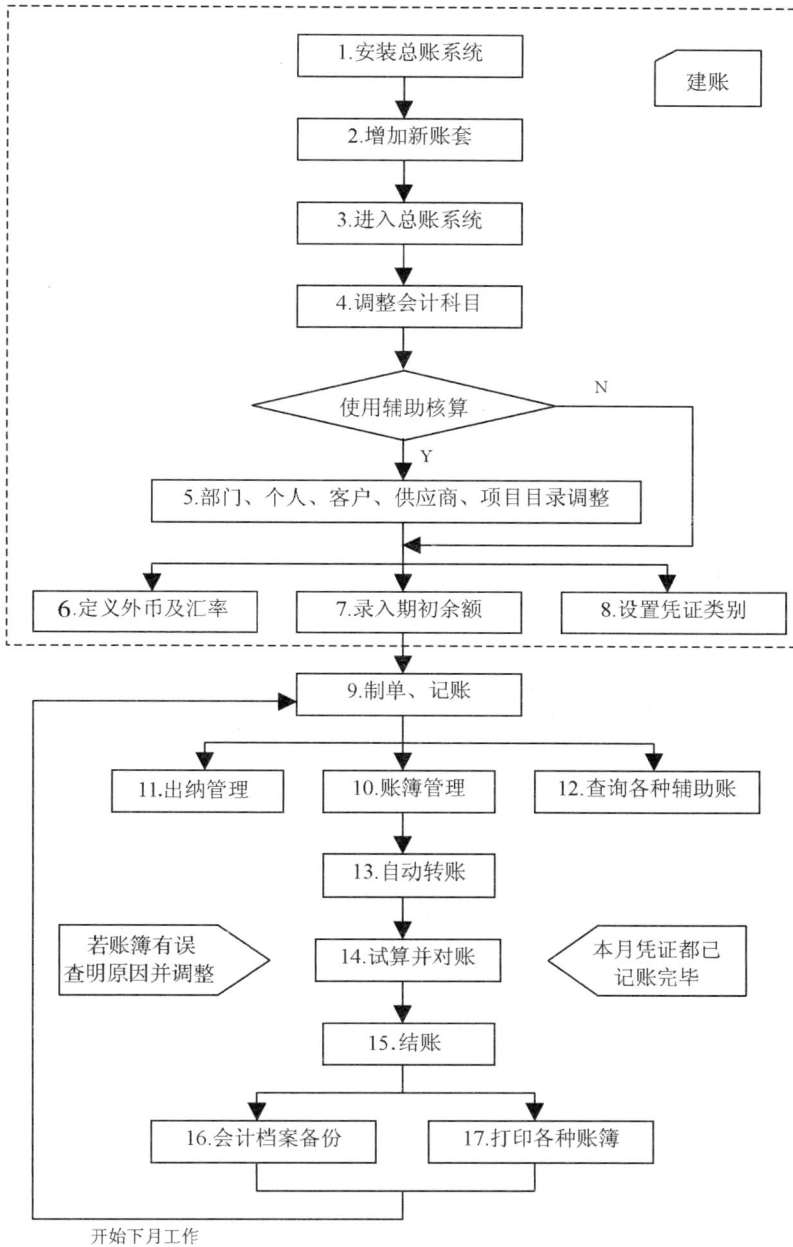

图 4-2 总账管理新用户操作流程

```
┌ ─ ─ ─ ─ ─ ─ ─ ─ ─ ─ ─ ─ ─ ─ ─ ─ ─ ─ ─ ─ ─ ─ ┐
│              1.完成上年各项工作                  │
│                    │                            │
│              2.建新年度账          ⬡ 建账        │
│                    │                            │
│              3.进入总账系统                      │
│                    │                            │
│              4.调整会计科目                      │
│                    │                            │
│      5.部门、个人、客户、供应商、项目目录调整      │
│                    │                            │
│              6.结转上年数据                      │
└ ─ ─ ─ ─ ─ ─ ─ ─ ─ ┼ ─ ─ ─ ─ ─ ─ ─ ─ ─ ─ ─ ─ ┘
                     │
              7.期初余额调整
                     │
              8.制单、记账
```

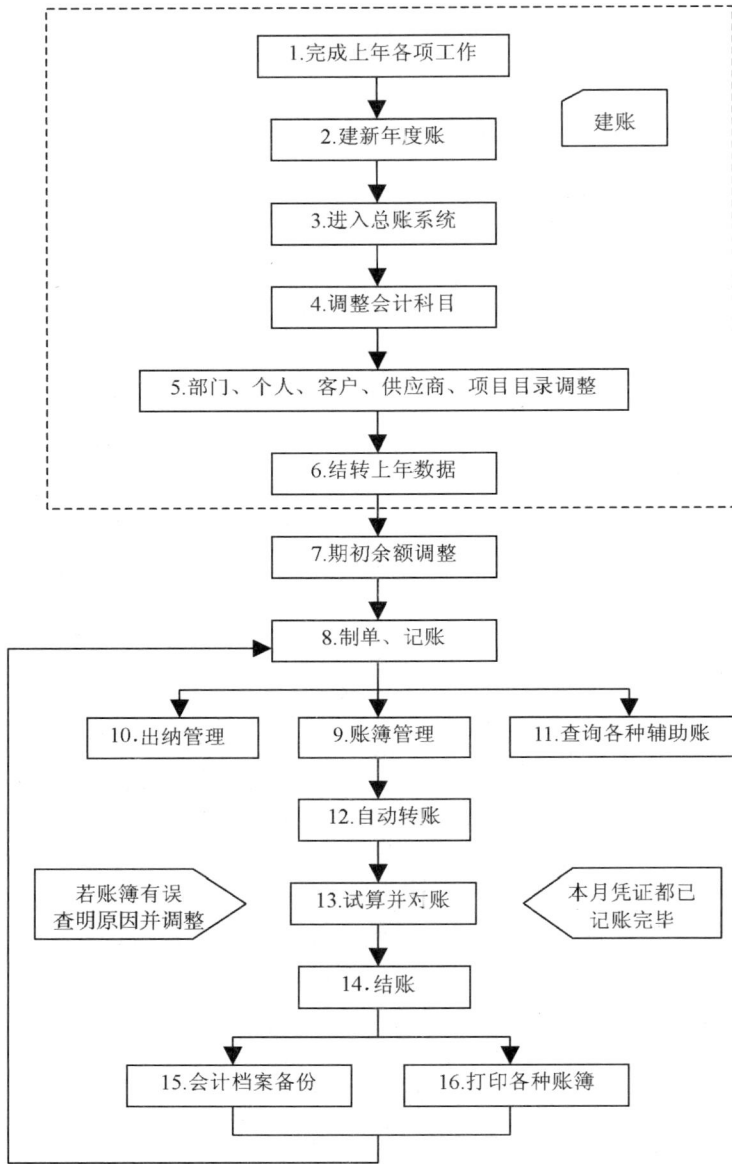

图 4-3　总账管理老用户操作流程

任务二　总账管理初始化

【任务描述】

在开始使用总账管理前,应先进行初始化设置,即结合本企业的实际情况,将一个通用的总账管理系统改造为适合本企业核算要求的专用总账管理系统,这是企业保证会计核算及各种专项辅助核算等工作顺利开展的重要环节之一,具体包括总账管理参数设置、外币设置、会计科目设置、凭证类别设置、期初余额设置等。本任务就是掌握总账管理初始化内容及操作方法。

【知识准备与业务操作】

一、总账管理参数设置

在首次使用总账管理系统时,需要确定总账管理核算要求的各种参数,使总账管理系统根据本单位具体核算要求,配置相应功能或执行相应控制。

【业务资料】

引入实验二基础档案账套数据备份文件,安徽阳光公司账套总账管理使用参数如表 4-1 所示。根据资料,设置总账管理控制参数。

表 4-1　总账管理控制参数

页　签	参数设置
凭　证	制单序时控制
	支票控制
	赤字控制;资金往来科目赤字控制方式:提示
	可以使用应收应付受控科目
	凭证编号方式采用系统编号
账　簿	账簿打印位数按软件的标准设定
	明细账打印按年排页
凭证打印	打印凭证页脚姓名
预算控制	超出预算允许保存
权　限	出纳凭证必须经由出纳签字
	不允许修改、作废他人填制的凭证
	可查询他人凭证
	明细账查询权限控制到科目
会计日历	会计日历为 1 月 1 日—12 月 31 日
	数量小数位数和单价小数位数设置为 2 位
其他	部门、个人、项目按编码方式排序

【操作步骤】

1. 以 001 学生本人身份注册登录企业应用平台,单击左下角的"业务工作"/"财务会计"/

"总账"/"设置",双击"选项",打开选项对话框。

2.单击"编辑"按钮,根据表 4-1 资料,在"凭证"页签中,选择对应控制参数,如图 4-4 所示。

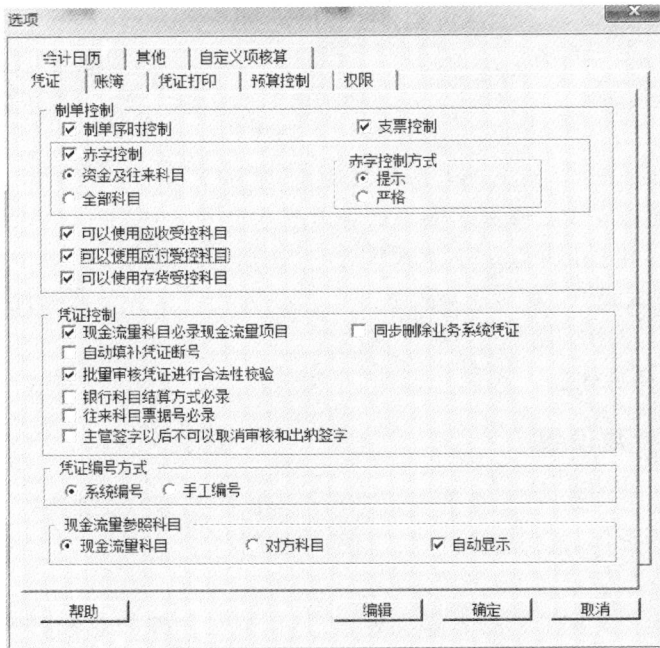

图 4-4　凭证控制参数

🔊 小提示!

➢ 制单序时控制与系统编号联合使用,制单时凭证编号必须按日期顺序排列,即制单时序,如果有特殊需要,可以将其取消。

➢ 选择支票控制项是在制单时,使用银行科目编制凭证,系统针对票据管理的结算方式进行登记,如果录入支票号在支票登记簿已存,系统提供的是登记支票报销功能,否则提供的是登记支票登记簿功能。

➢ 选择赤字控制项是在制单时,当"资金往来科目"或"全部科目"的最新金额出现负数时,系统予以提示。系统为此提供了"提示"和"严格"两种方式,可根据需要进行选择。可以使用应收应付受控科目、存货受控科目项目,是指若科目为应收款管理系统的受控科目、应付款管理系统的受控科目和存货核算系统的受控科目,为了防止重复制单,允许应收系统、应付系统和存货核算系统使用各自受控系统科目制单,而总账系统是不能使用这些科目制单的。如果希望总账系统也能使用这些受控科目,则选择可以使用。要注意的是,总账和其他业务系统使用了受控科目,会引起应收系统与总账、应付系统与总账对账不平。

➢ 选择现金流量科目必录现金流量项目是指在录入凭证时,如果使用现金流量科目则必须输入现金流量项目及金额。

➢ 系统在填制凭证功能中,一般按照凭证类别、按月自动编号,即"系统编号"。但有的企业需要系统允许在制单时,手工录入凭证编号,即"手工编号"。

3. 单击"账簿"页签,默认对应账簿控制参数,如图4-5所示。

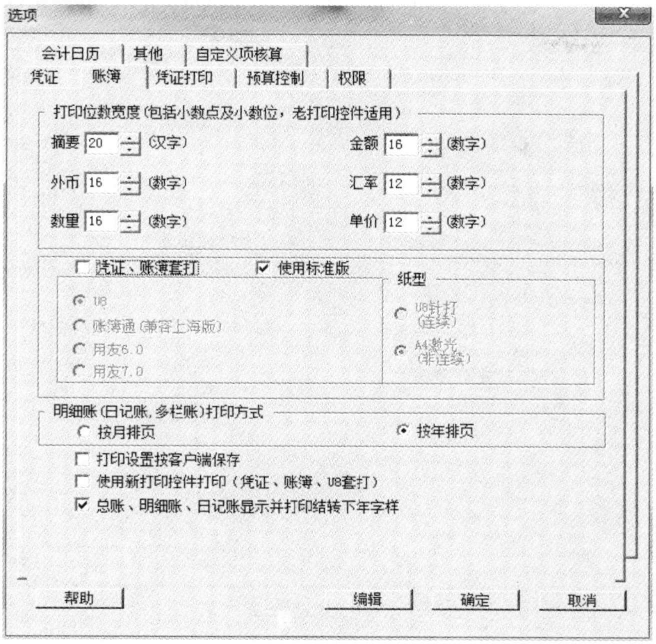

图 4-5　账簿参数

4. 单击"凭证打印"页签,默认参数,如图4-6所示。

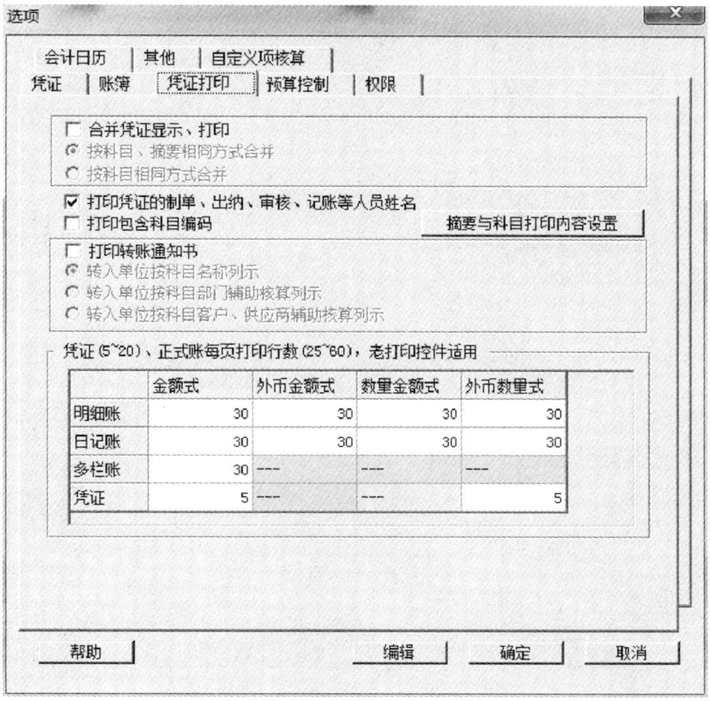

图 4-6　凭证打印参数

5. 单击"预算控制"页签,默认参数,如图 4-7 所示。

图 4-7　预算控制参数

6. 单击"权限"页签,对应资料选择对应参数,如图 4-8 所示。

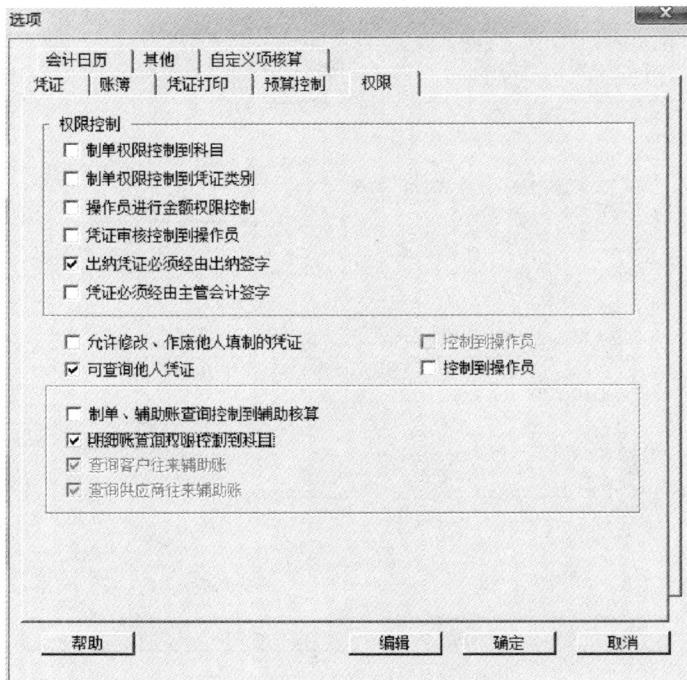

图 4-8　权限控制参数

◀)) 小提示！

> 若要求现金、银行科目凭证必须由出纳人员核对签字后才能记账，则选择"出纳凭证必须经由出纳签字"。

> 若制单时可修改或作废他人填制的凭证，则选择"允许修改、作废他人填制的凭证"，否则不选，即"谁制单谁作废/修改"。

> 允许操作员查询他人填制的凭证，则选择"可查询他人凭证"。

> 在系统管理中，设置了明细账查询权限，必须在总账选项中设置"明细账查询权限控制到科目"才能起到控制作用，即这里是权限控制开关。

7. 单击"会计日历"页签，对应资料设置参数，如图4-9所示。

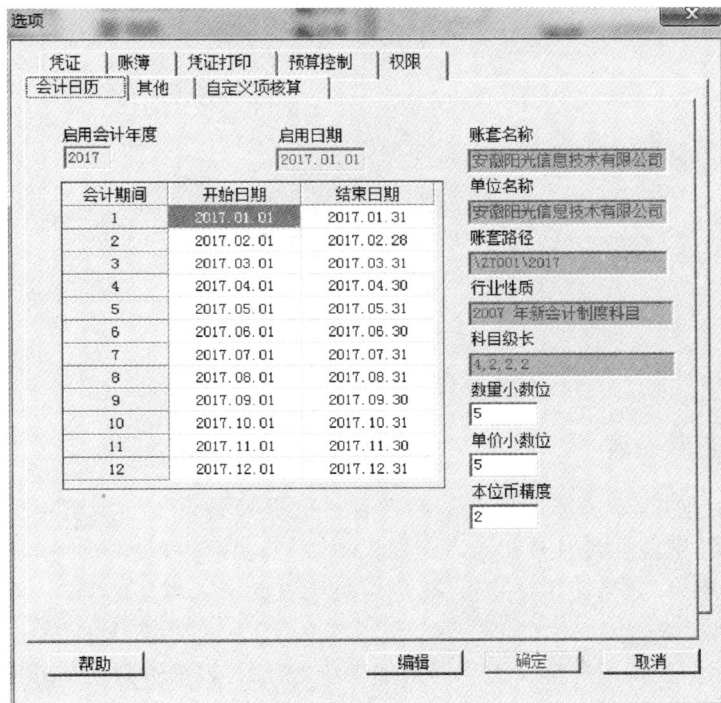

图 4-9　会计日历控制参数

◀)) 小提示！

> 总账管理启用日期在此呈现灰色，即只能查看，不能修改，如需要修改必须到系统管理中修改，但是当总账管理已录入期初余额、已制单，则不能修改。

8. 单击"其他"页签，对应资料设置参数，如图4-10所示。

9. 单击"确定"按钮保存返回。

◀)) 小提示！

> 总账管理的参数设置将决定总账管理的输入控制、处理方式、数据流向、输出格式等，设定后一般不能随意改变。

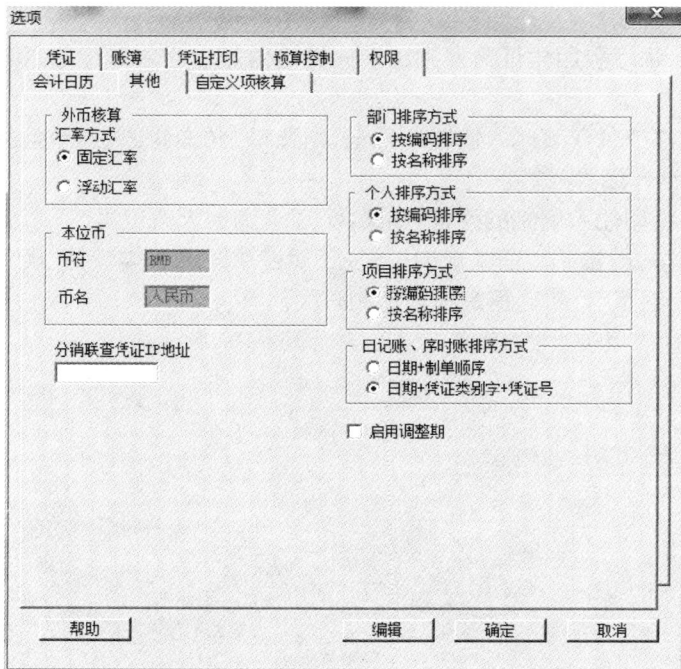

图 4-10　其他控制参数

二、外币及汇率设置

企业若有外币业务,要进行外币及汇率设置。这里只是录入固定汇率值与浮动汇率值。如果使用固定汇率,则应在每月月初录入记账汇率(即期初汇率),月末计算汇兑损益时录入调整汇率(即期末汇率)。如果使用浮动汇率,则应每天在此录入当日汇率。

【业务资料】

安徽阳光公司账套使用外币及汇率资料如表 4-2 所示,根据资料增加外币及汇率。

表 4-2　外币及汇率

币　符	币　名	固定汇率
USD	美元	8.275

1. 以 001 学生本人身份注册登录企业应用平台,单击"基础设置"/"基础档案"/"财务",双击"外币设置",打开外币设置窗口。

2. 输入币符"USD"、币名"美元",如图 4-11 所示。

3. 输入 2017 年 1 月记账汇率"8.275",单击"确认"按钮,如图 4-12 所示。

4. 单击"退出"按钮,系统提示是否退出,单击"是"按钮返回。

图 4-11　外币增加

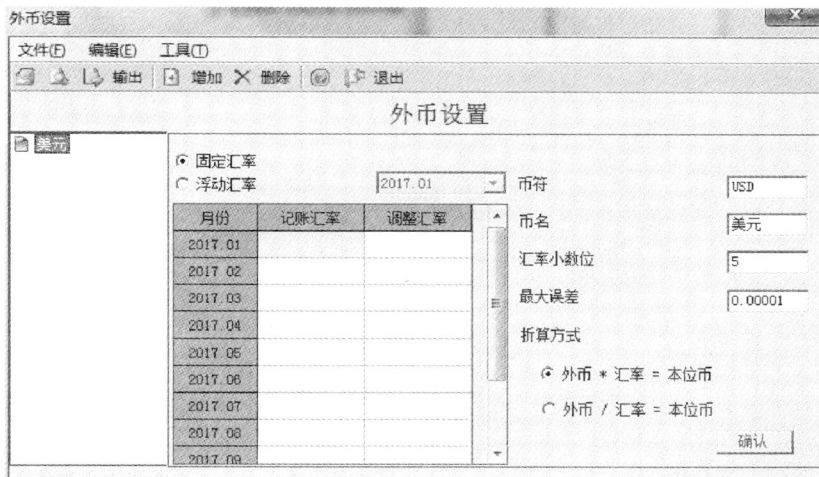

图 4-12　期初汇率录入

三、会计科目设置

会计科目是填制凭证、登记账簿和编制报表的基础。会计科目是对会计对象具体内容分门别类进行核算所规定的项目,它是一个完整的体系,是区别于流水账的标志。会计科目的完整性影响着会计过程的顺利实施,会计科目设置的层次深度直接影响会计核算的详细、准确程度。

（一）会计科目增加

由于建立账套过程中选择了行业性质及按行业性质预置会计科目,系统提供了与之对应的会计科目表,但企业结合自身管理需要,还要增加明细会计科目。

【业务资料】

安徽阳光公司使用的会计科目如表 4-3 所示,根据资料进行会计科目增加。

表 4-3　会计科目增加

科目编码	科目名称	辅助账核算
100201	工行存款	日记账、银行账
100202	中行存款(美元核算)	日记账、银行账
122101	应收单位款	客户往来(不受控)
122102	应收个人款	个人往来
140301	生产用原材料	
14030101	酷睿双核处理器	数量核算(盒)
14030102	500GB 硬盘	数量核算(盒)
14030103	23 英寸液晶屏	数量核算(台)
14030104	键盘	数量核算(只)
14030105	鼠标	数量核算(只)
140501	计算机	数量核算(台)
140502	HP 激光打印机	数量核算(台)
190101	待处理流动资产损溢	
190102	待处理固动资产损溢	
220201	应付货款	供应商往来
220202	应付暂估款	供应商往来(不受控)
221101	职工工资	
221102	职工福利费	
221103	工会经费	
221104	职工教育经费	
222101	应交增值税	
22210101	进项税额	
22210102	销项税额	
222102	未交增值税	
223101	借款利息	
410415	未分配利润	
500101	直接材料	项目核算
500102	直接人工	项目核算
500103	制造费用	项目核算
500104	折旧费	项目核算
500105	其他	项目核算
510101	工资	
510102	折旧费	
510103	其他	
660201	薪资	部门核算
660202	福利费	部门核算
660203	办公费	部门核算
660204	差旅费	部门核算

科目编码	科目名称	辅助账核算
660205	折旧费	部门核算
660206	招待费	部门核算
660207	其他	部门核算
660301	利息支出	
660302	汇兑损益	

【操作步骤】

1. 以 001 学生本人身份注册登录企业应用平台，单击"基础设置"/"基础档案"/"财务"，双击"会计科目"，打开会计科目窗口。

2. 单击"增加"按钮，打开"新增会计科目"窗口，输入科目编码"100201"、科目名称"工行存款"，将日记账、银行账选中，如图 4-13 所示。

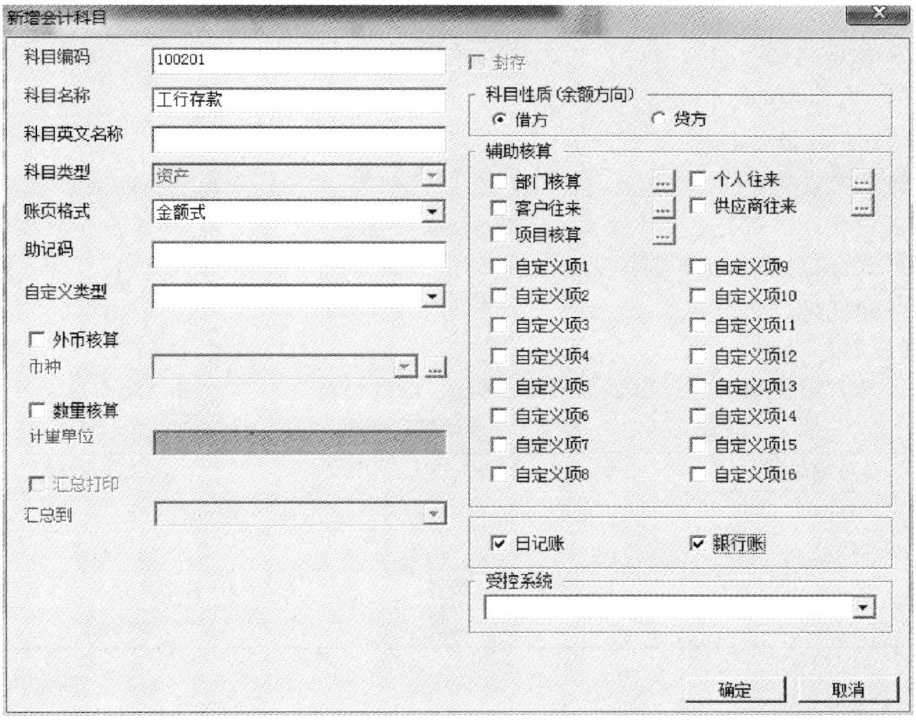

图 4-13　新增会计科目

3. 单击"确定"按钮保存，继续增加其余会计科目资料。

◁)) 小提示！

➤ 会计科目编码应符合编码规则。

➤ 增加会计科目时，要注意起辅助核算的形式，系统提供了部门核算、个人核算、客户往来核算、供应商往来核算和项目核算 5 种专项核算功能。一个会计科目可同时设置两种专项核算,如管理费用可同时设置部门核算和项目核算。但个人往来核算不能与其他专项同时设置,客户核算与供应商核算也不能同时设置。

➤ 辅助账类必须设置在末级科目上,但为了查询或出账方便,有些科目也可以在末级和上级设辅助账类。但若只在上级科目设辅助账类,其末级科目没有设辅助账类,系统将不承认,不予处理。

➤ 设置辅助核算要慎重,若科目已有数据,而要对科目的辅助核算进行修改,则很可能会造成总账与辅助账对账不平。

➤ 其他核算说明科目有无其他要求,如银行账、现金账等。一般而言,现金科目要设为日记账,银行科目要设为银行账和日记账。

➤ 外币核算用于设定是否有外币核算科目,一个科目只能核算一种外币。

➤ 数量核算用于设定是否有数量核算的科目。

➤ 增加会计科目时,还应注意会计科目的"账页格式",一般情况下为"金额式",也可能是"数量金额式"。如果是数量金额式,还应继续设置计量单位,否则仍不能同时进行数量金额核算。

➤ 如果新增科目与原有某一个科目相同或类似,则可采用"复制"的方法迅速设置会计科目。

(二)会计科目修改

在基础档案设置中,已经设置了部门档案、职员档案、客户档案和供应商档案等内容,企业会计核算需要会计科目与之发生关系,比如应收账款与客户发生关系,即客户是应收账款下的明细核算形式,应付账款与供应商发生关系,即供应商是应付账款下的明细核算形式。如何将基础档案与会计科目联系起来,这就需要通过修改会计科目操作完成。

【业务资料】

安徽阳光公司使用的会计科目如表4-4所示,根据资料进行会计科目修改。

表4-4 会计科目修改

科目编码	科目名称	辅助核算
1122	应收账款	客户往来
1123	预付账款	供应商往来
2201	应付票据	供应商往来
2203	预收账款	客户往来

【操作步骤】

1. 以001学生本人身份注册登录企业应用平台,单击"基础设置"/"基础档案"/"财务",双击"会计科目",打开会计科目窗口。

2. 选中"1122应收账款"会计科目,单击"修改"按钮,打开"修改会计科目"窗口,单击"修改",选中"客户往来"辅助核算,如图4-14所示。

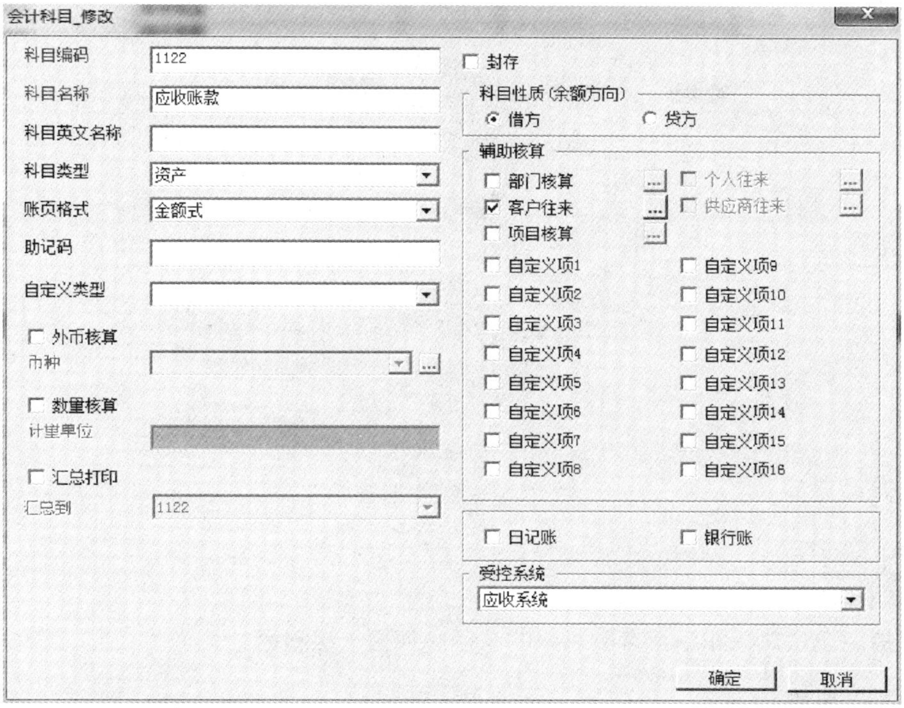

图 4-14　修改会计科目

3.单击"确定"按钮保存,单击"返回"按钮回到会计科目窗口,继续修改其他会计科目辅助核算信息。

🔊 **小提示!**

➤ "无受控系统"即该账套不使用"应收系统"和"应付系统",应收应付业务均以辅助账形式在总账系统核算。本账套需要启用应收系统和应付系统,因此需要受控。

➤ 凡是设置有辅助核算内容的会计科目,在填制凭证时,都需要填制具体的辅助核算内容,否则凭证拒绝保存。

（三）会计科目指定

现金总账科目和银行存款总账科目是出纳专管科目,只有指定会计科目后才能执行出纳签字,查看现金、银行存款日记账,从而实现现金、银行存款管理的保密性。指定会计科目包括指定现金总账科目、银行存款科目和现金流量科目。

【业务资料】

安徽阳光公司会计核算需要指定现金和银行存款科目。

【操作步骤】

1.以 001 学生本人身份注册登录企业应用平台,单击"基础设置"/"基础档案"/"财务",双击"会计科目",打开会计科目窗口。

2.下拉"编辑"菜单,执行"指定会计科目"命令,打开指定会计科目窗口。

3.选中"1001 库存现金",单击" > "按钮,将其从待选科目选到已选科目,如图 4-15 所示。

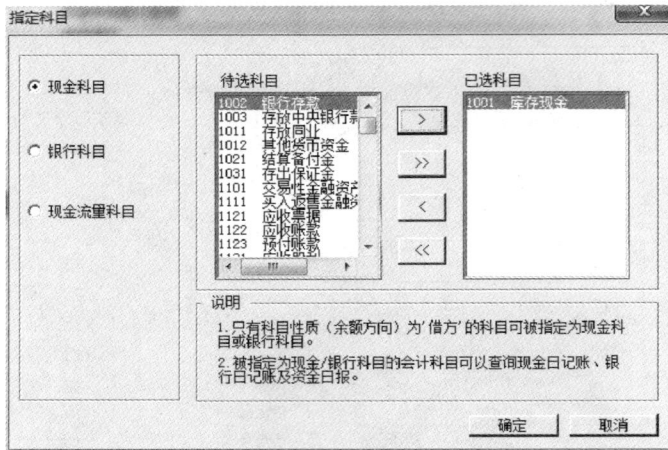

图 4-15　现金科目指定

4.同理设定"1002 银行存款"为银行科目。

🔊 小提示!

➤ 被指定现金总账和银行存款总账的科目必须是一级科目。

四、凭证类别设置

许多单位为了便于管理或登账方便,一般对记账凭证进行分类编制,但各单位的分类方法不同,所以本系统提供了"凭证类别"功能,用户完全可以按照本单位的需要对凭证进行分类,如果是第一次进行凭证类别设置,可以按常用分类方式进行定义。

【业务资料】

安徽阳光公司凭证类别如表 4-5 所示。

表 4-5　凭证类别

凭证类别	限制类型	限制科目
收款凭证	借方必有	1001,100201,100202
付款凭证	贷方必有	1001,100201,100202
转账凭证	凭证必无	1001,100201,100202

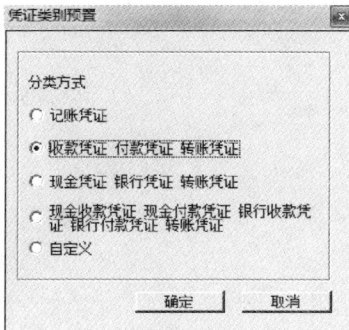

图 4-16　凭证类别预置

【操作步骤】

1.以 001 学生本人身份注册登录企业应用平台,单击"基础设置"/"基础档案"/"财务",双击"凭证类别",打开凭证类别预置窗口。

2.选中"收款凭证 付款凭证 转账凭证"单选按钮,如图4-16 所示。

3.单击"确定"按钮,打开凭证类别窗口。

4.单击"修改"按钮,双击"收款凭证"所在行的"限制类型"栏,出现下三角按钮,从下拉列表中选择"借方必有",在

"限制科目"栏录入"1001,100201,100202",或单击限制科目栏参照按钮,分别选择"1001,100201,100202",同理完成付款凭证和转账凭证的限制设置,如图4-17所示。

5.单击"退出"按钮。

🔊 小提示!

➢ 如果在限制科目栏直接录入科目编码,则编码间的标点符号应为"英文"状态下的标点符号,否则系统会提示科目编码错误。

➢ 若限制科目为非末级科目,则在制单时,其所有下级科目都将受到同样的限制。

➢ 限制科目的设置是为了在填制凭证时,系统根据定义自动判断该凭证是否属于对应凭证类别,若不匹配,则系统拒绝保存凭证,即自动检测错误提醒。

➢ 已使用的凭证类别不能删除,也不能修改类别字。

图 4-17　设置限制科目

五、项目目录设置

企业在实际业务处理中,会对多种类型的项目进行核算和管理,如在建工程、对外投资、技术改造、融资成本、在产品成本等。为此,可以将具有相同特性的一类项目定义成一个项目大类,一个项目大类可以核算多个项目,为了便于管理,还可对这些项目进行分类管理,也可将存货、成本对象、现金流量、项目成本作为核算的项目分类。使用项目核算与管理的首要步骤是设置项目档案,项目档案设置包括:增加或修改项目大类,定义项目核算科目、项目分类、项目分类结构,并进行项目目录的维护。具体操作流程如图4-18所示。

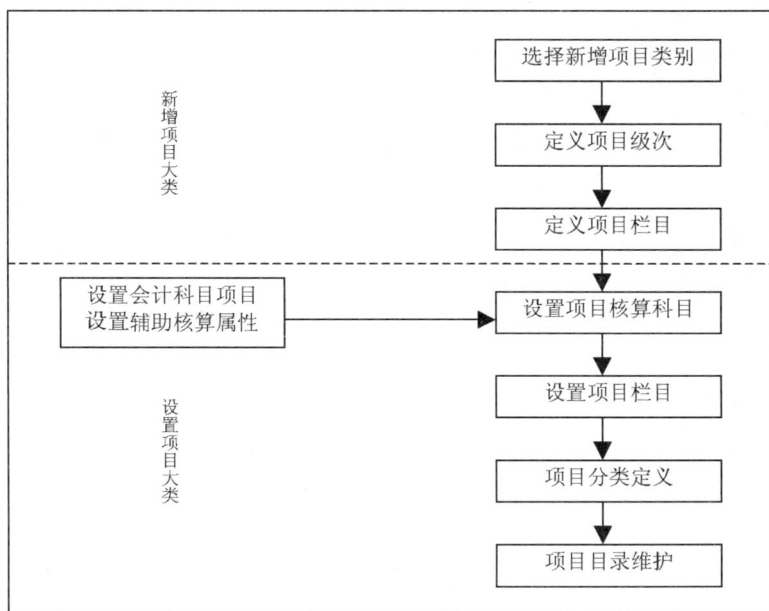

图 4-18　项目目录的操作流程

【业务资料】

安徽阳光公司项目档案如表 4-6 所示,根据资料增加项目档案。

表 4-6　项目档案

项目设置步骤	设置内容
项目大类	生产成本
核算科目	生产成本 5001 直接材料 500101 直接人工 500102 制造费用 500103 折旧费 500104 其他 500105
项目分类	1 自行开发项目 2 委托开发项目
项目名称	101 普通打印纸-A4 所属分类码 1 102 凭证套打纸-8X 所属分类码 1

【操作步骤】

1. 以 001 学生本人身份注册登录企业应用平台,单击"基础设置"/"基础档案"/"财务",双击"项目目录",打开项目档案窗口。

2. 单击"增加"按钮,打开"项目大类定义_增加"对话框,输入新项目大类名称"生产成本",如图 4-19 所示。

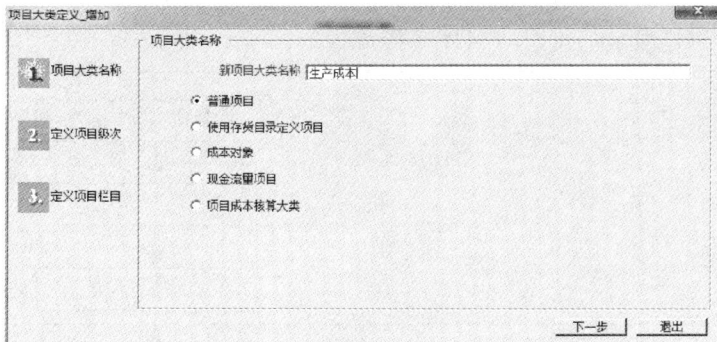

图 4-19　项目大类定义

3. 单击"下一步"按钮,输入要定义的项目级次,本例采用默认。

4. 单击"下一步"按钮,输入要修改的项目栏目,本例采用默认。

5. 单击"完成"按钮,返回项目档案窗口。

◁)) **小提示!**

➤ 项目大类名称是该类项目的总称,而不是会计科目名称。

6. 选择项目大类"生产成本",单击"　▷　"按钮,将生产成本明细科目从待选变为已选,如图 4-20 所示。

7. 单击"确定"按钮。

◁))　小提示!

➤ 一个项目大类可指定多个科目,一个科目只能指定一个项目大类。

8. 单击"项目分类定义"选项卡,输入分类编码"1"、分类名称"自行开发项目"。

9. 单击"确定"按钮保存,继续输入委托开发项目分类,如图 4-21 所示。

◁))　小提示!

➤ 对同一项目大类下的项目进一步划分,即定义项目分类是为了便于统计。若无分类,也必须定义项目分类为"无分类"。

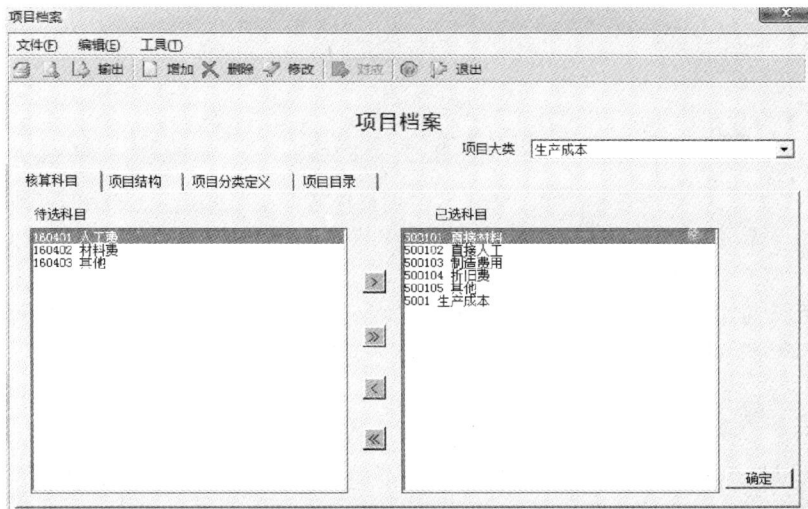

图 4-20　核算科目选择

图 4-21　项目分类定义

10. 单击"项目目录"选项卡,单击右下角"维护"按钮,打开项目目录维护窗口。

11. 单击"增加"按钮,输入项目编号"101"、项目名称"普通打印纸-A4",选择所属分类码

"1",继续增加"102 凭证套打纸-8X"项目,完成后保存,如图 4-22 所示。

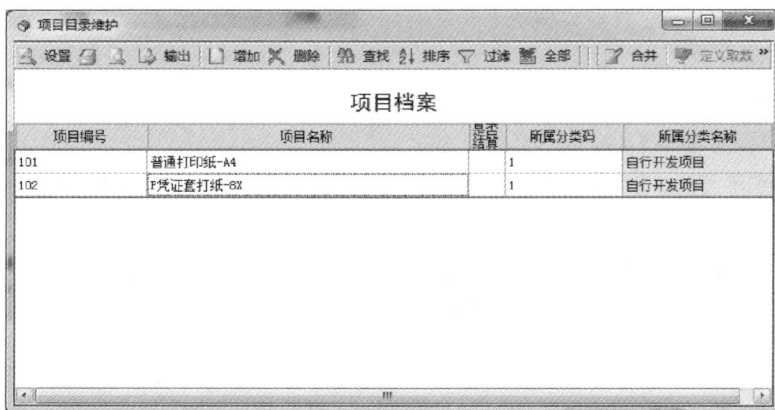

图 4-22　项目档案

◁))) **小提示!**
  ➤ 是否结算为"Y",即项目已经结算,在后续业务处理中将不能被选择使用。
  ➤ 在每年年初,应将已结算或不用的项目删除。

六、期初余额设置

在开始使用总账系统时,应将经过整理的手工账目的期初余额录入计算机。若企业是在年初建账,则期初余额就是年初余额,若是年中启用总账系统,则应将各账户此时的余额和年初到此时的借贷方累计发生额计算清楚。例如某企业 2017 年 4 月开始启用总账系统,则应将该企业 2017 年 3 月末各科目的期末余额及 1—3 月的累计发生额计算出来,准备作为启用系统的期初余额录入到总账系统中,系统将自动计算出年初余额。企业是在年初建账,或不反映启用日期以前的发生额,则期初余额就是年初数。若科目还有辅助核算,还应整理各辅助项目的期初余额,以便在期初余额中录入。期初余额的录入分为:总账期初余额录入和辅助账期初余额录入。

【业务资料】

安徽阳光公司 2017 年 1 月会计科目总账期初余额如表 4-7 所示,辅助账期初余额如表4-8、表 4-9、表 4-10 和表 4-11 所示。根据资料录入期初余额。

表 4-7　　总账期初余额　　　　　　　　　　　　　　　　　　单位:元、台

科目名称	辅助核算	方向	期初余额
库存现金 1001	日记	借	6 875.70
银行存款 1002	日记、银行	借	511 057.16
工行存款 100201	日记、银行	借	511 057.16
应收账款 1122	客户往来	借	157 600.00
其他应收款 1221		借	3 800.00
应收个人款 122102	个人往来	借	3 800.00
坏账准备 1231		贷	10 000.00

科目名称	辅助核算	方向	期初余额
材料采购 1401		借	−80 000.00
原材料 1403		借	1 004 000.00
生产用原材料 140301		借	1 004 000.00
酷睿双核处理器 14030101	数量核算	借	840 000.00
		盒	700
500GB 硬盘 14030102	数量核算	借	164 000.00
		盒	200
材料成本差异 1404		借	1 642.00
库存商品 1405		借	2 554 000.00
计算机 140501	数量核算	借	1 824 000.00
		台	380
HP 激光打印机	数量核算	借	730 000.00
		台	400
固定资产 1601		借	260 860.00
累计折旧 1602		贷	47 120.91
无形资产 1701		借	58 500.00
短期借款 2001		贷	200 000.00
应付账款 2202		贷	276 850.00
应付货款 220201	供应商往来	贷	276 850.00
应付职工薪酬 2211		贷	8 200.00
职工工资 221101			8 200.00
应交税费 2221		贷	−16 800.00
应交增值税 222101		贷	−16 800.00
进项税额 22210101		贷	−33 800.00
销项税额 22210105		贷	17 000.00
其他应付款 2241		贷	2 100.00
实收资本 4001		贷	2 609 052.00
利润分配 4104		贷	1 358 977.69
未分配利润 410415		贷	1 358 977.69
生产成本 5001		借	17 165.74
直接材料 500101	项目核算	借	10 000.00
直接人工 500102	项目核算	借	4 000.74
制造费用 500103	项目核算	借	2 000.00
折旧费 500104	项目核算	借	1 165.00

表 4-8　1122 应收账款

客　户	业务员	方　向	期初余额
华宏公司	孙健	借	99 600.00
昌新贸易公司	孙健	借	58 000.00

表 4-9　122101 **其他应收款——应收个人款**

部　门	个　人	方　向	期初余额
总经理办公室	肖剑	借	2 000.00
销售部	孙健	借	1 800.00

表 4-10　220202 **应付账款——应付货款**

供应商	业务员	方向	期初余额
兴华公司	李平	贷	276 850.00

表 4-11　5001 **生产成本**　　　　　　　　　　　　　　　　　　单位:元

科目名称	普通打印纸-A4	凭证套打纸-8X	合　计
直接材料 500101	4 000.00	6 000.00	10 000.00
直接人工 500102	1 500.00	2 500.74	4 000.74
制造费用 500103	800.00	1 200.00	2 000.00
折旧费 500104	500.00	665.00	1 165.00
合　计	6 800.00	10 365.74	17 165.74

【操作步骤】

1. 以 001 学生本人的身份注册登录企业应用平台,单击"业务工作"/"财务会计"/"总账"/"设置",双击"期初余额",打开期初余额录入窗口。

2. 系统只要求录入最末级科目的余额,表现颜色为白色,如"1001 库存现金",直接录入期初余额"6 875.70","100201 工行存款"直接录入余额"511 057.16",如图 4-23 所示。

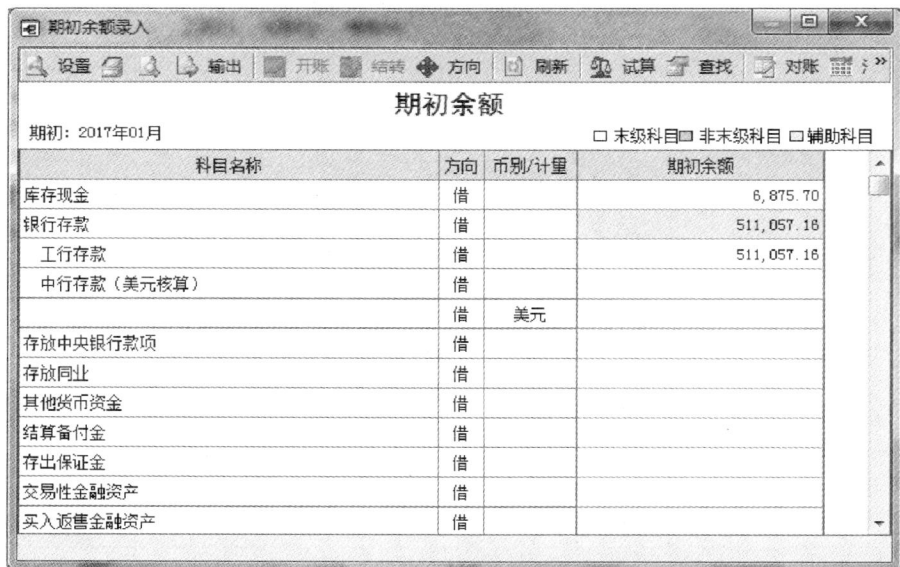

图 4-23　"库存现金"和"银行存款/工行存款"期初余额录入

◁))) 小提示！

　➤ 总账科目与其下级科目的方向必须一致,如果所录入明细余额方向与总账余额方向相反,则用"－"号表示。如进项税额为借方余额,但期初余额录入界面中,进项税额的余额方向必须与上级科目"应交税费"一致,即为"贷"方,因此需要录入"－33 800"。

　➤ 灰色单元为非末级科目,不允许录入期初余额,待下级科目余额录入完成后自动汇总生成。

　➤ 如果某科目为数量或外币核算,应录入期初数量或外币余额。

3.设置了辅助核算的科目底色显示为浅黄色,双击期初余额栏,录入相应辅助账窗口,按明细资料录入每笔业务的金额,如图4-24所示。

图4-24　应收账款辅助账期初余额录入

◁))) 小提示！

　➤ 如果录入的科目有辅助核算的内容,则系统会自动为该科目开设辅助账页。相应的,在输入期初余额时,该科目总账的期初余额是由辅助账的期初明细汇总而来的,即不能直接输入总账期初数,应录入辅助核算的明细内容,若发生差错,修改也应修改明细内容。

　➤ 系统只能对月初余额的平衡关系进行试算,而不能对年初余额进行试算。

4.录入完所有会计科目余额后,单击"试算"按钮,打开"期初试算平衡表"窗口,如图4-25所示。

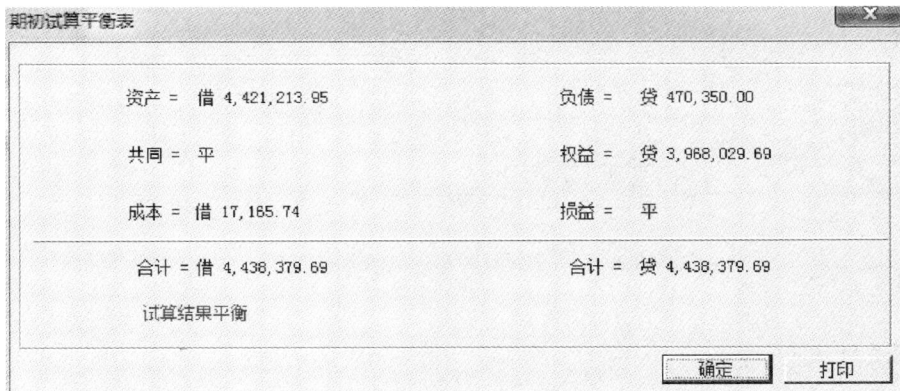

图4-25　期初试算平衡表

🔊 小提示！

　　➢ 期初余额试算不平衡,将不能记账,但可以填制凭证,所以若期初余额不平衡,则要认真检查原因,直至期初余额试算平衡为止。

　　➢ 凭证记账后,期初余额变为只读状态,不能再修改。

　　➢ 总账管理初始化结束,将账套备份至"001 账套备份/财务管理/实验三总账管理初始化"文件夹中。

任务三　总账管理凭证处理

【任务描述】

　　初始化设置完成后,便可以开始进行日常业务处理了。凭证处理是总账管理日常业务中的关键环节,也是总账管理最基本、最主要的数据来源,凭证的正确性将直接影响到整个会计信息的质量。如何快速、正确地输入凭证是凭证处理的重点。本任务要求了解总账管理凭证处理的基本内容及对应的操作方法,包括填制凭证、出纳签字、审核凭证、记账、恢复记账前状态等。

【知识准备与业务操作】

一、总账管理日常账务处理操作流程

　　当总账管理初始化设置完成后,就可以开始进行总账管理日常账务处理了。总账管理日常账务处理工作繁杂,内容较多,本任务以一般会计业务流程为线索,结合具体业务介绍凭证的填制、修改、审核、记账等操作,操作流程如图 4-26 所示。

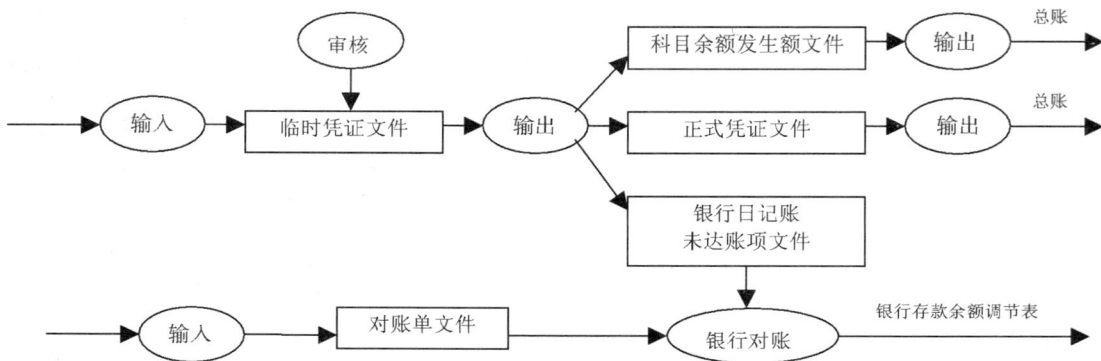

图 4-26　总账日常账务处理操作流程

二、填制凭证

　　记账凭证是账务处理的起点,也是登记账簿的依据,是总账管理数据处理的唯一数据源。日常业务处理首先从填制凭证开始。实行计算机处理账务后,电子账务的准确性和完整性完全依赖于记账凭证,因此务必要确保准确完整地输入记账凭证。

（一）记账凭证录入方式

记账凭证产生途径有以下三种：

一是根据审核无误的原始凭证直接在计算机上填制；

二是先由人工手工编制记账凭证,再输入计算机；

三是计算机自动生成的机制凭证。

记账凭证输入方法采用键盘输入、磁盘引入、网络传输和自动生成机制凭证四种方式,键盘输入是最常用的形式。

（二）记账凭证的基本内容及其填制方法

电子记账凭证如图 4-27 所示。

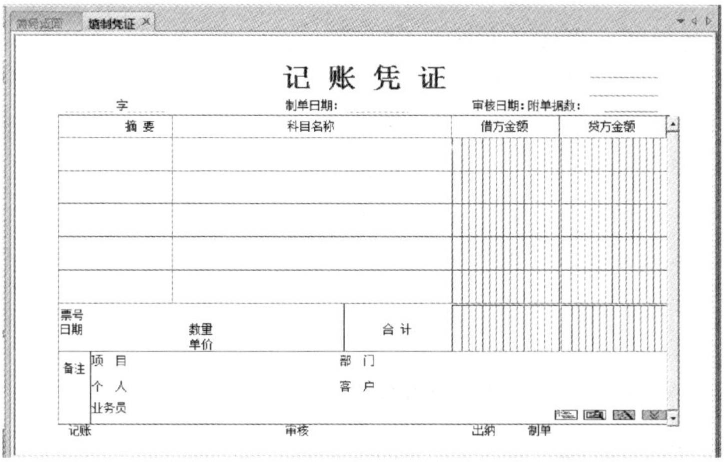

图 4-27　电子记账凭证

记账凭证的构成要素包括：

1. 凭证类别

凭证类别是在总账管理初始化时设定的凭证类型名称。

2. 制单日期

一般由操作员根据参照选择凭证类型或输入凭证制单日期即填制凭证的日期,系统自动取当前业务日期为记账凭证填制的日期。如果选择制单序时控制,则凭证日期应随凭证号递增而递增。凭证日期应大于等于启用日期,但不能超过业务日期。

3. 附单据数

记账凭证所附的原始凭证张数,根据实际原始凭证数填入即可。

4. 摘要

手工处理时,一张凭证编制一个完整的摘要,而信息化系统中,摘要是以"行"为单位编制的,即凭证中的每一行都要有一个相对独立的摘要。系统为了提高凭证录入速度,提供了摘要库,可以事先对一些使用频率高、内容较为规范的凭证摘要进行定义保存。

5. 会计科目

必须输入末级科目,系统允许用户以输入科目编码、助记码和科目名称等任意一种方法来录入科目。在输入的过程中,系统会完成一些自动检查程序,如检查科目是否已经设置、检查科目是否是末级科目等。

6. 辅助信息

当科目具有辅助核算功能时,系统提示输入相应的辅助信息。如果需要对所录入的辅助信息修改,可"双击"要修改的项,系统显示辅助信息录入窗口,可进行修改。对于要进行数量核算的科目,屏幕提示用户输入"数量""单价",系统根据"数量×单价"自动计算出金额,并将金额先放在借方,可按"空格键"调整金额方向。对外币核算的科目,系统自动将凭证格式改为外币式,如果系统有其他辅助核算,则先输入其他辅助核算后,再输入外币信息。当科目为银行科目,则屏幕提示输入"结算方式"、"票号"及"发生日期"。其中"结算方式"输入往来结算方式,"票号"应输入结算号或支票号,"票据日期"应输入该笔业务发生的日期,"票据日期"主要用于银行对账。当科目需要部门核算、个人往来核算、客户往来核算、供应商往来核算时,需要输入相应的辅助核算信息。

7. 金额

金额即该笔分录的借方或贷方本币发生额,不能为零,但可以是红字,红字金额以"负数"形式输入。金额输入分直接输入和计算机生成两种情况。

8. 合计

合计是指一张凭证上的借方金额合计和贷方金额合计。在合计栏中可以看出借贷方是否平衡,若不平衡,保存时系统会拒绝存盘并提示用户进行修改,直到修改平衡为止。

【业务资料】

引入实验三总账管理初始化账套备份文件,安徽阳光公司 2017 年 1 月份发生的经济业务如下,要求填制凭证。

(1)1 月 2 日,销售部王丽购买了 200 元的办公用品,以现金支付,附单据一张。

借:销售费用　　　　　　　　　　　　　　　　　　　　　　　200
　贷:库存现金　　　　　　　　　　　　　　　　　　　　　　　　200

(2)1 月 3 日,财务部王晶从工行提取现金 10 000 元,作为备用金,现金支票号 XJ001。

借:库存现金　　　　　　　　　　　　　　　　　　　　　　　10 000
　贷:银行存款——工行存款　　　　　　　　　　　　　　　　　　10 000

(3)1 月 5 日,收到兴华集团投资资金 10 000 美元,汇率 1:8.275,转账支票号 XJ001。

借:银行存款——中行存款　　　　　　　　　　　　　　　　　82 750
　贷:实收资本　　　　　　　　　　　　　　　　　　　　　　　82 750

(4)1 月 8 日,采购部白雪采购 23 英寸液晶屏 10 台,每台 5 000 元,材料直接入库,货款以银行存款支付,转账支票号 ZZR001。

借:原材料——生产用原材料——23 英寸液晶屏　　　　　　　　50 000
　贷:银行存款——工行存款　　　　　　　　　　　　　　　　　50 000

(5)1 月 12 日,销售部王丽收到华宏公司转来一张转账支票,金额 99 600 元,用以偿还前欠货款,转账支票号 ZZR002。

借:银行存款——工行存款　　　　　　　　　　　　　　　　　　　　99 600

　　贷:应收账款——华宏公司　　　　　　　　　　　　　　　　　　　　　　99 600

(6)1月14日,采购部白雪从兴华公司购入"管理革命"光盘100张,单价80元,货税款暂欠,商品已验收入库,适用税率17%。

借:库存商品——光盘　　　　　　　　　　　　　　　　　　　　　　8 000

　　应交税费——应交增值税——进项税　　　　　　　　　　　　　　1 360

　　　贷:应付账款——应付货款——兴华公司　　　　　　　　　　　　　　　9 360

(7)1月16日,总经理办公室支付业务招待费1 200元,转账支票号ZZR003。

借:管理费用——招待费——总经理办公室　　　　　　　　　　　　1 200

　　贷:银行存款——工行存款　　　　　　　　　　　　　　　　　　　　　1 200

(8)1月18日,总经理办公室肖剑出差归来,报销差旅费1 800元,交回现金200元。

借:管理费用——差旅费　　　　　　　　　　　　　　　　　　　　　1 800

　　库存现金　　　　　　　　　　　　　　　　　　　　　　　　　　200

　　贷:其他应收款——应收个人款——总经理办公室　　　　　　　　　　　2 000

(9)1月20日,一车间领用23英寸显示屏5台,单价5 000元,用于生产计算机。

借:生产成本——直接材料　　　　　　　　　　　　　　　　　　　25 000

　　贷:原材料——生产用原材料——23英寸显示屏　　　　　　　　　　　25 000

【业务1操作步骤】

1.以003马方的身份注册登录企业应用平台,单击"业务工作"/"财务会计"/"总账"/凭证",双击"填制凭证"命令,打开填制凭证窗口。

2.单击"增加"按钮,选择凭证类型"付",制单日期"2017.01.02",输入附单据数"1",摘要"购买办公用品",科目名称"6601",借方金额"200",按确定键,自动带到下一行,再输入科目名称"1001",贷方金额"200",单击"保存"按钮,如图4-28所示。

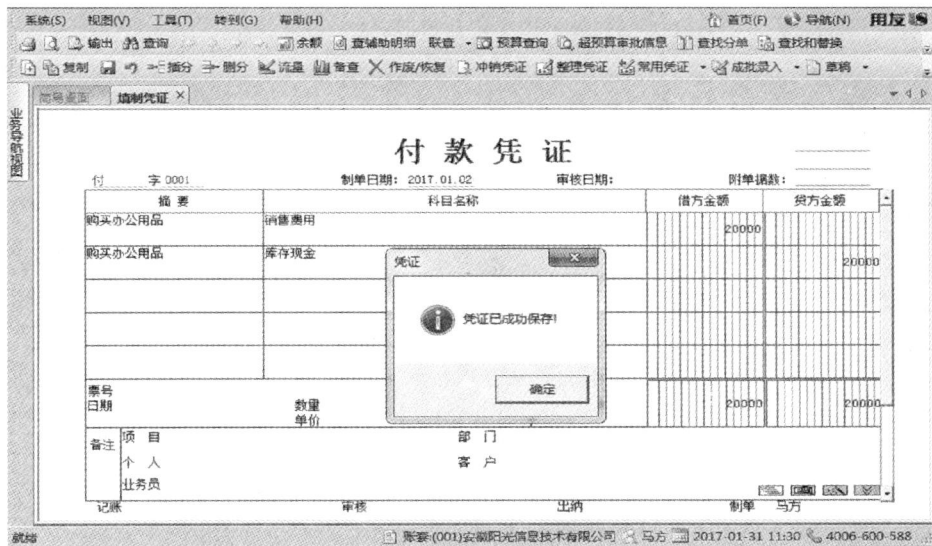

图4-28　填制凭证

3. 单击"确定"按钮,继续增加其他凭证资料。

🔊 **小提示!**

➤ 采用序时控制,凭证日期应小于等于启用日期,但不能超过业务日期,如总账启用日期为 2017 年 1 月 1 日,操作业务日期为 2017 年 1 月 31 日,凭证日期应为 2017 年 1 月 1 日至 2017 年 1 月 31 日之间。

➤ 凭证一旦保存,其凭证类别和编号不能修改。不同行的摘要可以相同,也可以不同,每行摘要将随相应的会计科目在账簿中出现,所以不能为空。

➤ 金额不能为"零",红字以"—"号表示。

➤ 最后一个科目的金额可以按"="键,以便快速准确写入。

【业务 2 操作要点】

业务 2 涉及银行科目 100201 辅助核算。当选择银行科目"100201",系统会自动弹出"辅助项",输入结算方式"201",票号"XJ001",如图 4-29 所示。单击"确定"按钮,输入贷方金额"10 000",单击"保存"按钮,系统提示"是否登记支票"信息,单击"是",输入领用日期"2017-01-03",领用部门"财务部",姓名"王晶",限额"10 000",用途"备用金",单击"确定"按钮,返回凭证填制界面。

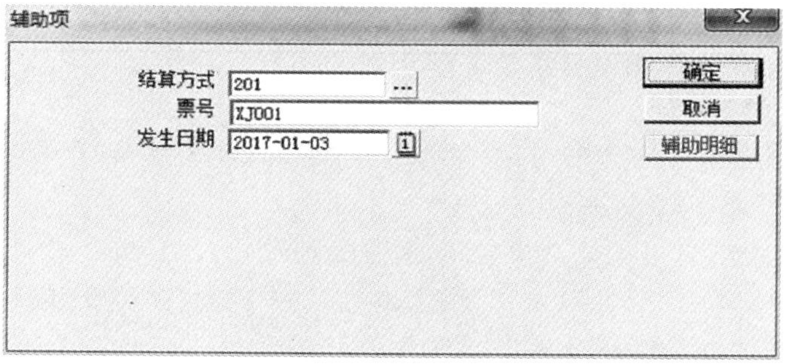

图 4-29　银行辅助核算

【业务 3 操作要点】

业务 3 涉及外币业务核算。当选择外币核算科目"100202",输入具体结算方式和票号后,凭证格式自动转换为外币格式,输入外币金额"10 000";根据自动显示的外币汇率"8.275",自动算出并显示本币金额"82 750",如图 4-30 所示。

🔊 **小提示!**

➤ 汇率栏中内容是固定的,不能输入或修改,如使用浮动汇率,汇率栏中显示的是最近一次汇率,可以直接在汇率栏中修改。

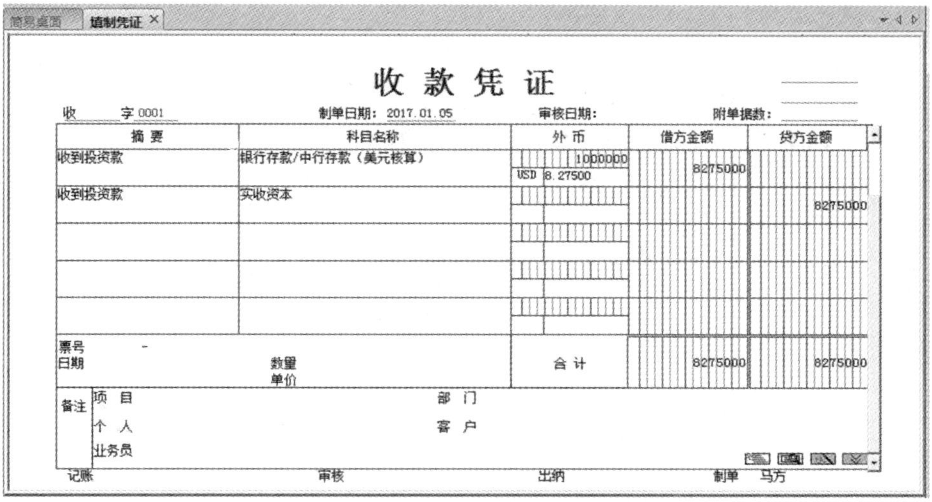

图 4-30　外币凭证

【业务 4 操作要点】

业务 4 涉及数量辅助项核算。当选择数量核算科目"140301"时，系统弹出"辅助项"窗口，输入数量"10.00000"、单价"5 000"，如图 4-31 所示。单击"确定"按钮，系统自动计算出金额并显示在金额栏，继续完成其他资料。

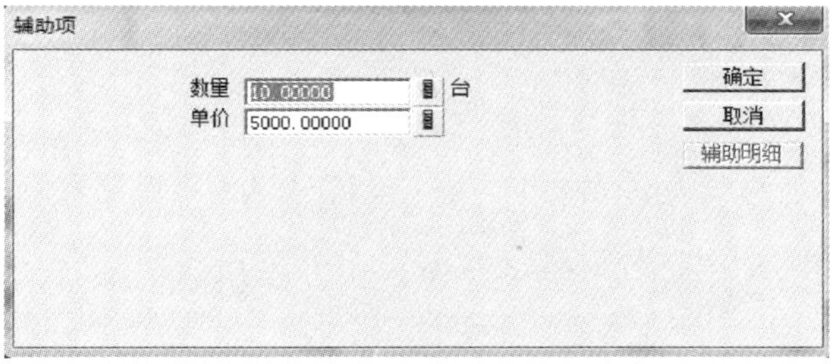

图 4-31　数量辅助核算

【业务 5 操作要点】

业务 5 涉及客户往来辅助核算。当选择客户往来科目"1122"时，系统弹出"辅助项"窗口，选择客户"华宏公司"，如图 4-32 所示。单击"确定"按钮，返回凭证界面。

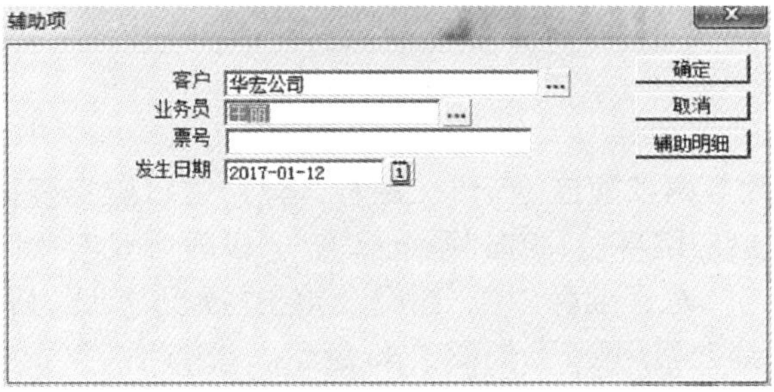

图 4-32　客户往来辅助核算

【业务 6 操作要点】

业务 6 涉及供应商往来辅助核算。当选择供应商往来科目"2202"时,系统弹出"辅助项"窗口,选择供应商"兴华公司",如图 4-33 所示。单击"确定"按钮,返回凭证界面。

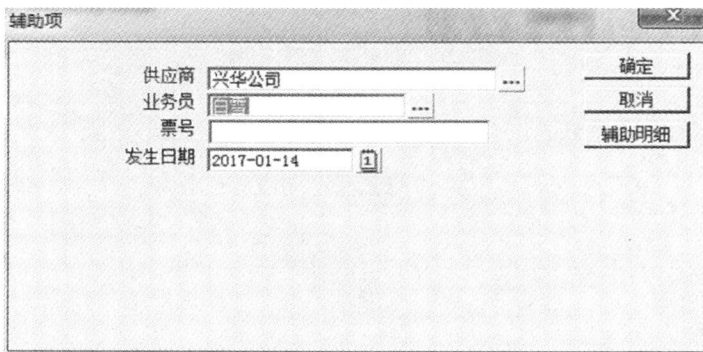

图 4-33　供应商往来辅助核算

◁)) 小提示!

➤ 增加"140503 库存商品 /光盘"会计科目,数量辅助核算,计量单位为"张"。

➤ 如果要使用"应收应付系统受控科目"管理客户往来和供应商往来业务,则需要在总账"选项"中选中"可以使用应收系统控制科目、可以使用应付系统控制科目",否则不能在总账系统填制凭证功能中制单。

【业务 7 操作要点】

业务 7 涉及部门辅助核算。当选择部门核算科目"660205"时,系统弹出"辅助项"窗口,选择部门"总经理办公室",如图 4-34 所示。单击"确定"按钮,返回凭证界面。

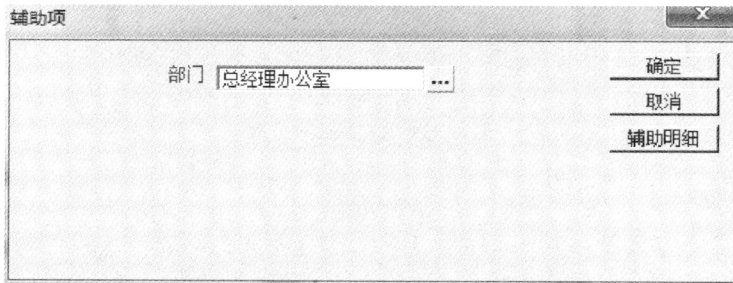

图 4-34　部门辅助核算

◁)) 小提示!

➤ 系统默认"部门为数据权限控制记录,要为'马方'进行数据权限分配"。其操作方法:由账套主管注册进入企业应用平台,单击"系统服务" /"权限",双击"数据权限分配"命令,打开分配界面,单击"003 马方",选择业务对象"部门",单击"授权"按钮,打开记录权限设置窗口,将禁用所有部门全部选择为可用部门,如图 4-35 所示。单击"保存"按钮。

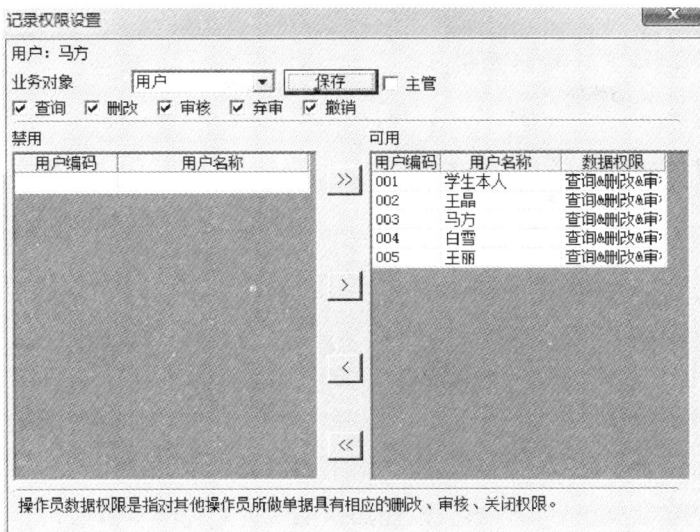

图 4-35 部门授权

【业务 8 操作要点】

业务 8 涉及个人辅助核算。当选择个人核算科目"122102"时，系统弹出"辅助项"窗口，选择部门"总经理办公室"，个人"肖剑"，如图 4-36 所示。单击"确定"按钮，返回凭证界面。

图 4-36 个人辅助核算

【业务 9 操作要点】

业务 9 涉及项目辅助核算。当选择项目核算科目"500101"时，系统弹出"辅助项"窗口，增加项目名称"计算机"，如图 4-37 所示。单击"确定"按钮，返回凭证界面。

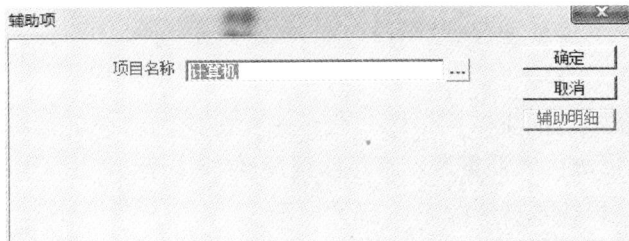

图 4-37 项目辅助核算

◁)) 小提示!

➢ 需要增加项目档案"103 计算机",类别为"自行研究开发"项目。

（三）修改凭证

在填制凭证保存完成后或者审核后，还有可能记账后，才会发现凭证填制内容有误，需要进行凭证修改操作。

1. 无痕迹直接修改

当凭证填制完成保存后，发现所填凭证有误，此时凭证尚未审核，或已经审核，但尚未登记入账，可以通过"填制凭证"窗口调出原已录入的准备修改的凭证，直接修改内容即可，修改完成后单击"保存"，将正确内容保存。这种修改不留下任何曾经修改的痕迹或线索，故称之为"无痕迹修改法"。

◁)) 小提示!

➢ 未经审核的错误凭证，可直接修改，已审核的凭证应先取消审核后，再进行修改。

➢ 若已采用"制单序时控制"，则修改制单日期时，不能在上一张凭证的制单日期之前。

➢ 若选择"不允许修改、作废他人填制的凭证"权限控制，则谁制单谁修改。

➢ 外部系统传来的凭证不能在总账系统中修改，只能在生成该凭证的系统中进行修改。

➢ 凭证的辅助项内容如果有错误，可以在单击含有错误辅助项的会计科目后，将鼠标移到错误的辅助项所在位置，当出现"笔头状光标"时双击此处，弹出辅助项录入窗口，直接修改辅助项内容，或者按"Ctrl＋S"键调出辅助项录入窗口再进行修改。

2. 有痕迹间接修改

当凭证记账后，发现所填凭证有误，此时可以使用类似手工操作的"红字冲销法"和"登记补充法"进行修改。这种留下修改的线索和痕迹的修改方法，称为"有痕迹修改法"。

◁)) 小提示!

➢ 红字冲销只能针对已记账凭证进行。

➢ 通过红字冲销法增加的凭证，应视同正常凭证进行后续处理。

（四）作废及删除凭证

当某张凭证不想要或出现不便修改的错误时，可将其作废甚至删除。只有尚未审核记账的凭证才能执行作废或删除凭证操作。当然，也可将作废凭证恢复为正常凭证。作废凭证通过"填制凭证"窗口，执行"制单"/"作废"命令实现，凭证上显示"作废"字样，显示已将该凭证作废，作废凭证仍保留凭证内容及编号。若想删除，应将其再执行"整理"命令，系统会将作废凭证进行删除，并对未记账凭证进行重新编号。

◁)) 小提示!

➢ 若本月已有凭证记账，则本月最后一张记账凭证之前的凭证将不能作凭证整理，只能对其后面的未记账凭证进行凭证整理。若想作整理，则先执行"恢复记账前状态"功能恢复本月月初的记账前状态，再作凭证整理。

➢ 若要删除凭证，必须先进行"作废"操作，而后"整理"。

➢ 账簿查询时查不到作废凭证的数据。

三、出纳签字

对于涉及现金、银行存款的收支凭证先要由出纳凭证人员签字。出纳凭证人员可通过出纳签字功能对制单员填制的带有现金、银行科目的凭证进行检查核对，主要核对出纳科目的金额是否正确，审查认为错误或异议的凭证，应交填制人员修改后再核对。是否需要出纳签字取决于"选项"设置。出纳签字应先更换操作员，由具有出纳签字权限的人员进行。对于出纳凭证，可以"单张"签字，也可"成批"签字。

【业务处理】

安徽阳光公司会计核算需要出纳员王晶对1月份发生的业务处理进行出纳签字操作。

【操作步骤】

1. 以002王晶身份注册登录企业应用平台，单击"业务工作"/"财务会计"/"总账"/"凭证"，双击"出纳签字"，打开出纳签字窗口，单击"确定"按钮，打开出纳签字凭证列表窗口，如图4-38所示。

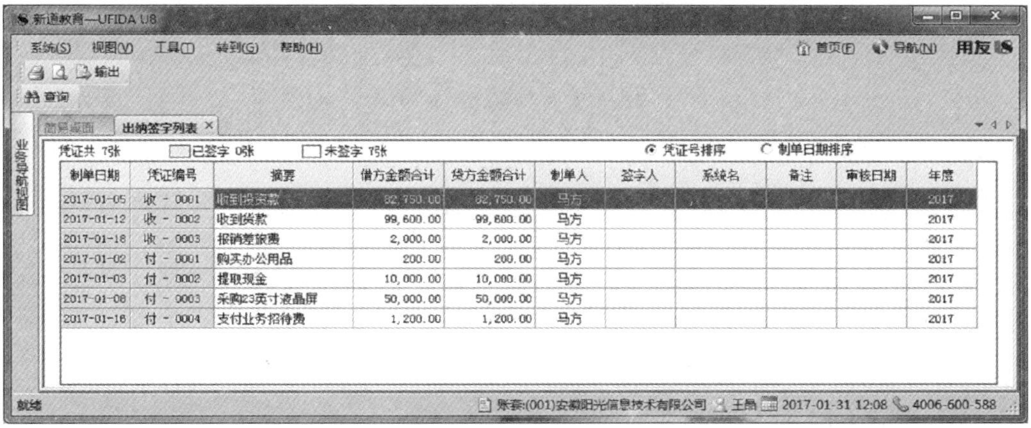

图 4-38　　出纳签字列表

2. 单击"确定"按钮，打开出纳签字对话框，单击"签字"按钮，或下拉"出纳"菜单，执行"成批出纳签字"命令，如图4-39所示。系统自动给出签字报告，单击"确定"按钮，返回出纳签字窗口，此时凭证底部的出纳处自动签上出纳姓名，如图4-40所示。

🔊 小提示！

➤ 凭证填制人和出纳签字人可以为不同的人，也可为同一个人。

➤ 出纳签字前提条件是：第一，在总账选项设置了"出纳凭证须经由出纳签字"参数；第二，在会计科目指定现金科目和银行科目。换言之，出纳签字并非审核凭证的必要步骤。

➤ 出纳审查时发现有错误或异议的凭证，应交该张凭证填制人员修改后，核对无误再签字。如果出纳对所有出纳凭证经核对无误后，可以执行成批出纳签字，以提高签字速度。

➤ 凭证一经签字，就不能修改或删除，只有取消签字后才可以修改或删除，取消出纳签字只能由出纳本人完成。

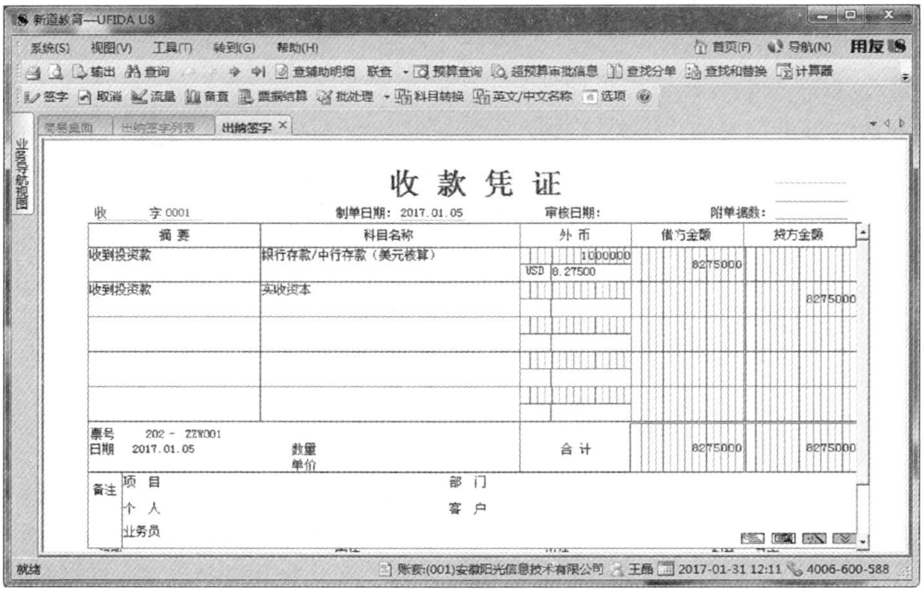

图 4-39　　成批出纳签字

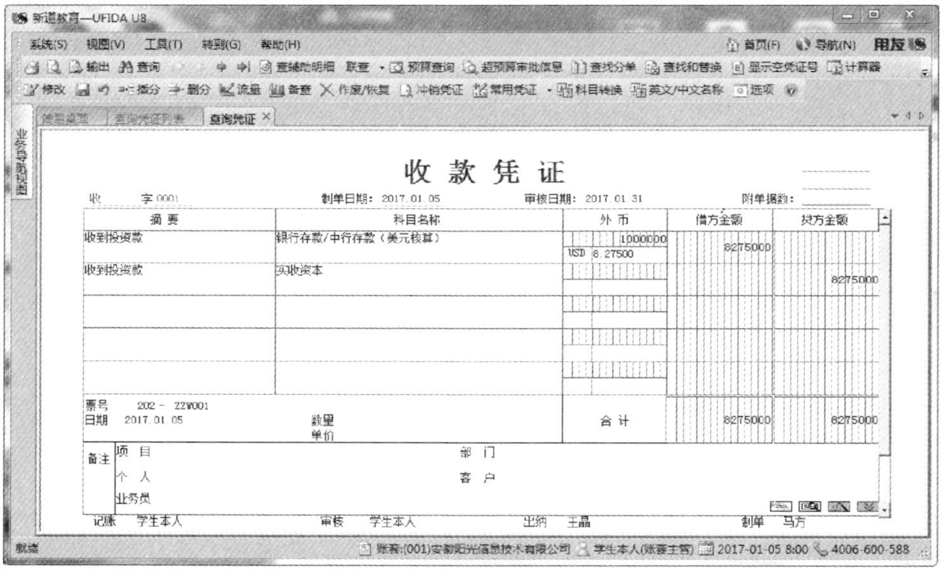

图 4-40　　出纳签字

四、审核凭证

审核是具有审核权限的操作员按照会计制度规定,对制单员填制的记账凭证进行完整性、准确性和合法性检查。会计核算涉及国家、企业和个人的切身经济利益,而记账凭证的准确性是进行正确核算的基础,因此无论是直接在计算机上根据已审核的原始凭证编制记账凭证,还是直接将手工编制并审核的凭证输入系统,都需要经过他人的审核,才能作为正式凭证进行记账处理。为了确保登记到账簿的每一笔经济业务的准确性和可靠性,制单员填制的每一张凭证都必须经过审核员的审核。根据会计制度规定,审核人和制单人始终是不同的操作员,这也是软件内控规则所体现的强制要求。审核认为错误或异议的凭证,应交填制人员修改后再审核。

【业务资料】

以账套主管身份进行凭证审核操作。

【操作步骤】

1. 以 001 学生本人身份注册登录企业应用平台,单击"业务工作"/"财务会计"/"总账"/"凭证",双击"审核凭证",打开审核凭证窗口,单击"确定"按钮,打开审核凭证列表窗口,如图 4-41 所示。

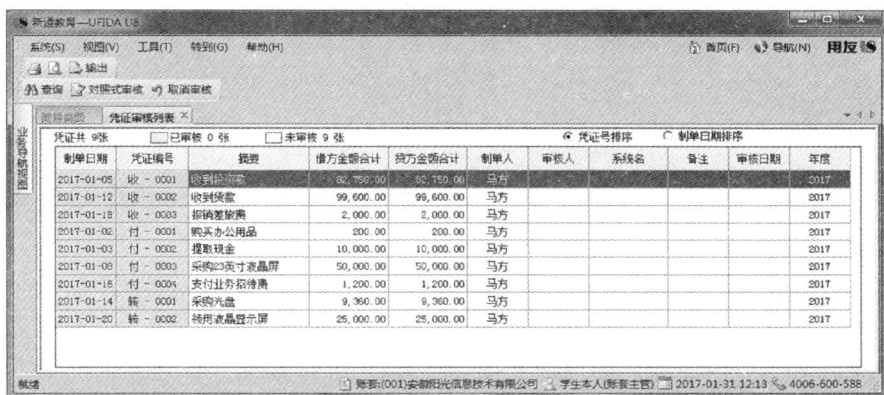

图 4-41　审核凭证列表窗口

2. 单击"确定"按钮,打开审核凭证对话框,单击"审核"按钮,或下拉"审核"菜单,执行"成批审核凭证"命令,如图 4-42 所示。系统自动给出审核报告,单击"确定"按钮,返回审核凭证窗口,此时凭证底部的审核处自动签上审核人姓名,如图 4-43 所示。

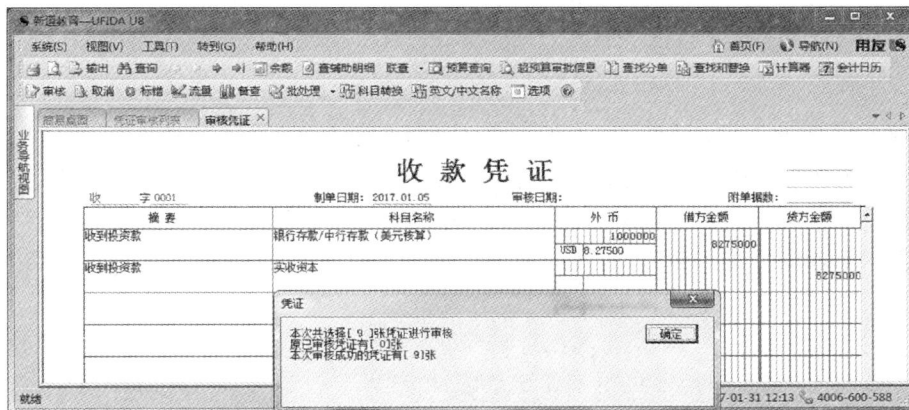

图 4-42　成批审核凭证

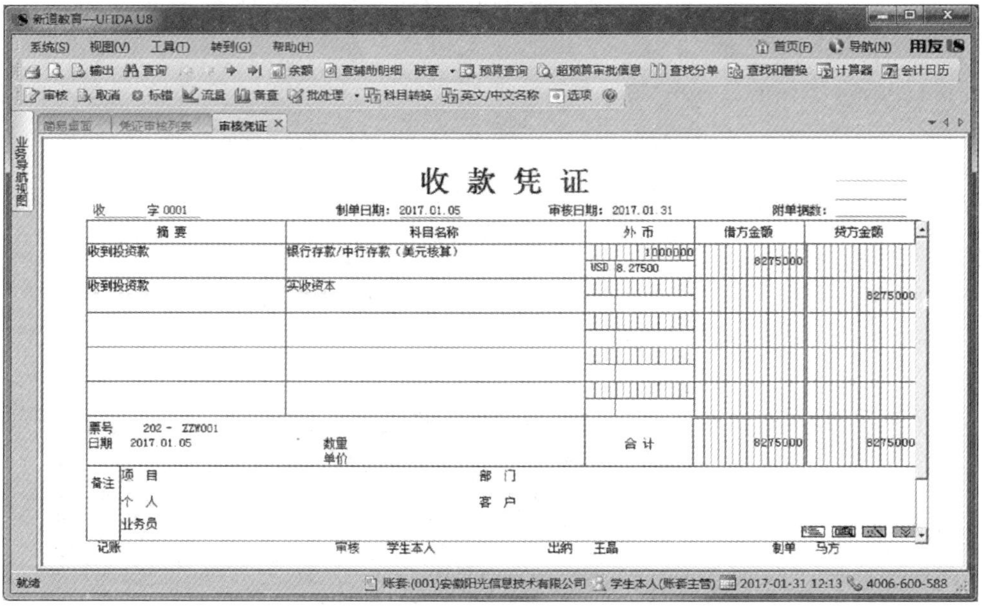

图 4-43　审核签名后的凭证

🔊 小提示！

➤ 出纳签字和主管签字非系统必须流程，而审核凭证是系统重要步骤。

➤ 审核人和制单人不能是同一个人。

➤ 审核员若发现有错误的凭证，可单击"标错"按钮，进行先行标错后，再交该凭证制单员进行修改。已标错的凭证不能被审核。若想审核，则必须先取消标错后才能审核。已审核的凭证不能标错。

➤ 作废凭证不被审核，也不能被标错。

➤ 凭证可单张审核，也可成批审核。

➤ 凭证一经审核，就不能被修改或删除，只有取消审核才能进行修改或删除，取消审核由审核人自己进行。

➤ 凭证审核的操作权限应首先在"系统管理"的权限中进行授权；其次要注意在总账管理的选项中是否设置了"凭证审核控制到操作员"的选项。如果设置了该选项，则应继续设置审核的明细权限，即"数据权限"中的"用户"权限。只有在"数据权限"中设置了某用户有权审核其他某一用户所填制凭证的权限，该用户才真正拥有了审核凭证的权限。

五、记账

记账凭证经审核签字后，即可用来登记总账、明细账。手工方式下的记账是由会计人员根据已审核的记账凭证及所附原始凭证逐笔或汇总后登记有关总账和明细账。电算化方式下的记账则是由有记账权限的操作者发出记账指令，由计算机按照预先的记账程序自动进行合法性检查、科目汇总、登记账簿等。记账工作是由计算机自动进行数据处理，采用向导方式，不用人工干涉。

【业务资料】

以账套主管身份进行记账操作。

【操作步骤】

1. 以 001 学生本人身份注册登录企业应用平台,单击"业务工作"/"财务会计"/"总账"/"凭证",双击"记账",打开记账窗口,单击"全选"按钮,记账范围内出现具备记账条件的凭证范围,如图 4-44 所示。

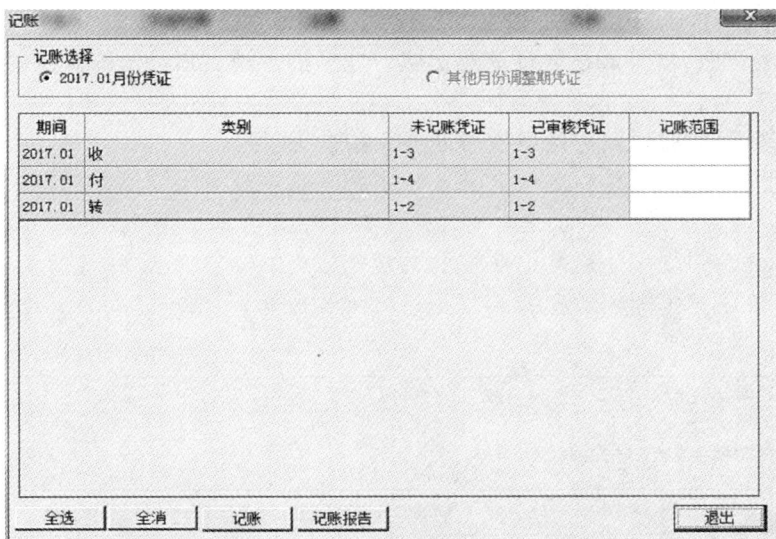

图 4-44 记账范围选择

2. 单击"记账"按钮,显示"期初试算平衡表",单击"确定"按钮,系统开始自动记账,登记完毕后,弹出"记账完毕",如图 4-45 所示。

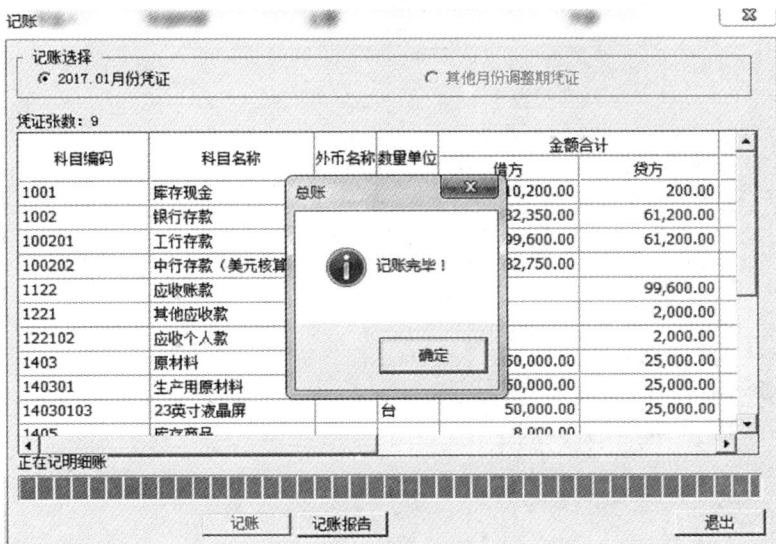

图 4-45 记账完毕

🔊 小提示！

➢ 第一次记账时，若期初余额试算不平衡，则不能记账。

➢ 上月未记账，本月不能记账。

➢ 未审核凭证不能记账。

➢ 作废凭证不需审核可直接记账。

➢ 在记账过程中，不得中断退出。记账过程一旦断电或其他原因造成中断后，系统将自动调用"恢复记账前状态"功能恢复数据，然后再重新记账。

➢ 凭证一经记账，就不能在凭证或登记这一业务的账簿上直接修改。此时修改可以采用"有痕迹修改法"。

➢ 记账功能随时可运行，每月可执行记账次数是任意的。

3.如果由于某种原因，事后发现本月已记账的凭证有错误且必须在本月修改，可以利用"恢复记账前状态"命令，将本月已记账凭证恢复到未记账状态。单击"期末"，双击"对账"，按"Ctrl＋H"组合键，系统弹出"恢复记账前状态功能已被激活"，如图4-46所示。按图4-47设置，点击"确定"后即开始恢复记账。

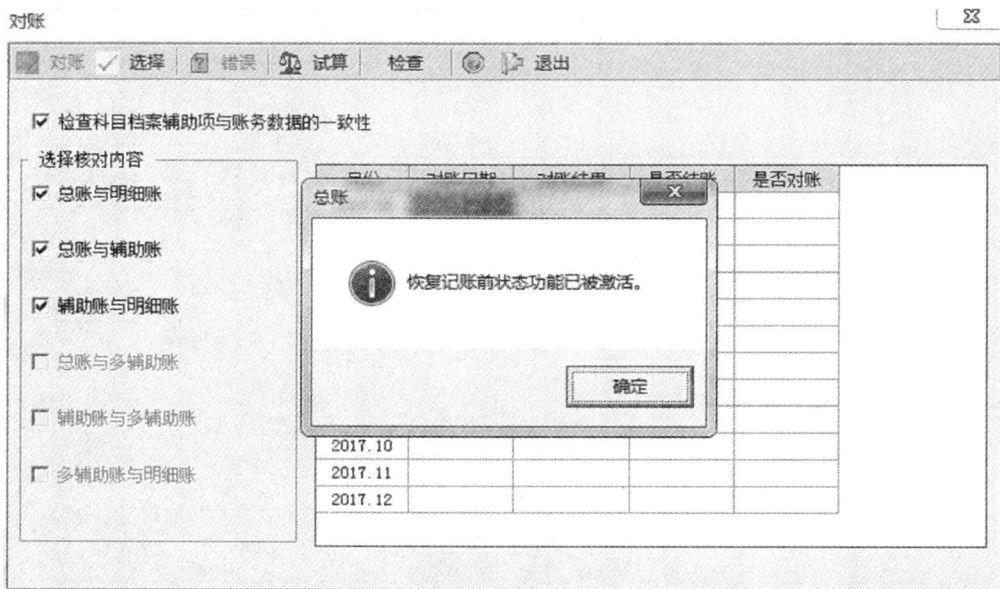

图 4-46　　激活恢复记账前状态

🔊 小提示！

➢ 取消记账只能由"账套主管"进行。

➢ 已结账的月份不能取消记账。

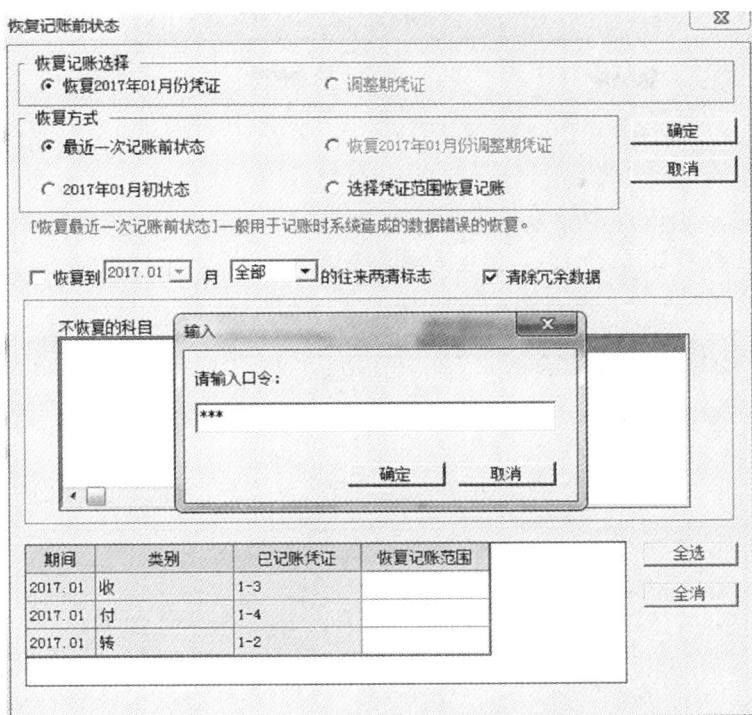

图 4-47　恢复记账

小提示！

➤ 取消记账后，一定要重新记账。

➤ 总账管理日常业务处理完毕，将账套备份至"001 账套备份 /财务管理 /实验四总账管理日常业务处理"文件夹中。

任务四　出纳管理

【任务描述】

出纳管理是总账管理中为出纳员提供的一套管理工具，包括现金银行存款日记账的查询和输出、支票登记簿的管理、资金日报表的查询及银行对账等。本任务要求掌握现金、银行存款日记账和资金日报表的查询、支票登记及银行对账等操作。

【知识准备与业务操作】

一、出纳账查询

（一）日记账查询和输出

日记账功能设置的主要作用是用于查询和打印输出。实行电算化后的现金和银行存款日记账可通过计算机系统打印输出的活页账替代原来手工系统使用的订本账。

【业务资料】

引入实验四总账管理日常业务处理账套备份文件，以 002 王晶的身份查询现金和银行存款日记账。

【操作步骤】

1. 以 002 王晶的身份注册登录企业应用平台，单击“业务工作”/“财务会计”/“总账”/“出纳”，双击“现金日记账”，打开现金日记账查询条件。

2. 单击“确定”按钮，进入现金日记账界面，如图 4-48 所示。

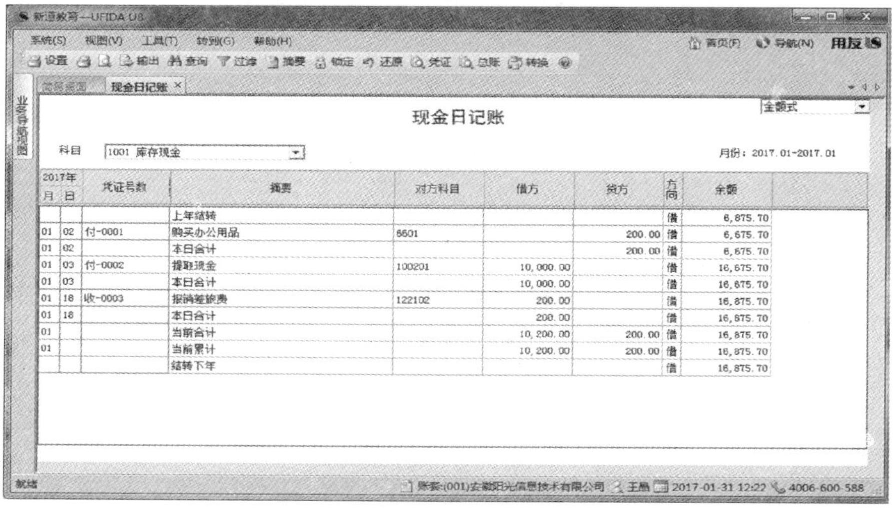
现金日记账

科目 1001 库存现金　　月份：2017.01-2017.01

2017年 月	日	凭证号数	摘要	对方科目	借方	贷方	方向	余额
			上年结转				借	6,875.70
01	02	付-0001	购买办公用品	6601		200.00	借	6,675.70
01	02		本日合计			200.00	借	6,675.70
01	03	付-0002	提取现金	100201	10,000.00		借	16,675.70
01	03		本日合计		10,000.00		借	16,675.70
01	18	收-0003	报销差旅费	122102	200.00		借	16,875.70
01	16		本日合计		200.00		借	16,875.70
01			当前合计		10,200.00	200.00	借	16,875.70
01			当前累计		10,200.00	200.00	借	16,875.70
			结转下年				借	16,875.70

图 4-48　现金日记账

3. 同理，查询银行存款日记账，如图 4-49 所示。

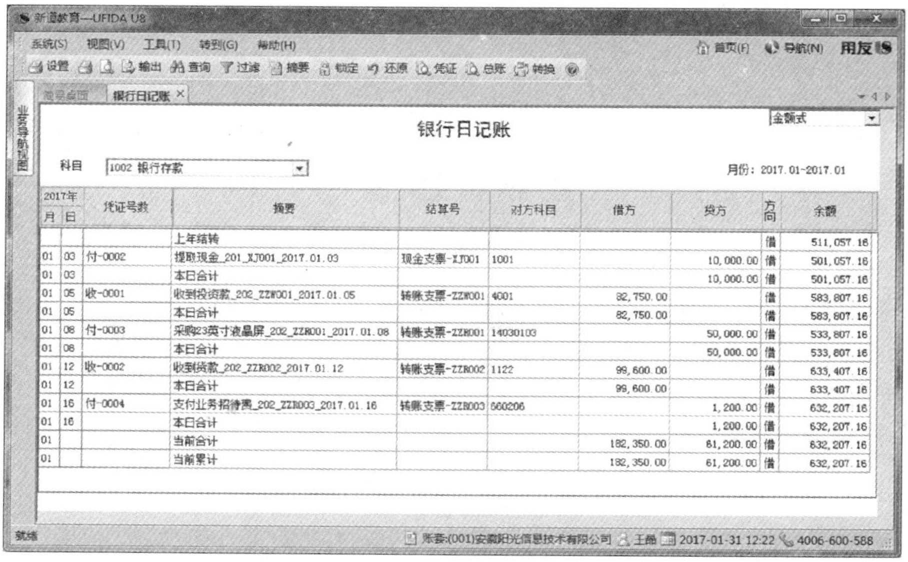
银行日记账

科目 1002 银行存款　　月份：2017.01-2017.01

2017年 月	日	凭证号数	摘要	结算号	对方科目	借方	贷方	方向	余额
			上年结转					借	511,057.16
01	03	付-0002	提取现金_201_XJ001_2017.01.03	现金支票-XJ001	1001		10,000.00	借	501,057.16
01	03		本日合计				10,000.00	借	501,057.16
01	05	收-0001	收到投资款_202_ZZW001_2017.01.05	转账支票-ZZW001	4001	82,750.00		借	583,807.16
01	05		本日合计			82,750.00		借	583,807.16
01	08	付-0003	采购23英寸液晶屏_202_ZZR001_2017.01.08	转账支票-ZZR001	14030103		50,000.00	借	533,807.16
01	08		本日合计				50,000.00	借	533,807.16
01	12	收-0002	收到货款_202_ZZR002_2017.01.12	转账支票-ZZR002	1122	99,600.00		借	633,407.16
01	12		本日合计			99,600.00		借	633,407.16
01	16	付-0004	支付业务招待费_202_ZZR003_2017.01.16	转账支票-ZZR003	660206		1,200.00	借	632,207.16
01	16		本日合计				1,200.00	借	632,207.16
01			当前合计			182,350.00	61,200.00	借	632,207.16
01			当前累计			182,350.00	61,200.00	借	632,207.16

图 4-49　银行存款日记账

（二）资金日报表的查询

资金日报表是反映现金、银行存款每日发生额及余额情况的报表，其主要功能是用于查询输出现金、银行存款某日的发生额及余额情况。

【业务资料】

以 002 王晶的身份查询 2017 年 1 月 12 日资金日报表。

【操作步骤】

1. 以 002 王晶的身份注册登录企业应用平台，单击"业务工作"/"财务会计"/"总账"/"出纳"，双击"资金日报"，打开资金日报表查询条件。

2. 在日期文本框中输入"2017.01.12"，单击"确定"按钮，打开资金日报表窗口，如图 4-50 所示。

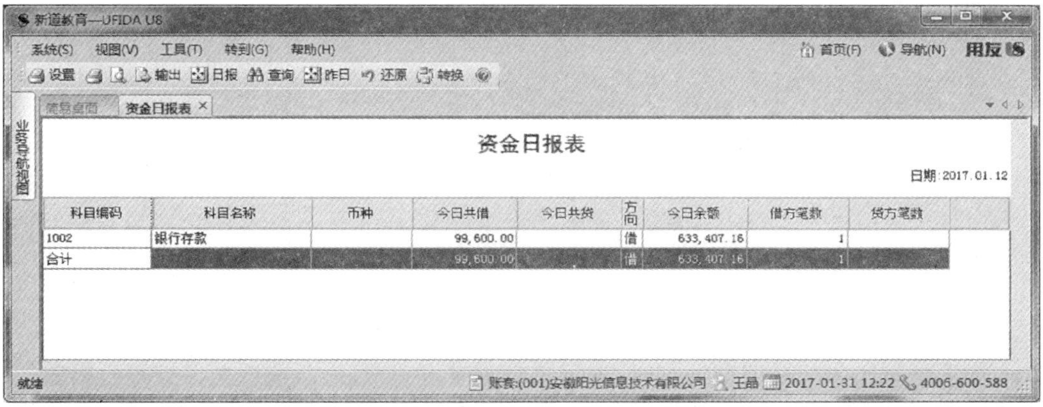

图 4-50　资金日报表

二、支票登记簿管理

支票管理是出纳员工作的重要内容。支票登记簿可详细记录支票领用人、领用日期、支票用途、是否报销等情况。领用日期和支票号必须输入，其他内容为可选项目。只有在会计科目中设置银行账的科目才能使用支票登记簿。当需要使用支票登记簿功能时，应在结算方式设置中对需要使用支票登记簿的结算方式在"是否票据管理"前打"√"。

【业务资料】

1 月 25 日，采购部李平借转账支票一张，票号 155，预计金额 5 000 元。

【操作步骤】

1. 以 002 王晶的身份注册登录企业应用平台，单击"业务工作"/"财务会计"/"总账"/"出纳"，双击"支票登记簿"系统弹出银行科目选择，选择支票对应的银行存款科目，本业务默认，单击"确定"按钮，打开支票登记簿窗口。

2. 单击"增加"按钮，在该窗口中新增一空行，输入领用日期"2017.01.25"、领用部门"采购部"、领用人"李平"、支票号"155"、预计金额"5 000"，如图 4-51 所示。

3. 单击"保存"按钮退出。

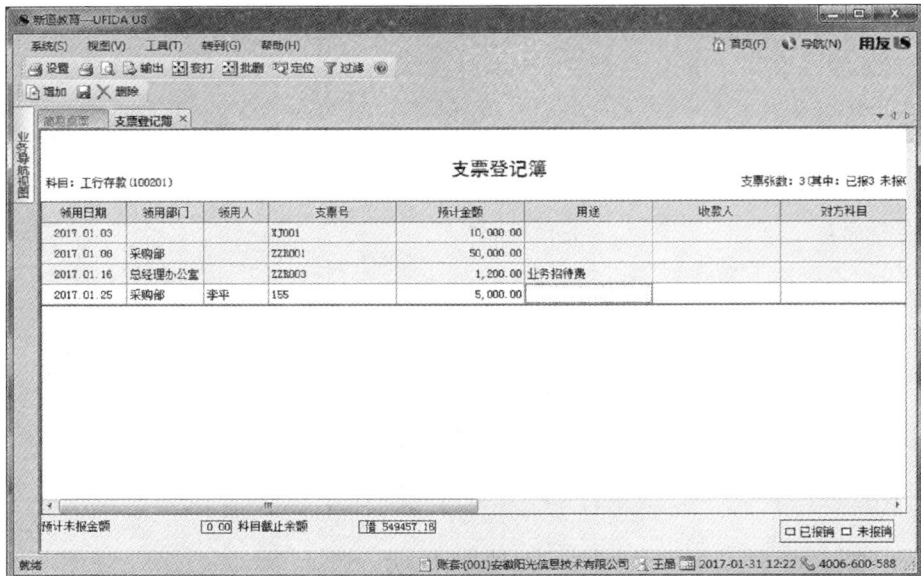

图 4-51　支票登记簿

🔊 **小提示!**

➢ 将光标移到需要修改的数据项上,可直接修改支票登记簿内容。

➢ 支票登记簿中报销日期为空时,表示该支票未报销,否则系统认为该支票已报销。

➢ 已报销的支票不能进行修改,若想取消报销标志,只要将光标移到报销日期处,删掉报销日期即可。

三、银行对账

企业的结算业务大部分都要通过银行进行结算,但由于企业与银行的账务处理和入账时间不一致,往往会发生双方账面不一致的情况,即所谓的"未达账项"。为了能够准确掌握银行存款的实际余额,了解实际可动用的货币资金数量,防止记账差错,企业必须定期将银行存款日记账与银行出具的对账单进行核对,并编制银行存款余额调节表。

(一)录入银行对账期初数据

在使用银行对账功能前,为了确保银行对账的准确性,应根据给定的数据资料首先将银行日记账和银行单的未达账项录入系统。第一次使用银行对账功能前,系统要求录入日记账及对账单未达账项,在开始银行对账之后不再使用。

【业务资料】

安徽阳光公司银行账的启用日期为 2017 年 1 月 1 日,工行人民币户企业日记账调整前余额为 511 057.16 元,银行对账单调整前余额为 533 829.16 元,未达账项一笔,系银行已收企业未收款 22 772.00 元(2016 年 12 月 30 日,结算方式 202,借方)。

【操作步骤】

1. 以 002 王晶的身份注册登录企业应用平台,单击"业务工作"/"财务会计"/"总账"/"出纳"/"银行对账",双击"银行对账期初录入",打开银行科目选择对话框,选择"100201 工行存款",单击"确定"按钮,进入银行对账期初录入窗口。

2.输入单位日记账的调整前余额"511 057.16",输入银行对账单的调整前余额"533 829.16",单击"对账单期初未达项"按钮,打开银行方期初窗口,单击"增加"按钮,输入日期"2016.12.30",结算方式"202",借方金额"22 772.00",单击"保存"按钮,如图 4-52 所示。

3.单击"退出"按钮,返回银行对账期初窗口,如图 4-53 所示。

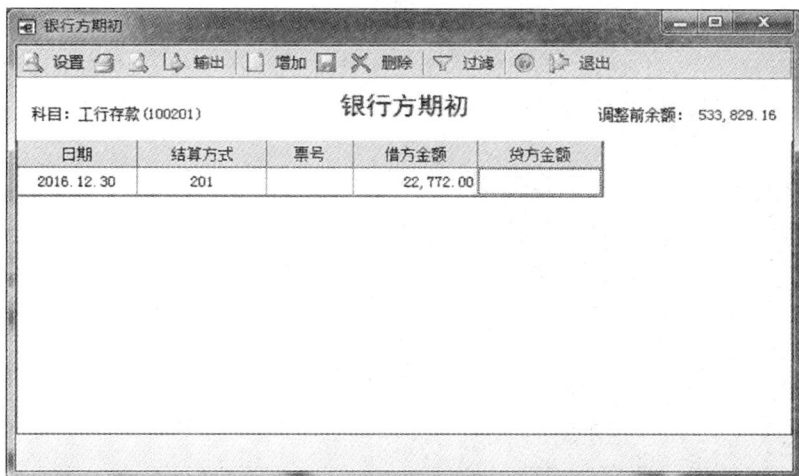

图 4-52　银行对账期初录入

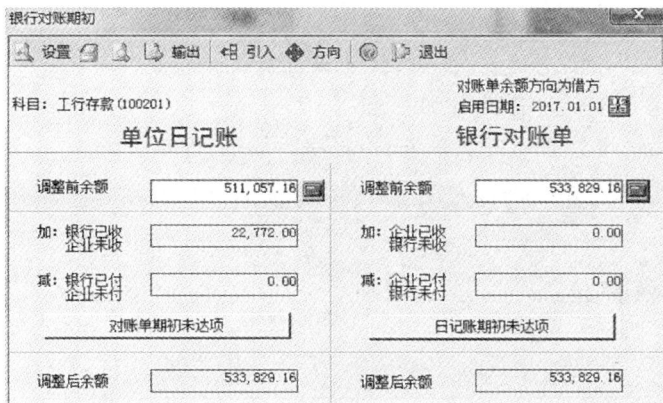

图 4-53　银行对账期初窗口

🔊 小提示！

➤ 调整前余额应分别为启用日期时,该银行科目的银行存款日记账科目余额以及银行存款对账单余额。

➤ 期初未达账项为上次手工勾对截止日期到启用日期前的未达账项。

➤ 调整后余额应分别为上次手工勾对截止日期的该银行科目余额及银行存款余额。

➤ 在录入完单位日记账和银行对账单期初未达账项后，请不要随意调整启用日期，尤其是向前调，这样可能会造成启用日期后的期初数不能再参与对账。

➤ 若银行科目已进行对账，在期初未达账项录入中，对于已勾对或已核销的记录不能再修改。

（二）录入银行对账单

银行对账单由企业的开户银行提供，要求计算机自动进行银行对账，在月末对账前必须将银行开出的银行对账单输入计算机，存入"对账单文件"。根据给定的资料录入银行对账单。若企业在多家银行开户，对账单应与其对应账号所对应的银行存款下的末级科目一致。

本功能用于平时输入、查询和引入银行对账单，在此功能中显示的是银行对账单位启用日期之后的对账单。

【业务资料】

安徽阳光公司 2017 年 1 月份银行对账单如表 4-12 所示。要求录入银行对账单。

表 4-12　1 月份银行对账单

日　期	结算方式	票　号	借方金额	贷方金额
2017-01-03	201	XJ001		10 000
2017-01-06				60 000
2017-01-08	202	ZZR001		50 000
2017-01-12	202	ZZR002	99 600	

【操作步骤】

1. 以 002 王晶的身份注册登录企业应用平台，单击"业务工作"/"财务会计"/"总账"/"出纳"/"银行对账"，双击"银行对账单"，打开银行科目选择对话框，选择"100201 工行存款"，月份"2017.01—2017.01"，单击"确定"按钮，打开银行对账单窗口。

2. 单击"增加"按钮，输入日期"2017.01.03"，结算方式"201"，票号"XJ001"，贷方金额"10 000.00"，同理继续增加其他对账单资料，保存后如图 4-54 所示。

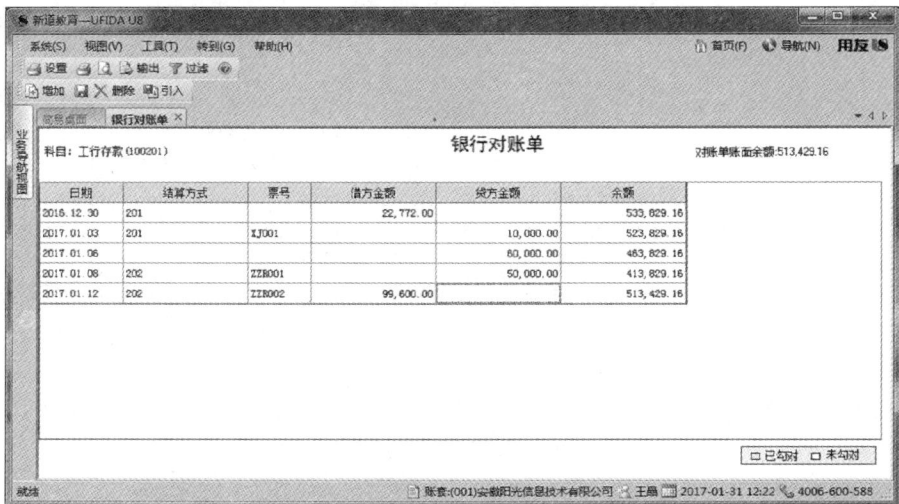

图 4-54　本月银行对账单录入

(三)银行对账

银行对账采用自动对账和手工对账相结合的方式。自动对账是计算机根据对账依据自动进行核对、勾销,对于已核对的银行业务,系统将自动在银行存款日记账和银行对账单双方写上两清标记,并视为已达账项。对于在两清栏未写上两清符号的记录,系统将视为未达账项。

手工对账是自动对账的补充,使用完自动对账后,可能还有一些特殊的已达账项没有对出来,而被视为未达账项,为了保证对账更彻底、更准确,可用手工对账来进行调整。

【业务资料】

安徽阳光公司要求以 002 王晶的身份进行按最大条件执行银行对账操作。

【操作步骤】

1. 以 002 王晶的身份注册登录企业应用平台,单击"业务工作"/"财务会计"/"总账"/"出纳"/"银行对账",双击"银行对账",打开银行科目选择对话框,选择"100201 工行存款",月份"2017.01—2017.01",单击"确定"按钮,打开银行对账窗口,如图 4-55 所示。

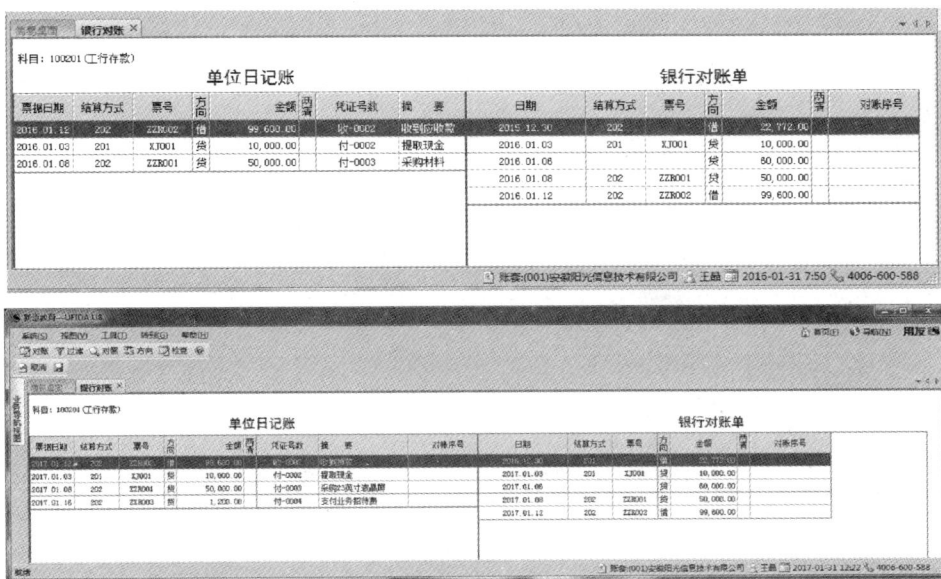

图 4-55 银行对账

2. 单击"对账"按钮,打开"自动对账"对话框,取消对账条件前三个选择框中的"√",如图 4-56 所示。

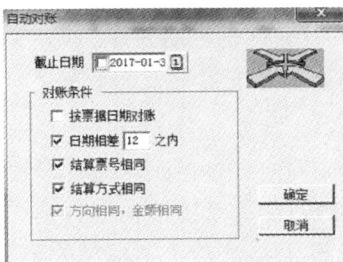

图 4-56 自动对账条件

🔊 小提示！

➤ 对账条件中的"方向相同，金额相同"是必选对账条件（颜色为灰色），截止日期可不选。

3.默认系统对账条件，单击"确定"按钮，显示自动对账结果，如图 4-57 所示。

图 4-57　自动对账结果显示

🔊 小提示！

➤ 对于已达账项，系统自动对账会在银行存款日记账和银行对账单双方的"两清"栏打上"○"标记。

4.单击"取消"按钮，系统提示银行的对账范围，单击"确定"按钮，系统会显示"是否取消银行对账"提示，单击"是"按钮，所有的已达账项标记全部消失，又回到了尚未进行银行对账的状态。

5.在银行对账窗口，对于一些肉眼观察属于已达账项的账项，分别双击"两清"栏进行手工对账，如图 4-58 所示。

图 4-58　手工对账结果显示

🔊 小提示！

➤ 手工对账两清标记为"Y"，以区别于自动对账。

➤ 手工对账一般是在自动对账不能完全对上的情况下，作为补充方式加以应用的。

（四）银行存款余额调节表的生成

银行存款余额调节表是期末证实银行日记账和银行存款实际数额账相符的主要账表。用友软件具有自动编制余额调节表的功能。系统将根据自动勾对与手工勾对的情况，在对账结束后自动编制银行存款余额调节表，其格式与手工编制的调节表完全相同。

【业务资料】

安徽阳光公司要求输出 2017 年 1 月 31 日的银行存款余额调节表。

【操作步骤】

1. 以 002 王晶的身份注册登录企业应用平台,单击"业务工作"/"财务会计"/"总账"/"出纳"/"银行对账",双击"余额调节表查询",打开银行存款余额调节表窗口。

2. 选择科目"100201 工行存款",单击"查看"或双击该行,即显示该银行账户的银行存款余额调节表,如图 4-59 所示。

图 4-59 银行存款余额调节表

小提示!

➤ 将出纳管理账套数据备份至"001 账套备份 /财务管理 /实验五出纳管理"文件夹中。

任务五 总账管理期末处理

【任务描述】

总账管理期末处理主要包括期末自动转账凭证的生成、对账和结账等内容。这些业务数据处理较复杂,但具有很强的规律性,因此比较适合计算机进行自动处理。本任务主要掌握总账管理自动转账凭证的定义及生成、对账及结账的操作方法。

【知识准备与业务操作】

一、自动转账凭证的定义与生成

对于每期都会发生规律的业务,如计提税金、结转成本、结转本期损益等,可以事先将它们所涉及的摘要、借贷科目、金额计算方式等预先定义并保存起来,即建立转账模型,根据自定义转账凭证模型快速生成机制记账凭证。

（一）自动转账的定义

自动转账的定义主要包括：

1. 自定义结转

自定义结转功能可以完成的转账业务主要有：费用分配的结转（如工资分配）、费用分摊的结转（如制造费用结转）、税金的计算（如增值税）、提取各项费用的结转（如提取福利费）、各项辅助核算的结转。如果使用应收应付款管理系统，则在总账系统中，不能按客户、供应商辅助项结转，只能按科目总数进行结转。

【业务资料】

安徽阳光公司 2017 年 1 月 31 日按短期借款期末余额的月息 0.2％ 计提短期借款利息。

【操作步骤】

1. 以 003 马方的身份注册登录企业应用平台，单击"业务工作"/"财务会计"/"总账"/"期末"/"转账定义"，双击"自定义转账"，打开自定义转账设置窗口。

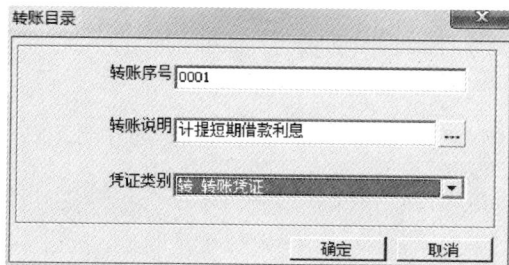

2. 单击"增加"按钮，打开转账目录设置窗口，输入转账序号"0001"、转账说明"计提短期借款利息"，选择凭证类别"转 转账凭证"，如图 4-60 所示。

3. 单击"确定"按钮，返回自定义转账设置窗口，单击"增行"按钮，选择科目编码"660301 财务费用——利息支出"，方向"借"，双击金额公式栏，选择参照按钮，打开公式向导窗口，选择"期末余额"，单击"下一步"按钮，选择科目"2001"，其他默认，将继续公式定义，选择运算符"乘"，如图 4-61 所示。

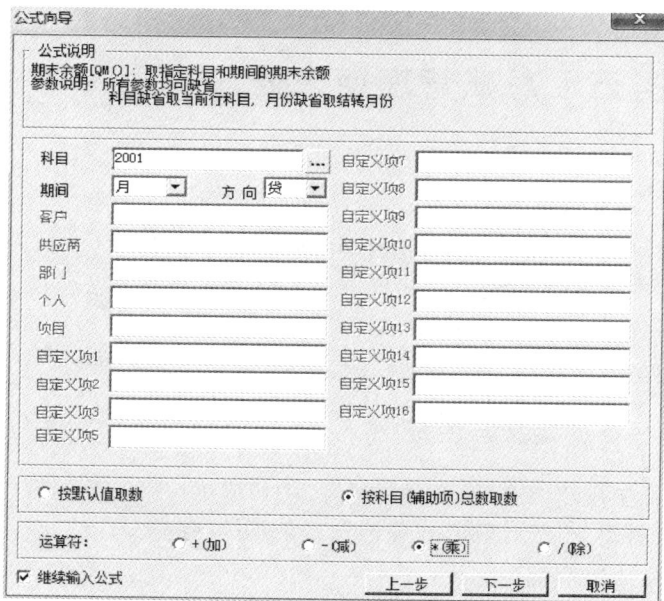

图 4-60　转账目录设置

图 4-61　定义公式（一）

4.单击"下一步"按钮,选择函数类型"常数",单击"下一步"按钮,在常数文本框中输入"0.002",如图 4-62 所示。

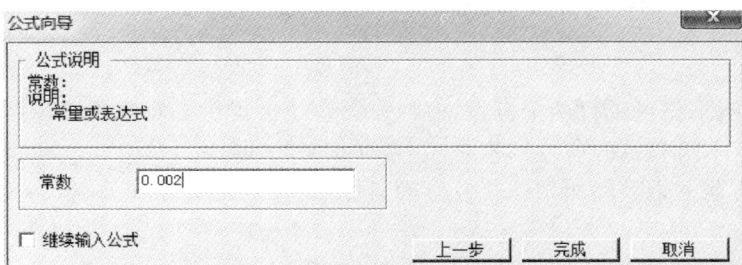

图 4-62　定义公式(二)

5.单击"完成"按钮,系统将定义完成的公式自动带至自定义转账设置中的金额公式栏,再单击"增行"按钮,继续定义贷方信息,选择科目编码"223101 应付利息——借款利息",方向"贷",双击金额公式栏,选择参照按钮,打开公式向导窗口,选择函数类型"取对方科目计算结果",如图 4-63 所示。

6.单击"下一步"按钮,默认后,单击"完成"按钮,系统将定义完成的公式自动带至自定义转账设置中的金额公式栏,如图 4-64 所示。

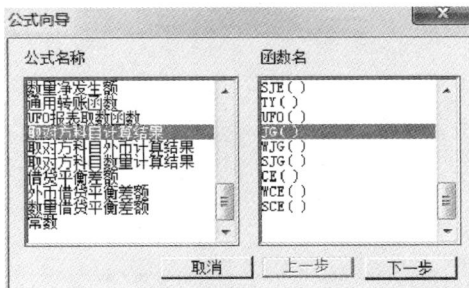

图 4-63　定义公式(三)

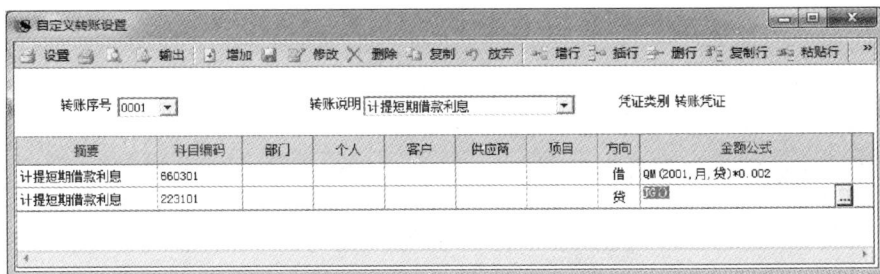

图 4-64　定义公式(四)

7.单击"保存"按钮。

🔊 小提示!

➢ 转账科目可以为非末级科目,部门可为空,表示所有部门。

➢ 输入转账计算公式有两种方法：一是直接输入计算公式；二是公式向导录入公式。

➢ 直接输入计算公式的符号必须为英文符号，否则系统提示"金额公式不合法：未知函数名"。

2. 对应结转

对应结转功能不仅可进行两个科目一对一结转，还可提供一对多结转，对应结转的科目可为上级科目，但其下级科目的科目结构必须一致（相同的明细科目），如有辅助核算也必须一一对应，本功能结转期末余额。如果结转发生额，只能到自定义结转。

【业务资料】

安徽阳光公司 2017 年 1 月 31 日结转本期进项税额。

【操作步骤】

1. 以 003 马方的身份注册登录企业应用平台，单击"业务工作"/"财务会计"/"总账"/"期末"/"转账定义"，双击"对应结转"，打开对应结转设置窗口。

2. 输入编号"0001"，凭证类别"转 转账凭证"，摘要"结转进项税额"，转出科目"22210101"和转出科目名称"进项税额"，单击"增行"按钮，输入转入科目编码"222102"和转入科目名称"未交增值税"，结转系数"1.00"，如图 4-65 所示。

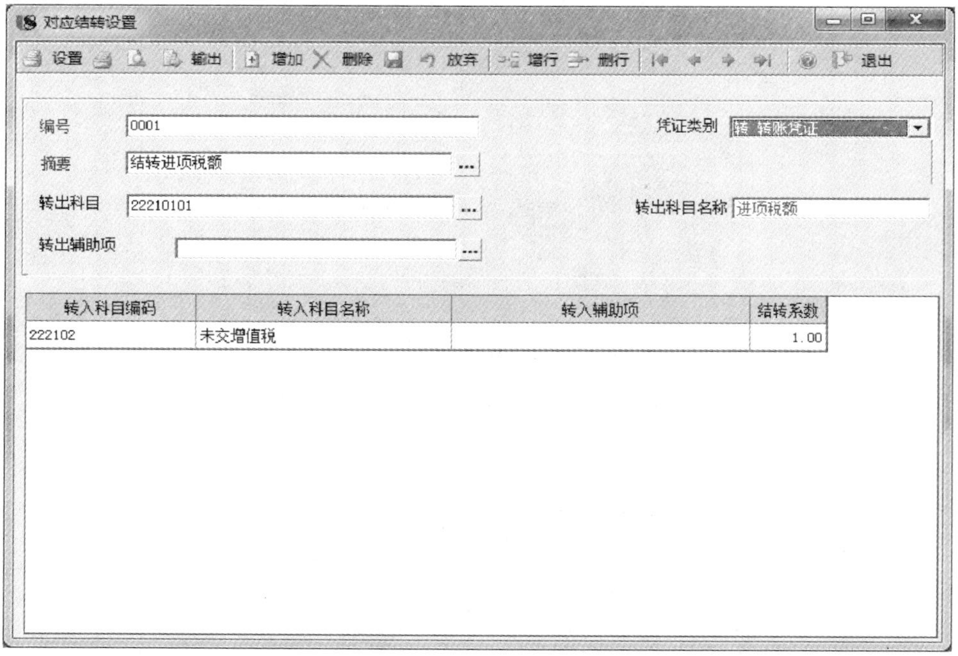

图 4-65　对应结转设置

3. 单击"保存"按钮退出。

3. 销售成本结转

销售成本结转是用来辅助没有启用购销存业务系统的企业完成销售成本的计算和结转，是指在总账系统中，月末按全月平均法或售价（计划法）计算出库存商品的平均单价的基础上，计算各类产品销售成本，并对成本业务进行账务处理。在结转上严格要求会计科目设定将"库存商品"、"主营业务收入"、"主营业务成本"科目下所有的明细科目必须有数量核算,即其辅助核算类型必须一致,且不能带有往来辅助核算,否则只能在自定义结转中设置。

4.汇兑损益结转

汇兑损益结转用于期末自动计算外币账户的汇兑损益,并在转账生成功能中自动生成汇兑损益转账凭证。

汇兑损益只处理外币账户。

【业务资料】

安徽阳光公司 2017 年 1 月 31 日外币汇率为 1：8.3。要求结转外币账户汇兑损益。

【操作步骤】

1.由 001 学生本人登录企业应用平台,进行期末外币汇率设置,如图 4-66 所示。

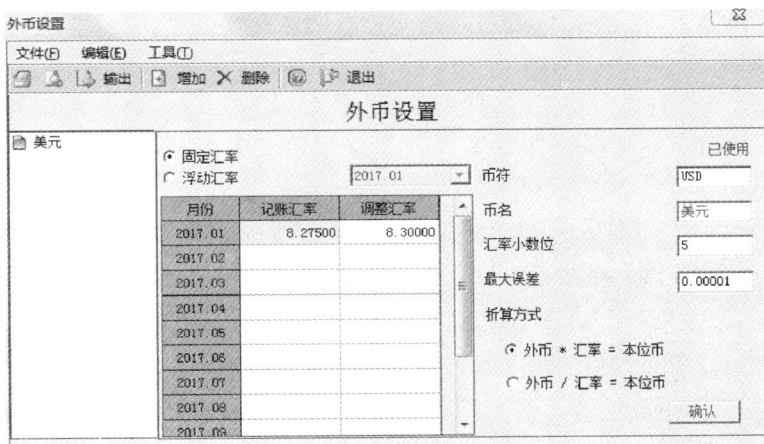

图 4-66　期末外币汇率设置

2.以 003 马方身份注册登录企业应用平台,单击"业务工作"/"财务会计"/"总账"/"期末"/"转账定义",双击"汇兑损益",打开汇兑损益结转设置窗口,输入汇兑损益结转科目"660302 财务费用——汇兑损益",系统将所有与外币核算的账户自动显示出来,双击"是否计算汇兑损益",如图 4-67 所示。

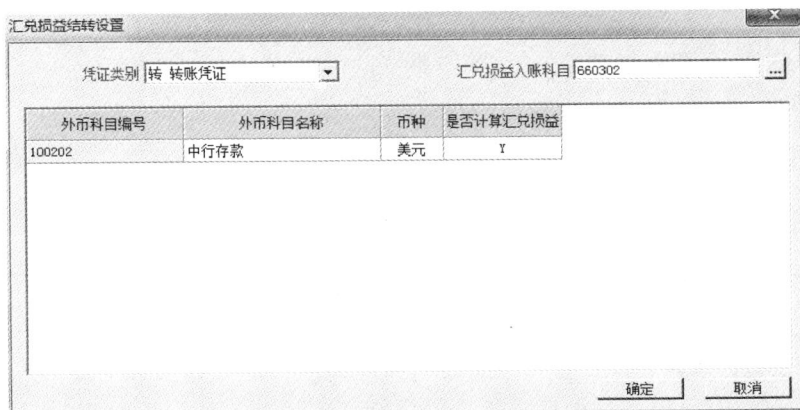

图 4-67　汇兑损益结转设置

3. 单击"确定"按钮,自动关闭汇兑损益结转设置窗口。

🔊 **小提示!**

➤ **为了保证汇兑损益计算正确,必须先将本月的所有未记账凭证记账。**

5. 期 间 损 益 结 转

本功能用于在一个会计期末,将损益类科目的余额结转到"本年利润"科目中,从而及时反映企业的利润盈亏情况。损益可按收入和费用分别结转,生成两种记账凭证,也可合在一起只生成一张记账凭证。当将期末业务集中于一张凭证时,系统根据收入项目和费用项目的余额情况自动安排"本年利润"科目的方向。若收入总额大于费用总额,"本年利润"科目在贷方,反之在借方。

【业务资料】

安徽阳光公司 2017 年 1 月 31 日进行期间损益结转设置。

【操作步骤】

1. 以 003 马方身份注册登录企业应用平台,单击"业务工作"/"财务会计"/"总账"/"期末"/"转账定义",双击"期间损益",打开期间损益结转设置窗口,选择凭证类别"转 转账凭证",本年利润科目"4103",如图 4-68 所示。

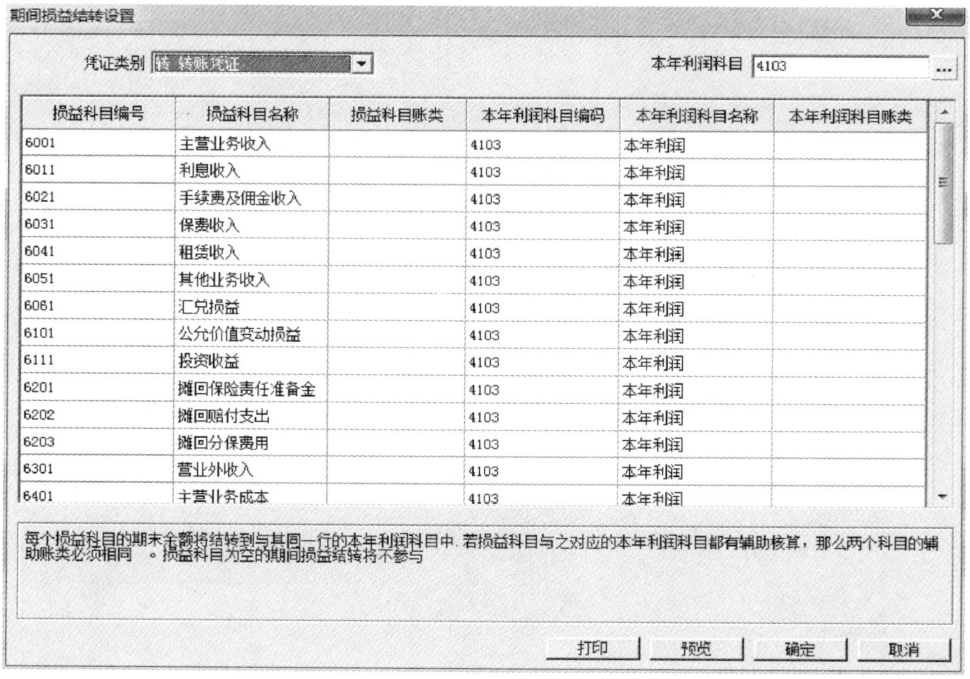

损益科目编号	损益科目名称	损益科目账类	本年利润科目编码	本年利润科目名称	本年利润科目账类
6001	主营业务收入		4103	本年利润	
6011	利息收入		4103	本年利润	
6021	手续费及佣金收入		4103	本年利润	
6031	保费收入		4103	本年利润	
6041	租赁收入		4103	本年利润	
6051	其他业务收入		4103	本年利润	
6061	汇兑损益		4103	本年利润	
6101	公允价值变动损益		4103	本年利润	
6111	投资收益		4103	本年利润	
6201	摊回保险责任准备金		4103	本年利润	
6202	摊回赔付支出		4103	本年利润	
6203	摊回分保费用		4103	本年利润	
6301	营业外收入		4103	本年利润	
6401	主营业务成本		4103	本年利润	

凭证类别：转 转账凭证　　本年利润科目 4103

每个损益科目的期末余额将结转到与其同一行的本年利润科目中。若损益科目与之对应的本年利润科目都有辅助核算,那么两个科目的辅助账类必须相同。损益科目为空的期间损益结转将不参与

图 4-68 期间损益结转设置

2. 单击"确定"按钮,自动关闭期间损益结转设置窗口。

(二)自动转账的生成

定义完转账凭证后,每月月末只需执行本功能即可由计算机快速生成转账凭证,在此生成的转账凭证将自动追加到未记账凭证中,还要通过审核、记账后才能真正完成结转工作。转账

凭证每月只生成一次,由于转账凭证中定义的公式基本都来自账簿,因此在月末转账前,必须将所有未记账凭证全部记账,否则生成的转账凭证中的数据可能不准确。特别是针对一组相关转账分录,必须按顺序依次进行转账生成、审核与记账。

【业务资料】

安徽阳光公司 2017 年 1 月 31 日执行自动转账凭证生成。

【操作步骤】

1. 由 003 马方身份注册登录企业应用平台,单击"业务工作"/"财务会计"/"总账"/"期末",双击"转账生成",打开转账生成窗口。

2. 选择"自定义转账"单选按钮,单击"全选"按钮,单击"确定"按钮,系统自动生成短期借款利息结转凭证,单击"保存"按钮,如图 4-69 所示。

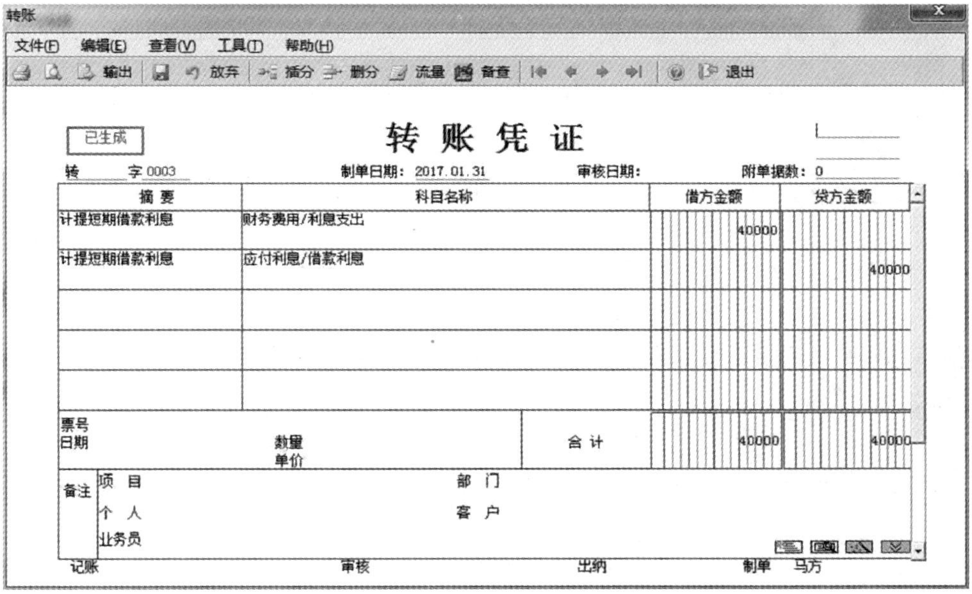

图 4-69　自定义转账凭证

3. 单击"退出"按钮,返回转账生成窗口。

4. 单击"对应结转"单选按钮,单击"全选"按钮,单击"确定"按钮,系统提示"有未记账凭证,是否继续?",单击"是"按钮,系统自动生成进项税额转出凭证,单击"保存"按钮,如图 4-70 所示。

◀)) 小提示!

➤ 在生成对应结转凭证过程中,系统提示有未记账凭证,其实指的是"短期借款利息结转凭证",因不涉及进项税额科目,所以不影响系统计算进项税额的转出额,可以单击"是"继续进行结转。

5. 单击"退出"按钮,返回转账生成窗口。

6. 单击"汇兑损益结转"单选按钮,选择外币币种"美元",单击"全选"按钮,单击"确定"按钮,系统提示"有未记账凭证,是否继续?",单击"是"按钮,显示汇兑损益试算表,如图 4-71 所示。单击"确定"按钮,系统自动生成汇兑损益结转凭证,如图 4-72 所示。

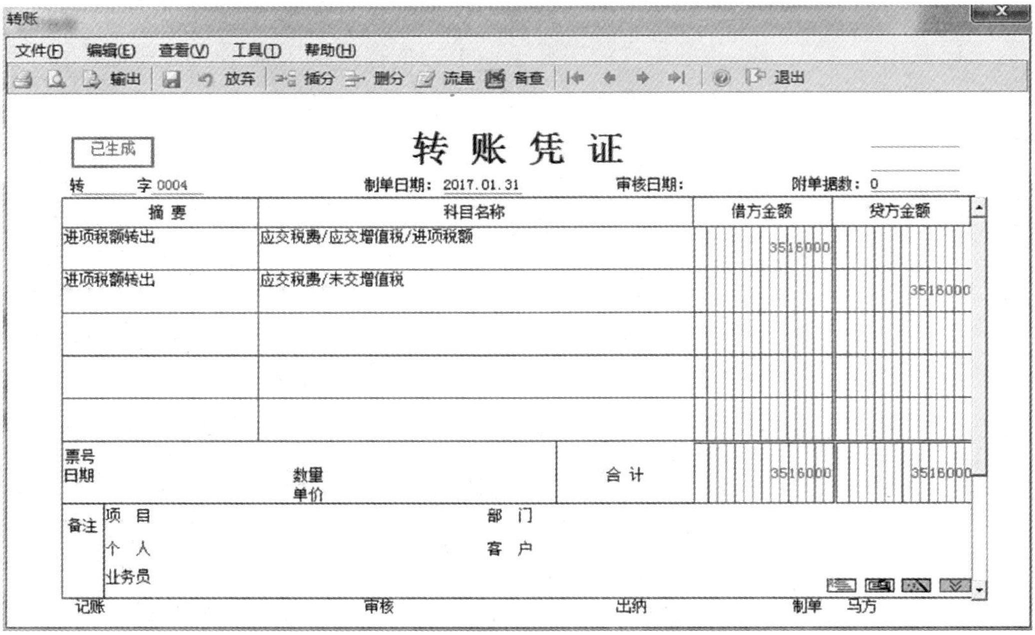

图 4-70　对应结转凭证

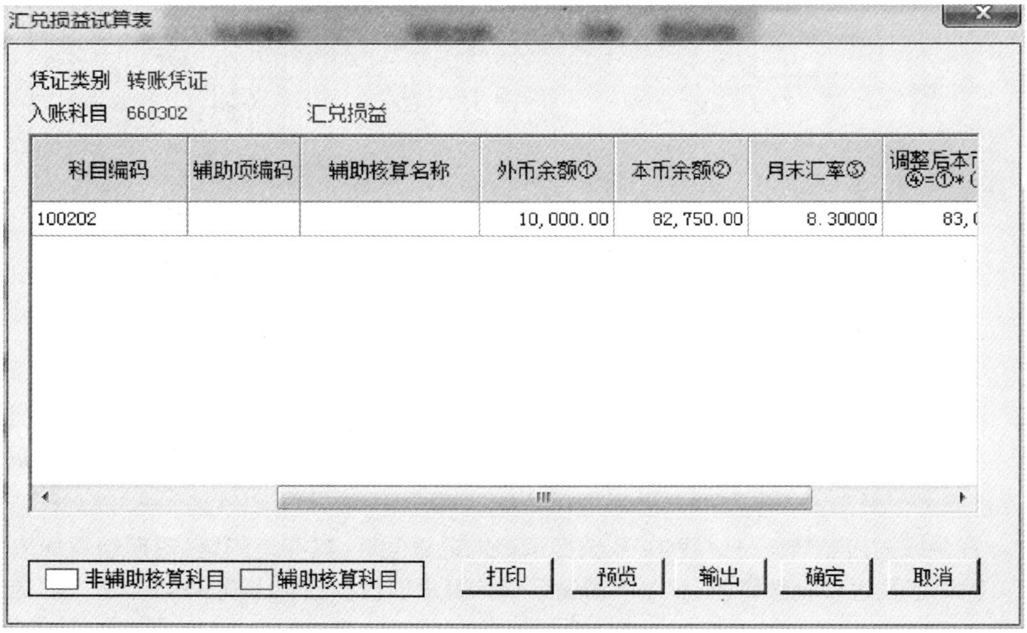

图 4-71　汇兑损益试算表

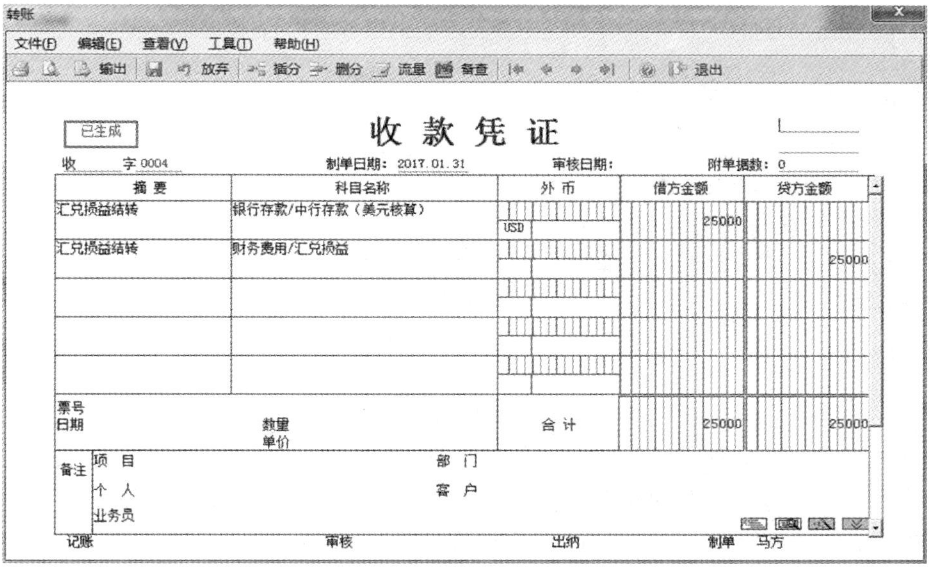

图 4-72 汇兑损益结转凭证

🔊 小提示！

➢ 在生成汇兑损益结转凭证的过程中，系统又提示有未记账凭证，指的是"短期借款利息结转凭证"和"进项税额转出凭证"，由于它们都不涉及外币核算账户，不会影响系统计算汇兑损益，因此单击"是"，继续进行汇兑损益凭证结转操作。

7. 更换操作员 002 王晶执行出纳签字操作，更换操作员 001 学生本人执行审核和记账。

8. 重新以 003 马方身份注册登录企业应用平台，单击"业务工作"/"财务会计"/"总账"/"期末"，双击"转账生成"，打开转账生成窗口，单击"期间损益结转"单选按钮。

9. 单击"全选"按钮，单击"确定"按钮，系统生成期间损益结转凭证，单击"保存"按钮，如图4-73 所示。

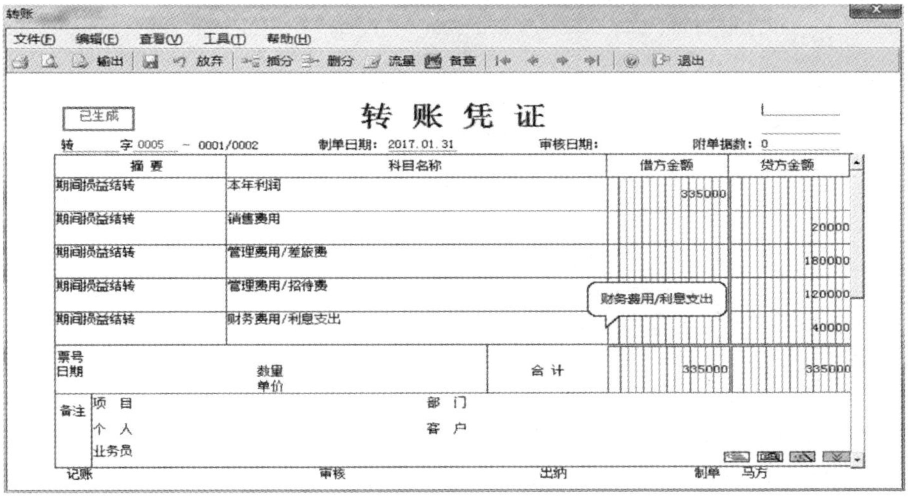

图 4-73 期间损益结转凭证

10. 更换操作员 001 学生本人进行审核、记账。

🔊 **小提示!**

➤ 若凭证类别、制单日期和附单据张数与实际情况有出入,可直接在当前凭证上进行修改,然后再保存。

➤ 自动转账凭证生成保存后,凭证左上角出现"已生成"戳记(实际为红色),以区分日常业务处理中填制的凭证。

➤ 转账凭证生成是根据账簿数据计算并结转的,所以涉及即将生成的转账凭证的科目,首先要执行审核、记账,否则生成的转账凭证数据可能有误。

二、对账

对账是对账簿数据进行核对,以检查记账是否正确,以及账簿是否平衡。它主要是通过核对总账与明细账、总账与辅助账数据来完成账账核对。一般来说,实现计算机记账后,只要记账凭证正确,计算机自动记账后各种账簿都应是正确、平衡的。但由于非法操作、计算机病毒或其他原因,有时可能会造成某些数据被破坏,因而引起账账不符。为了保证账证相符、账账相符,用户应经常使用本功能进行对账,至少一个月一次,一般在月末结账前进行。如果使用了应收款管理和应付款管理系统,则在总账管理系统中不能对往来客户账、供应商往来账进行对账。

【业务资料】

安徽阳光公司 2017 年 1 月 31 日,以账套主管身份执行对账操作。

【操作步骤】

1. 以 001 学生本人身份注册登录企业应用平台,单击"业务工作"/"财务会计"/"总账"/"结果",如图 4-74 所示。

2. 将光标置于"2017.01",单击"选择"按钮,单击"对账"按钮,开始自动对账,并显示对账结果,如图 4-74 所示。

对账

| 对账 | 选择 | 错误 | 试算 | 检查 | | 退出 |

☑ 检查科目档案辅助项与账务数据的一致性

选择核对内容

☑ 总账与明细账
☑ 总账与辅助账
☑ 辅助账与明细账
☐ 总账与多辅助账
☐ 辅助账与多辅助账
☐ 多辅助账与明细账

月份	对账日期	对账结果	是否结账	是否对账
2017.01				Y
2017.02				
2017.03				
2017.04				
2017.05				
2017.06				
2017.07				
2017.08				
2017.09				
2017.10				
2017.11				
2017.12				

图 4-74　对账

3.单击"试算"按钮,可以对各科目类别余额进行试算平衡,如图4-75所示。

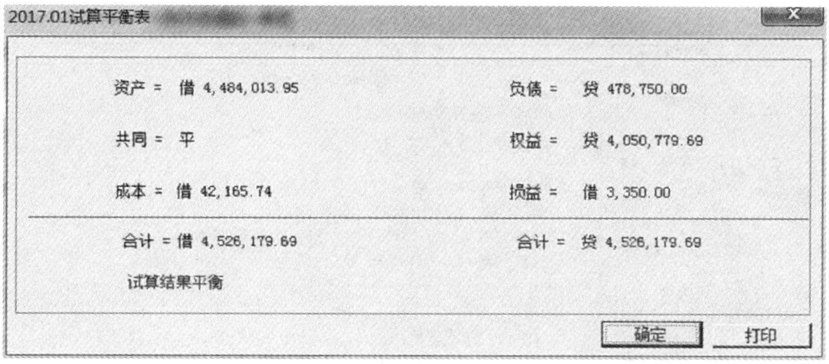

图 4-75　试算平衡

4.单击"确定"按钮,返回对账窗口。

🔊 小提示!

➤ 当对账出现错误或记账凭证有误时,系统允许恢复记账前状态,进行检查、修改,直到对账正确。

➤ 对账不正确,不能执行期末结账。

三、结账

每月月末都要进行结账处理,结账实际上就是计算和结转各账簿的本期发生额与期末余额,并终止本期的账务处理工作。相比手工处理,电算化方式下的结账工作简单多了。结账是一种成批数据处理,每月只结账一次,主要是对当月日常处理的限制和对下月账簿的初始化,由计算机自动完成。结账前要进行数据备份。如果结账后发现结账错误,可以进行"反结账",取消结账标记,然后修正后再结账。

【业务资料】

安徽阳光公司2017年1月31日由001账套主管执行结账。

【操作步骤】

1.以001学生本人身份注册登录企业应用平台,单击"业务工作"/"财务会计"/"总账"/"期末",双击"结账",打开结账窗口。

2.单击要结账的月份"2017.01",单击"下一步"按钮。

3.单击"结账"按钮,单击"下一步"按钮,系统显示"2017年01月工作报告",如图4-76所示。

🔊 小提示!

➤ 认真查看工作报告,分析不能顺利结账的各种原因。

➤ 损益类科目未全部结转不能结账。

➤ 试算结果不平衡不能结账。

➤ 对账不符不能结账。

➤ 若与其他系统联用,其他系统未结账,总账不能结账,如图4-77所示。

➤ 有未记账凭证不能结账。

➤ 上月未结账,本月不能结账,即结账必须按月连续进行。

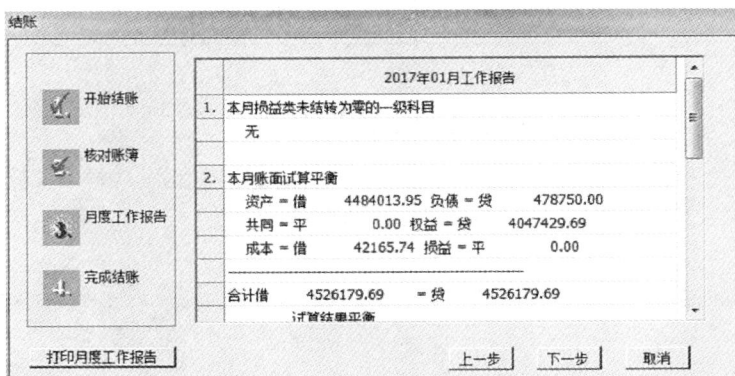

图 4-76 结账月度工作报告

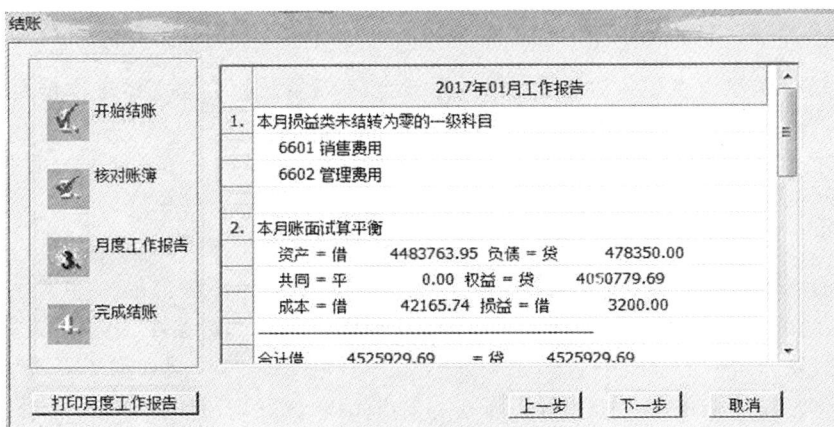

图 4-77 结账月度工作报告

4.单击"下一步"按钮,再单击"结账"按钮,符合结账要求,系统将进行结账,否则不予结账,如图 4-78 所示。

图 4-78 不予结账

◁)) 小提示！

➤ 由于安徽阳光公司账套核算启用了"应收系统""应付系统""薪资管理系统"等其他子系统,其他系统未结账,所以总账管理不能结账。但可以到系统启用窗口中,取消其他子系统,再进行总账结账。

➤ 如果某种原因需要取消结账,需要账套主管在"结账"窗口,按"Ctrl＋Shift＋F6"键激活"取消结账",输入主管口令,即可取消结账。

➤ 将总账期末处理账套数据(未结账)备份到"001 账套备份 /财务管理 /实验六总账管理期末处理"文件夹中。

项目小结

项目四总账管理内容结构如图 4-79 所示。

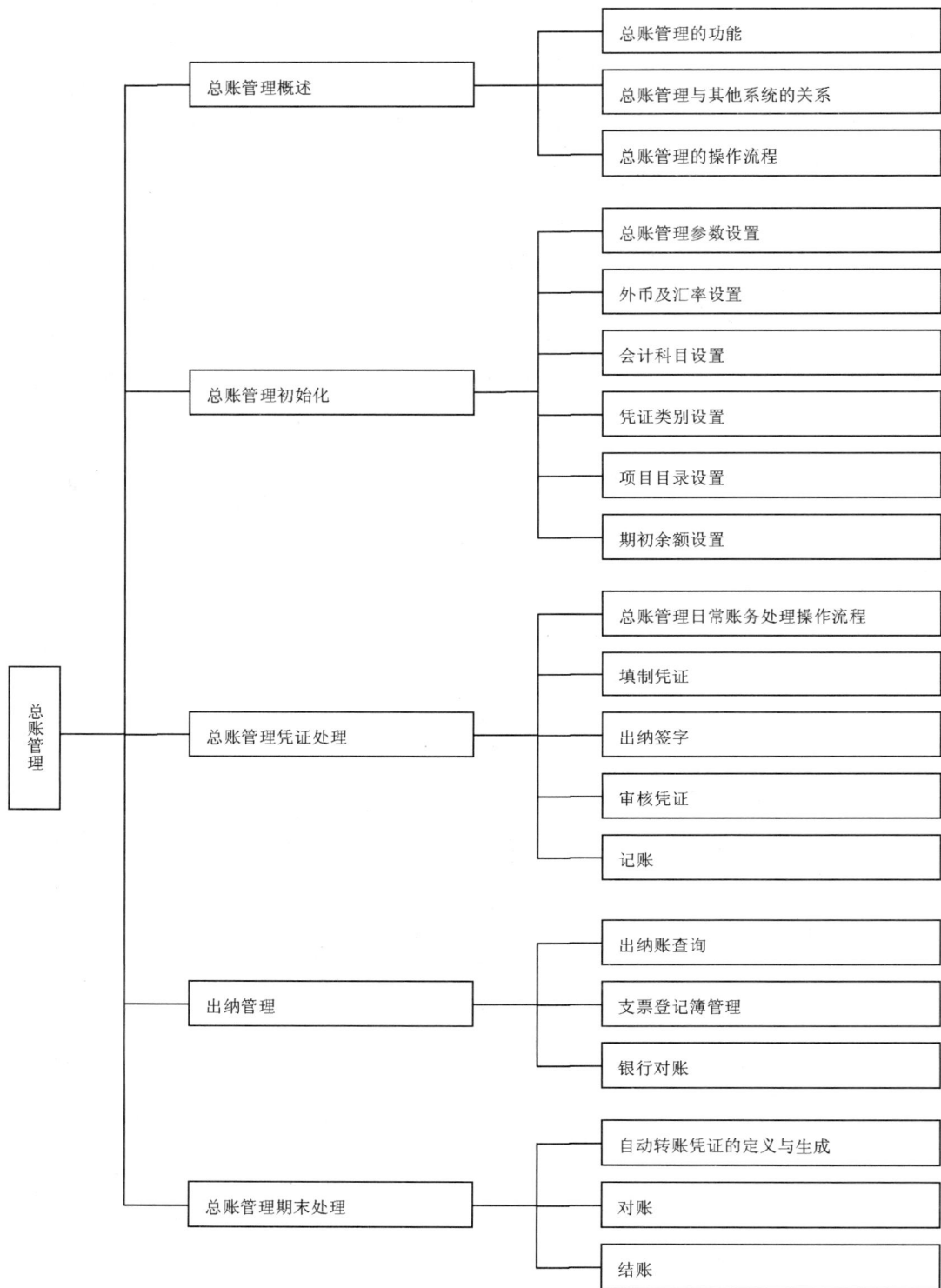

图 4-79　项目四总账管理内容结构图

项目五　薪资管理

◆**职业能力目标**

了解薪资管理的功能,理解薪资管理与其他系统的关系,掌握薪资管理的操作流程;掌握薪资管理初始化内容和薪资管理初始化操作方法;掌握职工工资及其所得税计算、日常数据处理以及薪资管理期末业务处理操作。

◆**典型工作任务**

薪资管理概述;薪资管理初始化;薪资管理日常业务处理;薪资管理期末处理。

任务一　薪资管理概述

【任务描述】

薪资管理适用于各类企业、行政事业单位进行工资核算、工资发放、工资费用分摊、个人所得税核算等。它可以与总账管理集成使用,将工资凭证传递到总账中。本任务主要是了解薪资管理的功能,理解薪资管理与其他系统的关系,掌握薪资管理系统操作流程。

【知识准备与业务操作】

一、薪资管理的功能

薪资管理适用于各类企业、行政事业单位进行工资核算、工资发放、工资费用分摊、工资统计分析和个人所得税核算等。它可以与总账管理集成使用,将工资凭证传递到总账中;可以与成本管理系统集成使用,为成本管理系统提供人员的费用信息。

（一）初始设置

在薪资管理中,结合企业自身实际情况,自行设置人员附加信息、工资类别适用部门(多工资类别)、工资人员档案、设置多次发放、自定义工资项目及计算公式、设置工资项目从人事系统获取数据的取数公式、提供多工资类别核算、工资核算币种、扣零处理(个人所得税扣税处理)等账套参数设置。

（二）业务处理

在薪资管理中,可以进行工资数据变动、汇总处理,支持多套工资数据的汇总,提供工资分钱清单、部门分钱清单、人员分钱清单、工资发放取款单,月末自动完成工资分摊、计提、转账业务,并将生成的凭证传递到总账系统。提供灵活的银行代发功能,预置银行代发模板,适用于由银行发放工资的企业。可实现在同一工资账中的人员由不同的银行代发工资,以及多种文件格式的输出,还提供个人所得税自动计算与申报功能。

（三）统计分析报表业务处理

薪资管理提供按月查询凭证的功能，提供工资表，包括工资发放签名表、工资发放条、工资卡、部门工资汇总表、人员类别汇总表、条件汇总表、条件明细表、条件统计表、多类别工资表等，提供工资分析表，包括工资项目分析表、工资增长分析、员工工资汇总表、按月分类统计表、部门分类统计表、按项目分类统计表、员工工资项目统计表、分部门各月工资构成分析表和部门工资项目构成分析表等。

二、薪资管理与其他系统的关系

薪资管理与其他系统的关系如图 5-1 所示。

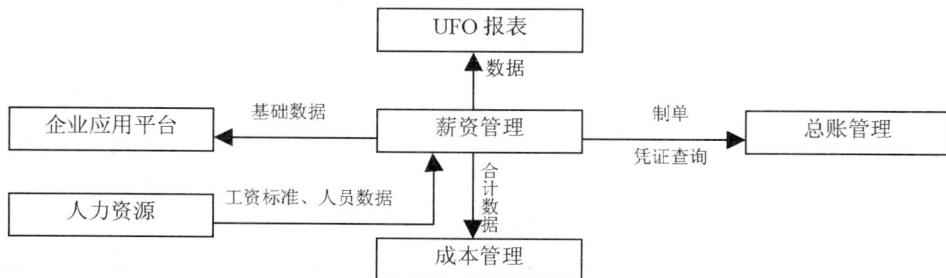

图 5-1　薪资管理系统与其他系统的关系

薪资管理与企业门户共享基础数据。薪资管理需要的基础数据可以在企业门户中统一设置，也可以在薪资管理中设定。薪资管理将工资费用的分配及各种经费计提的结果自动生成转账凭证，传递到总账管理，并可以查询凭证。薪资管理可以向成本管理传送相关费用的合计数据。人力资源系统将指定对应关系的工资项目及人员属性对应信息传递到薪资管理，同时薪资管理可以根据人力资源系统的要求从中读取工资数据，作为社保等数据的计提基础。

三、薪资管理的应用方案及操作流程

（一）薪资管理的应用方案

薪资管理提供单类别工资核算和多类别工资核算两种应用方案。

1. 单类别工资核算应用方案

如果企业中所有员工的工资发放项目相同，工资计算方法也相同，则可以对全部员工进行统一的工资核算，此时选用单类别工资核算方案，可提高系统运行效率。

2. 多类别工资核算应用方案

如果企业存在不同类别人员，如企业需要分别对在职人员、退休人员、离休人员进行工资核算，或者企业需要将临时工同正式工区别开来，还有可能企业每月进行多次工资发放，月末需要统一核算，或工资发放时使用多种货币等，则需要选用系统提供的多类别工资核算应用方案。

（二）薪资管理的操作流程

1.新用户操作流程

假设企业为多类别工资核算的企业,第一次启用薪资管理,应按如图 5-2 所示步骤进行操作。

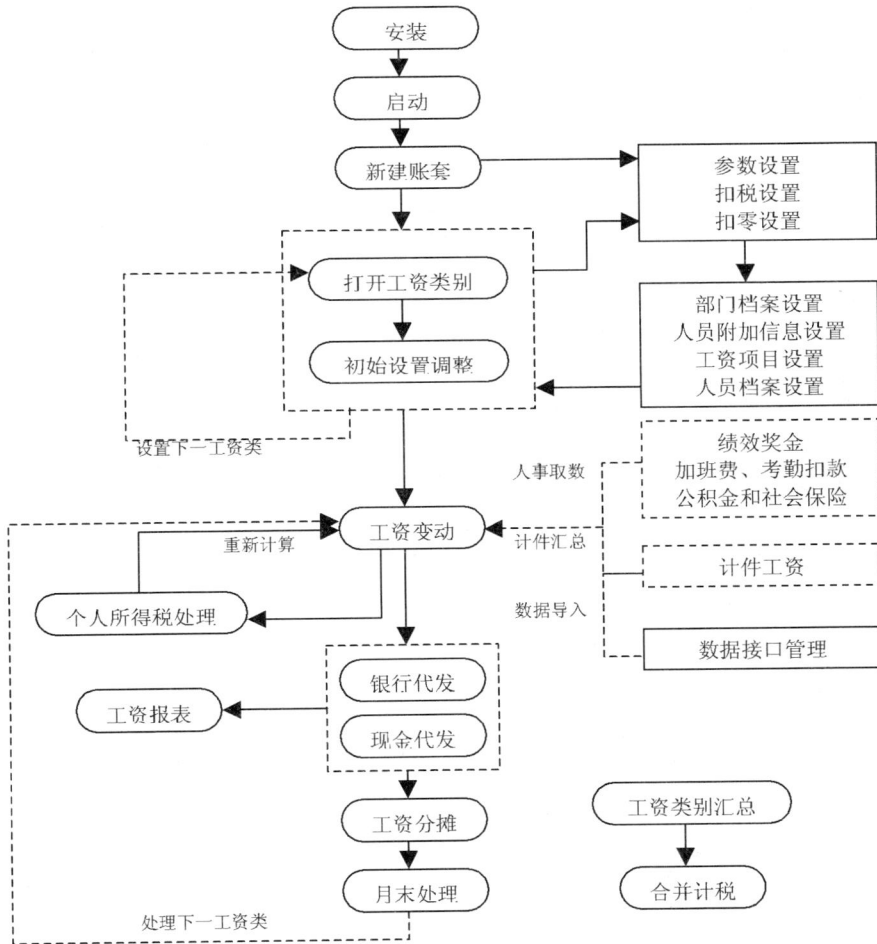

图 5-2　新用户多类别核算操作流程

如果是单类别工资核算的企业,第一次启用薪资管理,应按如图 5-3 所示步骤进行操作,不同于多类别工资核算的仅在于不做"新增工资类别"。

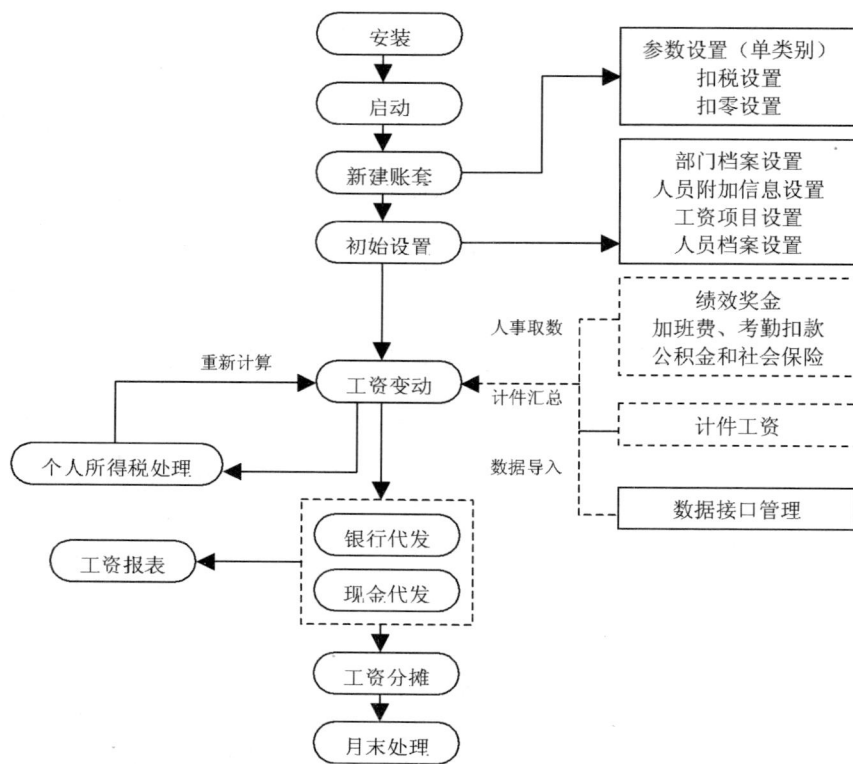

图 5-3　　新用户单类别核算操作流程

2. 老用户的操作流程

如果已经使用了薪资管理,到了年末,应进行数据的结转,以便开始下一年度的工作。新年度开始时应按图 5-4 所示步骤进行操作。

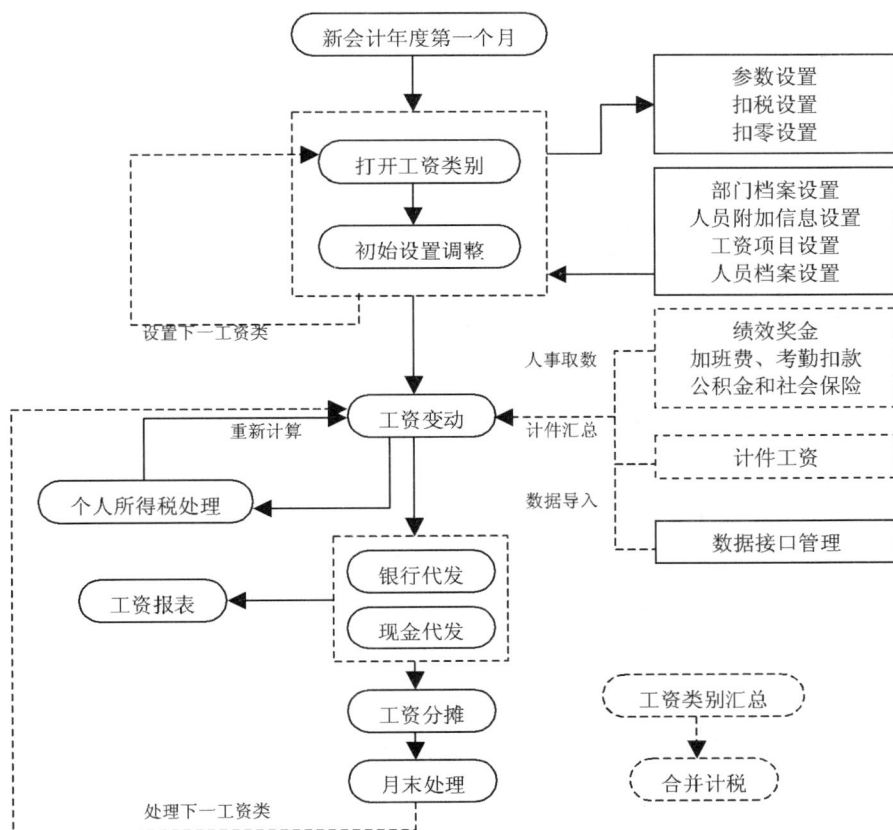

图 5-4　老用户操作流程

任务二　薪资管理初始化

【任务描述】

薪资管理初始化设置包括建立工资账套和基础信息设置两部分,是后期日常业务处理的基础。本任务主要是了解薪资管理初始化内容,掌握薪资管理初始化操作步骤及方法。

【知识准备与业务操作】

一、建立工资账套

建立工资账套是整个薪资管理系统正常运行的基础。建立一个完整的账套是系统正常运行的根本保证。工资账套与系统管理中的账套是不同的概念,系统管理中的账套是针对整个核算系统,而工资账套则是针对薪资管理,要建立工资账套,前提是在系统管理中首先建立本单位核算账套。当启动薪资管理,如所选账套未首次使用,系统将自动建立建账向导。

【业务资料】

引入实验六总账管理期末处理备份账套,根据如下资料完成工资账套的建立。

安徽阳光公司从 2017 年 1 月 1 日启用薪资管理,工资类别单个,核算币种人民币,要求代扣个人所得税,不进行扣零设置。

【操作步骤】

1. 以 001 学生本人身份注册登录企业应用平台,单击"业务工作"/"人力资源"/"薪资管理",打开建立工资套窗口。

2. 在建账第一步"参数设置"中,默认本账套所需处理工资类别个数"单个",选择币别"人民币 RMB",如图 5-5 所示。

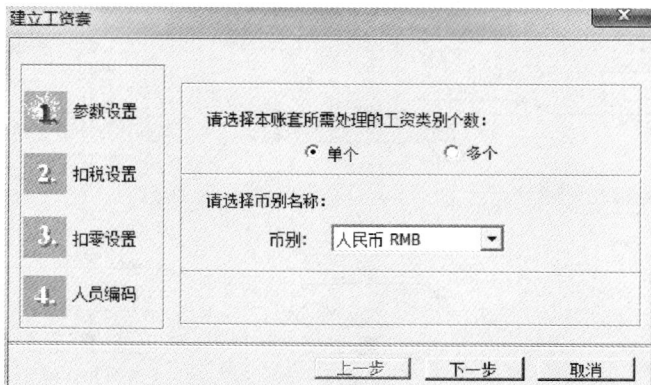

图 5-5　工资类别设置

◁)) 小提示!

➤ 计件工资是按计件单价支付劳动报酬的一种形式。由于对计时工资和计件工资核算方法不同,因此在薪资管理中对于企业是否存在计件工资特别设置了该选项。若选中,系统自动在工资项目中显示"计件工资"项目。

3. 单击"下一步"按钮,进入建账第二步"扣税设置",选中"是否从工资中代扣个人所得税"复选框,如图 5-6 所示。

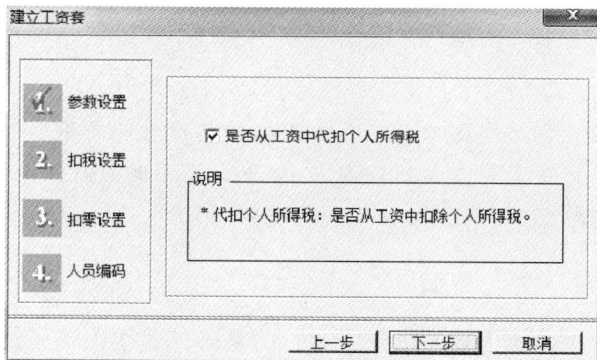

图 5-6　代扣税设置

◁)) 小提示！

➤ 选择代扣个人所得税，系统将自动生成工资项目"代扣税"，并自动进行代扣税的计算。

4.单击"下一步"按钮，进入建账第三步"扣零设置"，不做选择，如图5-7所示。

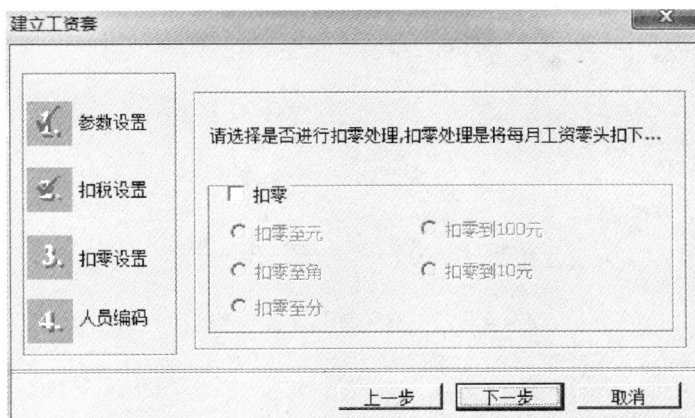

图 5-7 不扣零设置

◁)) 小提示！

➤ 扣零处理是每次发放工资将零头扣下，积累取整，于下次工资发放时补上，系统在计算工资时将依据"扣零至元""扣零至角""扣零至分"进行扣零计算。

➤ 选择"扣零"，系统自动在固定工资项目中增加"本月扣零"和"上月扣零"两个项目。

5.单击"下一步"按钮，进入建账第四步"人员编码"，系统要求和基础档案中的人员编码一致，如图5-8所示。

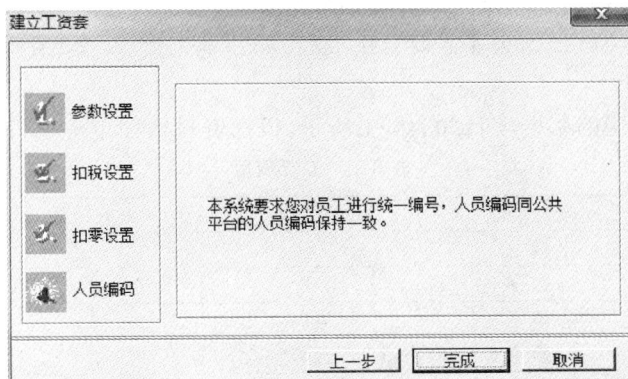

图 5-8 人员编码

◁)) 小提示！

➤ 建账完成后，部分建账参数可以在"设置"/"选项"中，单击"编辑"进行修改，如图5-9所示。

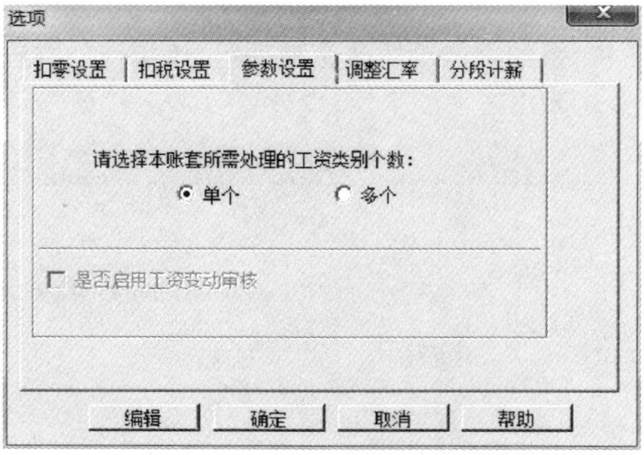

图 5-9　工资账套部分参数修改

二、基础信息设置

建立工资账套后要对整个系统运行所需要的一些基础信息进行设置,包括部门设置、人员类别设置、人员附加信息设置、银行档案设置、工资项目设置等。其中,部门、人员类别已经在企业应用平台中的基础档案中进行了设置。

（一）工资项目设置

工资项目设置即定义工资项目的名称、类型、宽度、小数及增减项。系统提供了一些固定的工资项目,是工资账套中必不可少的,包括:应发合计、扣款合计和实发合计,这些项目不能删除和重命名。若设置了"代扣税",则系统在工资项目中自动生成"代扣税"项目,若设置了"扣零",则系统在工资项目中自动生成"本月扣零"和"上月扣零"两个项目,这些项目也不能删除和重命名。其他各项可根据企业需要自由设置,如基本工资、奖金、请假扣款等。

【业务资料】

安徽阳光公司使用的工资项目如表 5-1 所示,根据资料增加工资项目。

表 5-1　工资项目

项目名称	类　型	长　度	小数位数	增减项
基本工资	数字	8	2	增项
奖金	数字	8	2	增项
岗位津贴	数字	8	2	增项
应发合计	数字	10	2	增项
请假扣款	数字	8	2	减项
养老保险金	数字	8	2	减项
扣款合计	数字	10	2	减项
实发合计	数字	10	2	增项
代扣税	数字	10	2	减项
请假天数	数字	8	2	其他
计税工资	数字	8	2	其他

【操作步骤】

1. 以 001 学生本人身份注册登录企业应用平台,单击"业务工作"/"人力资源"/"薪资管理"/"设置",双击"工资项目设置",打开工资项目设置窗口。

2. 单击"增加"按钮,在工资项目列表中增加一空行,单击"名称参照"下拉表框,从下拉表框中选择"基本工资"选项,默认"类型、长度、小数位数、增减项"等信息,如图 5-10 所示。

图 5-10　工资项目设置

3. 继续单击"增加"按钮,增加其他工资项目,输入完成并按资料调整顺序后如图 5-11 所示。

小提示!

> 此处所设置的工资项目是针对所有工资类别所需要使用的全部工资项目。

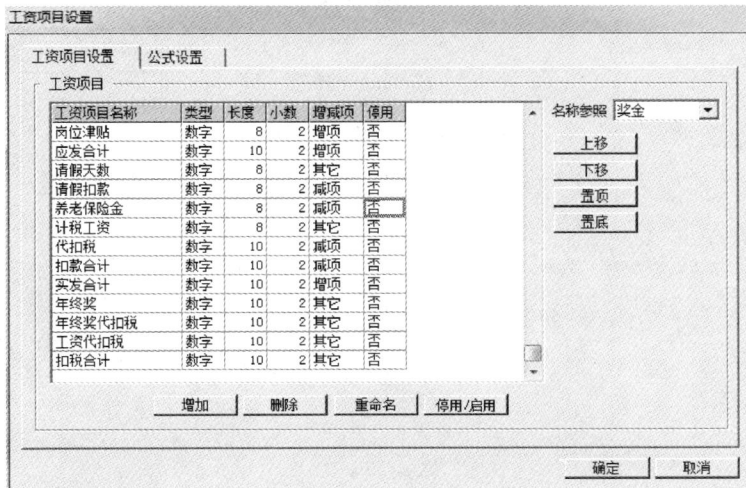

图 5-11　工资项目设置完成

小提示！

➤ 系统提供若干常用工资项目供参考，可选择输入。对于参照中未提供的工资项目，可以双击"工资项目名称"栏直接输入。

➤ 设置工资项目一定要注意其"增减项"属性。若为"增项"，则系统自动将其列为"应发合计"项目的组成部分；若为"减项"，则系统自动将其列为"扣款合计"项目的组成部分；若为"其他"，则既不构成应发合计项目，也不构成扣款合计项目，仅为其中某个工资项目的计算使用。

➤ 设置工资项目后，按照项目之间的逻辑顺序可以按"上移""下移"调整先后顺序。

（二）银行档案设置

银行档案用于设置企业所用的各银行总行的名称和编码，用于工资、人力资源管理、网上报销和网上银行等系统。可以设置多个发放工资的银行，以适应不同的需要。

【业务资料】

安徽阳光公司代发工资的银行为工商银行中关村分理处，编码00013，企业账号定长11位。个人账户定长11位，自动带出账号9位。

【操作步骤】

1. 以001学生本人身份注册登录企业应用平台，单击"基础设置"/"基础档案"/"收付结算"，双击"银行档案"，打开银行档案窗口。

2. 单击"增加"按钮，录入银行编码"00013"，银行名称"工商银行中关村分理处"，选中企业账户规则中"定长"，账号长度"11"，选中个人账户规则"定长"，账号长度"11"，自动带出账号长度"9"，如图5-12所示。

3. 单击"保存"按钮。

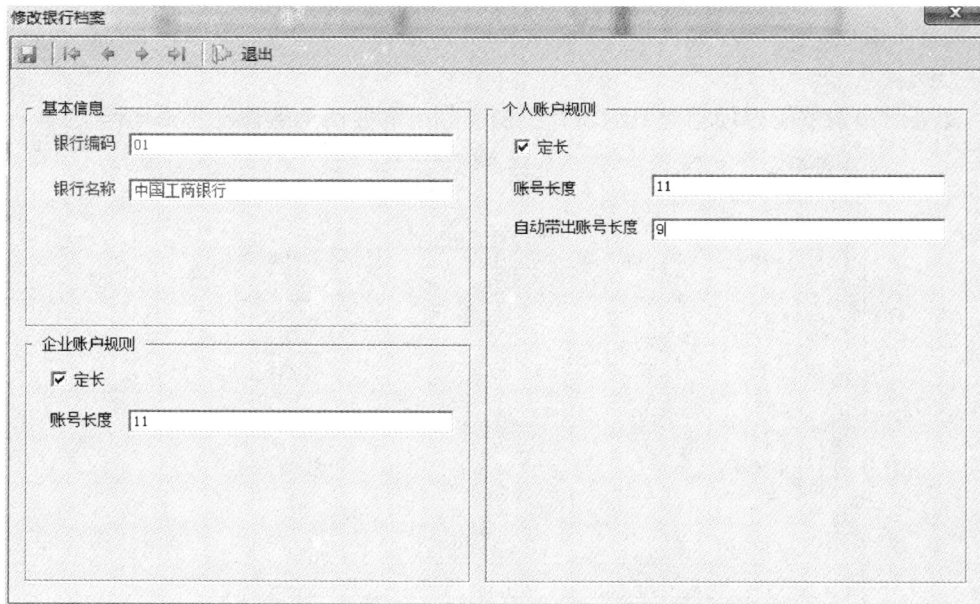

图5-12　银行档案设置

> 系统预置了16个银行名称,如果不能满足需要可以在此基础上删除或增加新的银行名称。

> 如果修改账号长度,则必须按键盘上的"回车键"确认。

（三）人员档案设置

人员档案用于登记工资发放人员的姓名、编号、所在部门、人员类别等信息。其实在"基础档案"中已经设置人员档案,此时人员档案设置只是将其纳入薪资管理,以便参与薪资管理核算。

人员档案的操作是针对某个工资类别的,即应先打开相应的工资类别。

【业务资料】

安徽阳光公司职员档案如表5-2所示。

表 5-2　职员档案

人员编号	人员名称	部门名称	人员类别	账号	中方人员	是否计税	核算计件工资
101	肖剑	总经理办公室	企业管理人员	2017008001	是	是	否
102	学生本人	财务部	企业管理人员	2017008002	是	是	否
103	王晶	财务部	企业管理人员	2017008003	是	是	否
104	马方	财务部	企业管理人员	2017008004	是	是	否
201	王丽	销售部	经营人员	2017008005	是	是	否
202	孙健	销售部	经营人员	2017008006	是	是	否
211	白雪	采购部	经营人员	2017008007	是	是	否
212	李平	采购部	经营人员	2017008008	是	是	否
301	周月	一车间	车间管理人员	2017008009	是	是	否
302	孟强	一车间	生产人员	20170080010	是	是	否

【操作步骤】

1. 以001学生本人身份注册登录企业应用平台,单击"业务工作"/"人力资源"/"薪资管理"/"设置",双击"人员档案",打开人员档案设置窗口。

2. 单击工具栏"批增"按钮,打开人员批量增加窗口,在左侧的"人员类别"列表框中,单击"企业管理人员"、"经营人员"、"车间管理人员"和"生产人员"前面的选择栏,出现"是",所选人员类别下的人员档案出现在右侧列表框中,如图5-13所示。

3. 单击"确定"按钮,系统自动将"基础档案"中的人员档案全部带入薪资管理系统中。

4. 单击"修改"按钮,将此处所有人员档案中的信息补充完整,如图5-14所示。

5. 单击"确定"按钮,系统提示"将新信息写入档案?",单击"确定"按钮保存。

6. 同理完成其余人员的信息修改。

> 单击"批增"按钮,可以按人员类别批量增加人员档案,然后再进行修改。

7. 在"基础设置"/"基础档案"/"机构人员"中,双击"人员档案",将周月和孟强档案增加。

8. 在薪资管理中,单击"设置",双击"人员档案",将周月和孟强档案资料批增,再进行修改人员信息,所有人员档案信息完成后如图5-15所示。

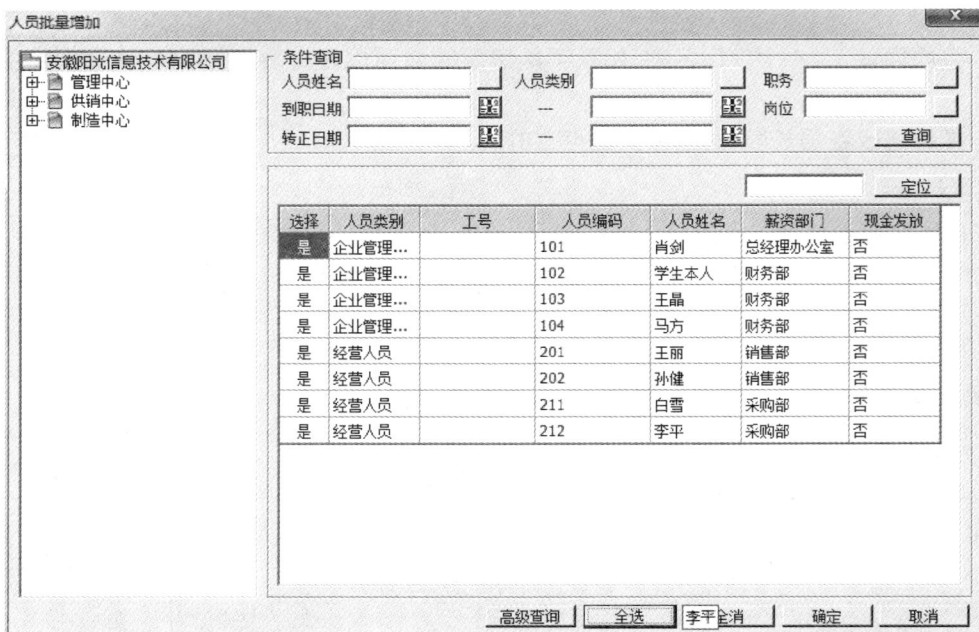

图 5-13　　批量增加职员档案

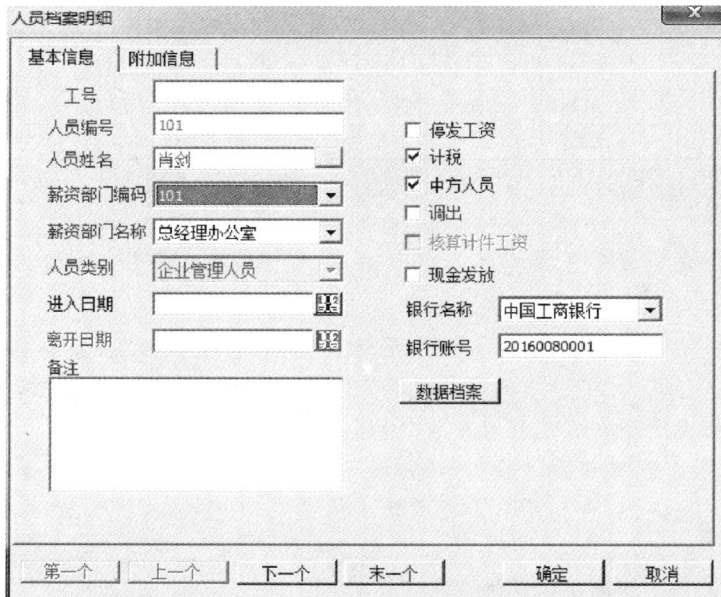

图 5-14　　修改肖剑档案信息

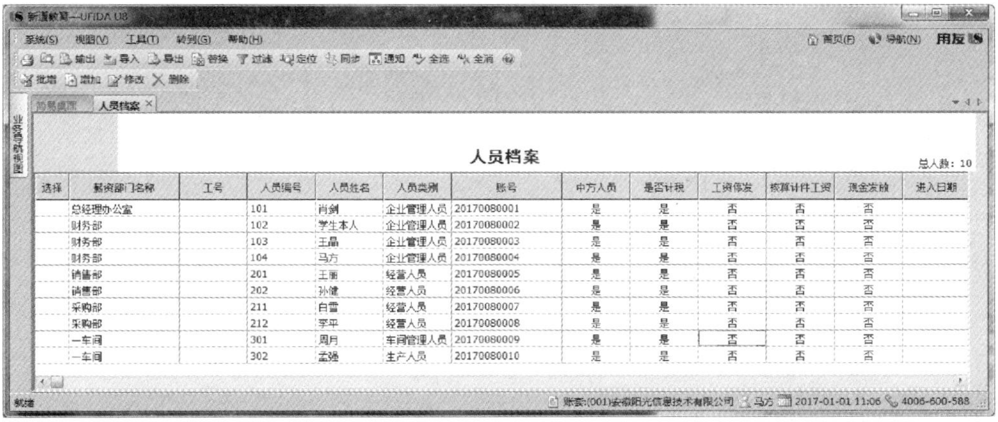

图 5-15　薪资管理中的人员档案

🔊 小提示！

➤ 人员编号、人员姓名、人员类别来源于公共平台的人员档案信息，薪资管理不能修改，要在公共平台中修改，系统会自动将修改信息同步到薪资管理系统。

➤ 如界在银行名称设置中设置了"银行账号定长"，则在输入人员档案的银行账号时，当输完第一个人员档案的银行账号后，第二人和以后的银行账号，会自动带出已设置的银行账号定长的账号，只需输入剩余的账号即可。

（四）设置工资项目及定义工资项目计算公式

工资项目是本单位所有工资类别所需要的全部工资项目。由于不同的工资类别，工资发放项目不尽相同，计算公式也不同。在此应对某个指定工资类别所需工资项目进行设置，并为此设置工资项目的计算公式。由于安徽阳光公司账套的薪资核算是单一工资类别，因此直接进行工资项目计算公式设置。

【业务资料】

安徽阳光公司需要设置工资项目的计算公式如表 5-3 所示，根据资料完成工资项目计算公式设置。

表 5-3　工资项目计算公式

工资项目	定义公式
岗位津贴	iff(人员类别＝"企业管理人员"，600，iff(人员类别＝"车间管理人员"，400，300))
请假扣款	请假天数 * 20
养老保险金	(基本工资＋奖金) * 0.08
计税工资	基本工资＋奖金＋岗位津贴－养老保险金

【操作步骤】

1. 以 001 学生本人身份注册登录企业应用平台，单击"业务工作"/"人力资源"/"薪资管理"/"设置"，双击"工资项目设置"，打开工资项目设置窗口，如图 5-16 所示。

图 5-16　　工资项目设置窗口

🔊 **小提示！**

➢ 系统中自带了"应发合计"、"扣款合计"和"实发合计"三个公式。

➢ 应发合计公式包括了工资项目设置中的所有属性为"增项"的工资项目；扣款合计公式包括了工资项目设置中的所有属性为"减项"的工资项目；实发合计公式即是应发合计与扣款合计的差额。

2.单击"增加"按钮，增加一空行，下拉列表框选择"岗位津贴"项目，单击"公式定义"文本框，单击"函数公式向导"，打开函数向导，选择 iff 函数，如图 5-17 所示。

3.单击"下一步"按钮，打开设置函数窗口，单击"逻辑表达式"参照按钮，从参照下拉列表中选择"人员类别"="企业管理人员"，单击"确认"按钮，在算术表达式 1 中输入"600"，如图 5-18 所示。

4.单击"完成"按钮，再选择 iff 函数做一次，选择人员类别"车间管理人员"，算术表达式 1 "400"，算术表达式 2"300"，如图 5-19 所示。

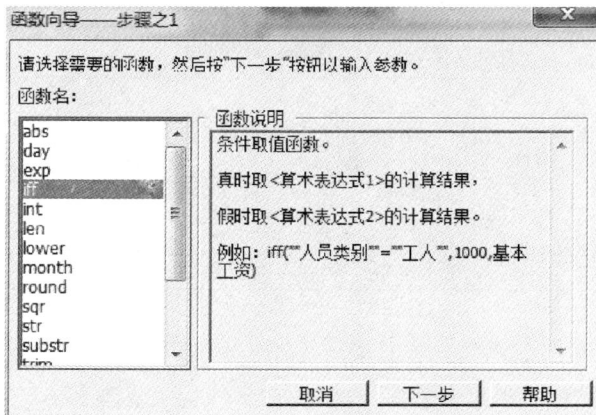

图 5-17　　选择 iff 函数

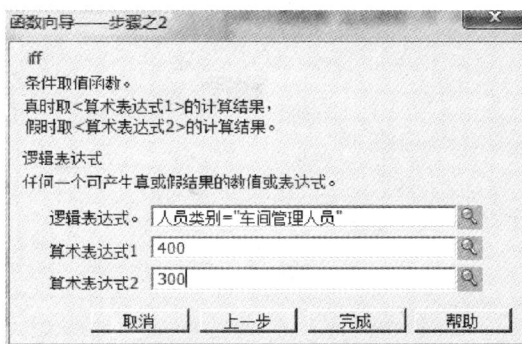

图 5-18　企业管理人员类别设置　　　　图 5-19　车间管理人员类别设置

5.单击"完成"按钮,返回工资项目设置窗口,单击"公式确认"保存。如图 5-20 所示。

6.再单击"增加"按钮,在工资项目列表中增加一空行,单击该行,在下拉列表中选择"请假扣款",单击"公式定义"文本框,单击工资项目列表中的"请假天数",单击运算符"＊",在"＊"后单击,输入数字 20,单击"公式确认"保存,如图 5-21 所示。

7.与请假扣款公式定义方法相同,设置养老保险金和计税工资公式,将所有公式设置完毕后,调整公式顺序,如图 5-22 所示。

8.单击"确定"按钮关闭公式设置窗口。

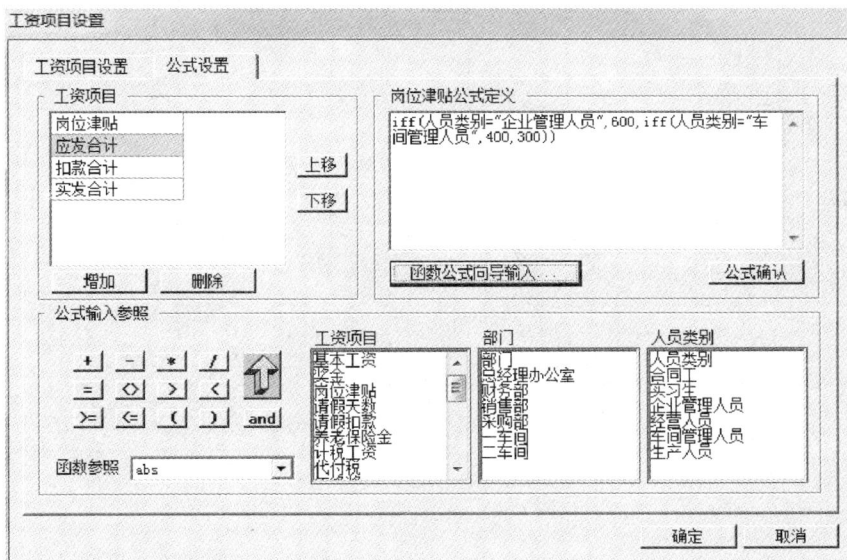

图 5-20　岗位津贴公式定义

🔊 小提示!

➢ 在定义工资项目计算公式前,必须建好人员类别和人员档案,否则公式设置页签呈现为"灰色",打不开。

➢ 用户不能在公式定义文本框中进行固定工资项目公式的修改和删除。

图 5-21　请假扣款公式定义

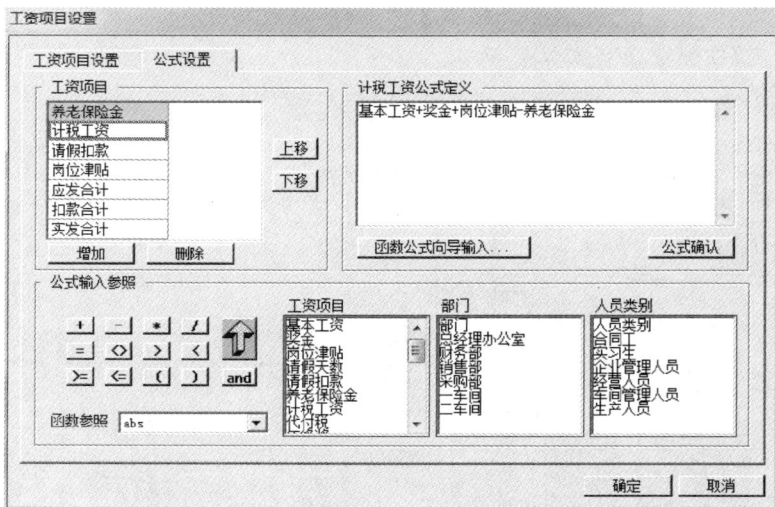

图 5-22　所有公式设置完毕

📢 小提示！

➤ 定义工资项目的计算公式要符合逻辑，系统将对公式的合法性进行检验，不符合逻辑关系，系统将给出错误提示。

➤ 定义公式时要注意公式的先后顺序，先得到的数据应先设置公式。如计税工资公式应在养老保险金和请假扣款公式之后。应发合计、扣款合计和实发合计应是公式定义框中的最后三个公式，并且实发合计的公式要在应发合计和扣款合计公式之后。

任务三　薪资管理日常业务处理

【任务描述】

薪资管理日常业务处理适用于企事业单位进行工资变动、工资分钱清单、扣缴所得税、银行代发和工资费用分摊处理等业务。与总账管理集成使用,将薪资管理生成的凭证传递到总账管理中,再进行审核、记账操作。本任务主要掌握薪资管理的日常业务处理的内容和操作方法。

【知识准备与业务操作】

一、工资变动

（一）工资基本数据

工资基本数据用于日常工资数据的调整变动以及工资项目增减。第一次使用时,必须将所有人员的基本工资数据录入,如基本工资。平时每月只对发生变动的工资数据进行调整。

【业务资料】

安徽阳光公司所有人员 2017 年 1 月初工资情况如表 5-4 所示,要求输入工资基本数据。

表 5-4　工资情况

姓　　名	基本工资	奖　　金
肖剑	5 000	500
学生本人	3 000	300
王晶	2 000	200
马方	2 500	200
王丽	4 500	450
孙健	3 000	300
白雪	3 000	300
李平	2 000	200
周月	4 500	450
孟强	3 500	350

【操作步骤】

1. 以 001 学生本人身份注册登录企业应用平台,单击"业务工作"/"人力资源"/"薪资管理"/"业务处理",双击"工资变动",打开工资变动窗口。

2. 单击"过滤器",选择"过滤设置",打开项目过滤窗口,选择"基本工资"和"奖金",单击"　>　"按钮,将其选入"已选项目",如图 5-23 所示。

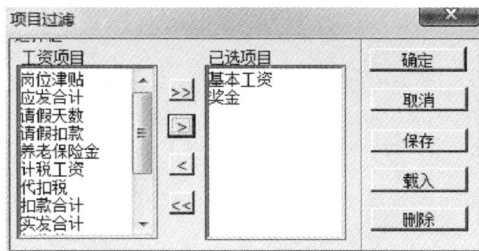

图 5-23　项目过滤

3. 单击“确定”按钮，返回工资变动窗口，此时所有人的工资项目只显示两项，输入所有人员工资基本数据，完成后如图 5-24 所示。

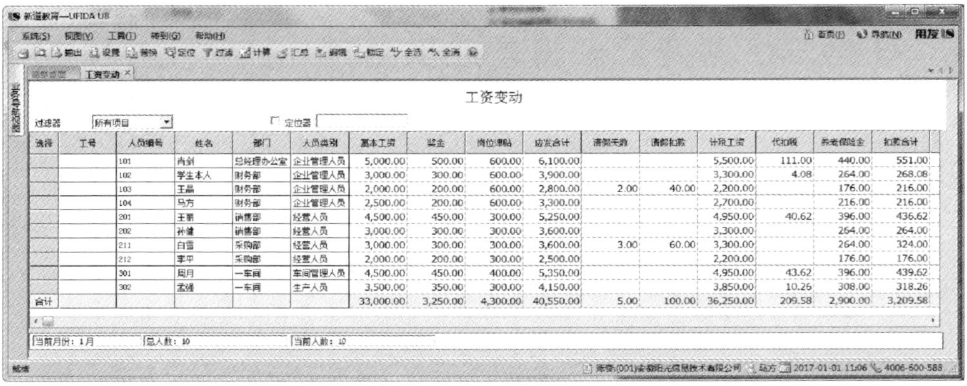

选择	工号	人员编号	姓名	部门	人员类别	基本工资	奖金	岗位津贴	应发合计	请假天数	请假扣款	计税工资	代扣税	养老保险金	扣款合计
		101	肖剑	总经理办公室	企业管理人员	5,000.00	500.00	600.00	6,100.00			5,500.00	111.00	440.00	551.00
		102	学生本人	财务部	企业管理人员	3,000.00	300.00	600.00	3,900.00			3,300.00	4.08	264.00	268.08
		103	王晶	财务部	企业管理人员	2,000.00	200.00	600.00	2,800.00	2.00	40.00	2,200.00		176.00	216.00
		104	马方	财务部	企业管理人员	2,500.00	200.00	600.00	3,300.00			2,700.00		216.00	216.00
		201	王丽	销售部	经营人员	4,500.00	450.00	300.00	5,250.00			4,950.00	40.62	396.00	436.62
		202	孙健	销售部	经营人员	3,000.00	300.00	300.00	3,600.00			3,300.00		264.00	264.00
		211	白雪	采购部	经营人员	3,000.00	300.00	300.00	3,600.00	3.00	60.00	3,300.00		264.00	324.00
		212	李平	采购部	经营人员	2,000.00	200.00	300.00	2,500.00			2,200.00		176.00	176.00
		301	周月	一车间	车间管理人员	4,500.00	450.00	400.00	5,350.00			4,950.00	43.62	396.00	439.62
		302	孟强	一车间	生产人员	3,500.00	350.00	300.00	4,150.00			3,850.00	10.26	308.00	318.26
合计						33,000.00	3,250.00	4,300.00	40,550.00	5.00	100.00	36,250.00	209.58	2,900.00	3,209.58

图 5-24　基本工资和奖金录入

小提示！

➢ **这里只输入没有进行公式设定的项目的数据，其余各项数据由系统根据计算公式自动计算生成。**

➢ **如果只对某些项目进行录入，如基本工资、奖金等，可使用项目“过滤”功能，选择过滤的项目进行录入数据。**

4. 退出工资变动，系统提示“是否进行工资计算和汇总？”，单击“是”按钮，关闭当前窗口。

(二)工资变动数据

1. 工资项目过滤

如果只做工资项目中的某一个或几个项目更改，可将要改的项目过滤出来，以便于修改。

【业务资料】

安徽阳光公司 2017 年 1 月考勤情况是：王晶请假 2 天，白雪请假 3 天。要求输入请假天数项目数据。

【操作步骤】

1. 以 001 学生本人身份注册登录企业应用平台，单击“业务工作”/“人力资源”/“薪资管理”/“业务处理”，双击“工资变动”，打开工资变动窗口。

2. 单击“过滤器”，选择“过滤设置”，打开项目过滤窗口，选择“请假天数”，单击“>”按钮，将其选入“已选项目”，如图 5-25 所示。

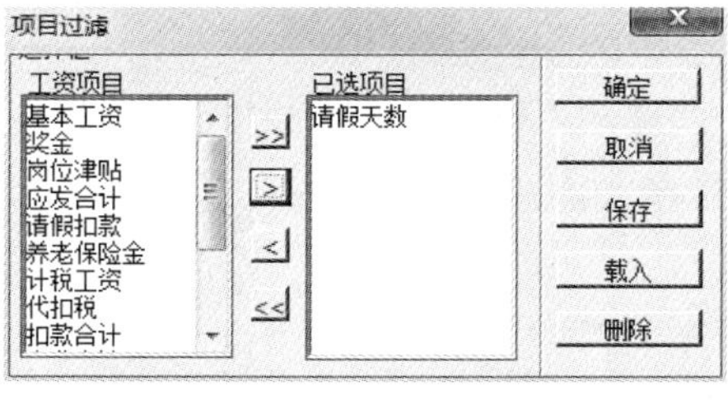

图 5-25　项目过滤

3. 单击"确定"按钮,返回工资变动窗口,此时所有人的工资项目只显示请假天数一项,输入资料中要求的请假天数,如图 5-26 所示。

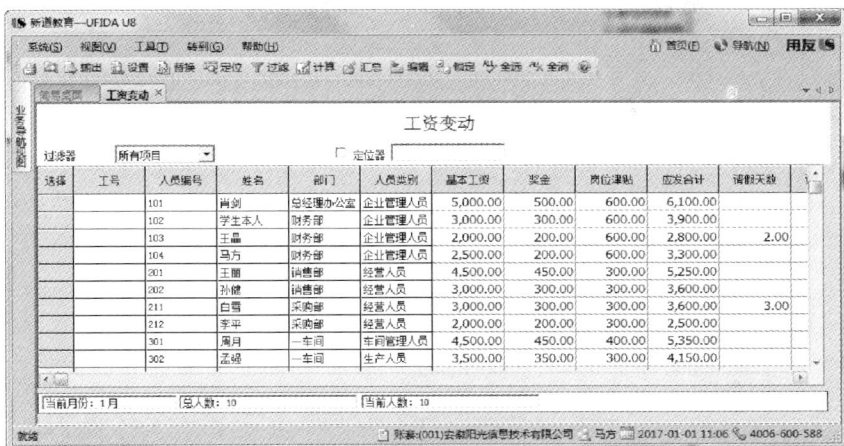

图 5-26 请假天数录入

4. 单击"计算"按钮,系统自动执行请假扣款公式计算。

2. 数据替换

当一批符合条件的某个工资项目的数据同时需要修改时,则用到替换功能。

【业务资料】

安徽阳光公司因去年销售部推广产品业绩较好,2017 年 1 月销售部每人增加奖金 500 元。

【操作步骤】

1. 以 001 学生本人身份注册登录薪资管理系统,在"工资变动"窗口中,单击"全选"按钮,再单击工具栏中"替换"按钮,打开工资项数据替换窗口。

2. 单击"将工资项目"下拉列表框中,选择"奖金",在"替换成"文本框中,输入"奖金＋500"。在"替换条件"文本框中分别选择:"部门""＝""销售部",如图 5-27 所示。

图 5-27 替换

4. 单击"确认"按钮,系统弹出"数据替换后将不能恢复,是否继续?",单击"是"按钮,系统弹出"2 条记录被替换,是否重新计算?",单击"是"按钮,系统自动完成工资计算,如图 5-28 所示。

图 5-28　数据替换后的显示

二、工资分钱清单

工资分钱清单是按单位计算的工资发放分钱票面额清单,会计人员根据此表从银行取款并发给各部门。执行此功能必须在个人数据输入调整完之后。如果个人数据在计算后又做了修改,须重新执行本功能,以保证数据正确。

本功能有部门分钱清单、人员分钱清单、工资发放取款单三部分,默认系统设置,显示结果如图 5-29 所示。

图 5-29　分钱清单

三、个人所得税计算与申报

鉴于许多企事业单位计算职工工资薪金所得税工作量较大,本系统特提供个人所得税自动计算功能,用户只需自定义所得税率,系统自动计算个人所得税。

(一)设置个人所得税申报表栏目

系统提供了个人所得税申报表标准栏目,如姓名、所得项目、所得期间、收入额合计、税率、币名等,可以根据实际需要选择设置计算个人所得税的基数和税率。

【业务资料】

安徽阳光公司计算个人所得税基数设置为"计税工资"。要求设置计税工资项目。

【操作步骤】

1. 以 001 学生本人身份注册登录企业应用平台,单击"业务工作"/"人力资源"/"薪资管理"/"设置",双击"选项",打开选项设置窗口。

2. 单击"扣税设置"页签,单击"编辑"按钮,将"实发工资"改为"计税工资",如图 5-30 所示。

3. 单击"确定"按钮保存并关闭窗口。

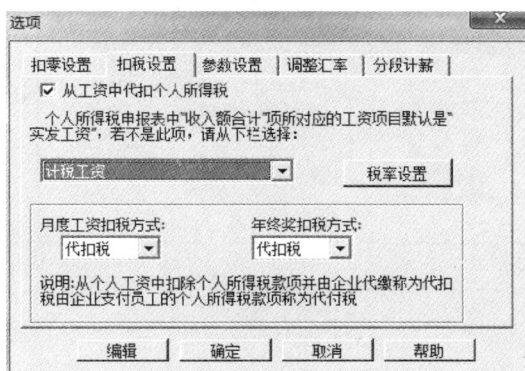

图 5-30 设置个人所得税计税基数

(二)设置个人所得税税率表

系统预设了九级超额累进税率表。但是国家颁布的工资、薪金所得税适用的是七级超额累进税率,税率为 3%～45%,级数为七级,附加减除费用标准为 1 300 元,需要更改软件中的税率及基数。

【业务资料】

安徽阳光公司适用新的税率如表 5-5 所示,要求进行税率、基数和附加费用的设置。

表 5-5　个人所得税税率　　　　　　　　　　　　　　　　　　单位:元

级 次	应纳税所得额下限	应纳税所得额上限	税率(%)	速算扣除数
1	0	1 500	3	0
2	1 500	4 500	10	105
3	4 500	9 000	20	555
4	9 000	35 000	25	1 005
5	35 000	55 000	30	2 755
6	55 000	80 000	35	5 505
7	80 000		45	13 505

【操作步骤】

1. 在打开的"选项"窗口中,单击"税率设置"按钮,将基数修改为"3 500",附加费用修改为"1 300",并且按照表 5-5 修改个人所得税税率,如图 5-31 所示。

2. 单击"确定"按钮,返回选项窗口,再单击"确定"按钮关闭并保存此设置。

3. 单击"工资变动",单击"计算"按钮,如图 5-32 所示。

🔊 小提示!

➤ 如用户修改了"税率表",则退出个人所得税功能后,必须到工资变动中进行重新计算,否则系统保留的数据为修改个人所得税前的数据。

图 5-31　税率表

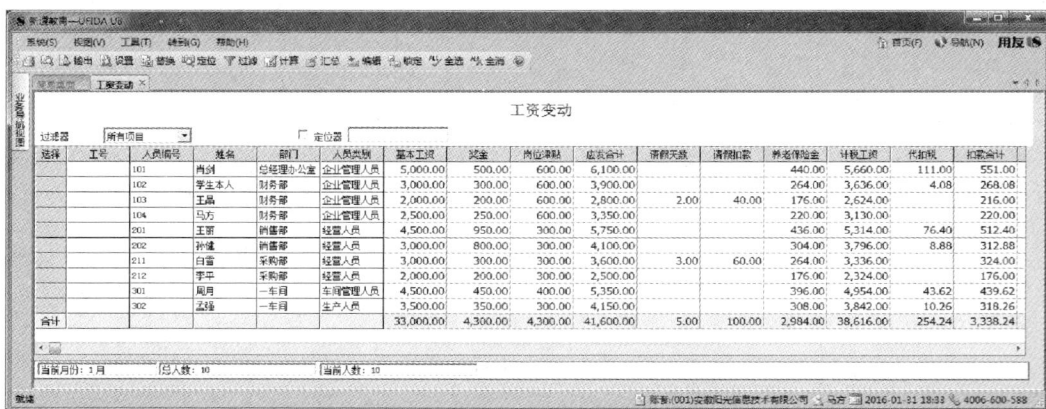

图 5-32　重新计算的代扣税

(三)计算与申报个人所得税

个人所得税申报表显示栏目和税率确定后,系统自动计算个人工资所得税申报表。

【业务资料】

安徽阳光公司 2017 年 1 月 31 日需要查看个人所得税申报表。

【操作步骤】

1.单击"业务处理",双击"扣缴所得税",打开个人所得税申报模板窗口。

2.选择"个人所得税年度申报表",单击"打开"按钮,再单击"确定"按钮,打开所得税申报窗口,如图 5-33 所示。

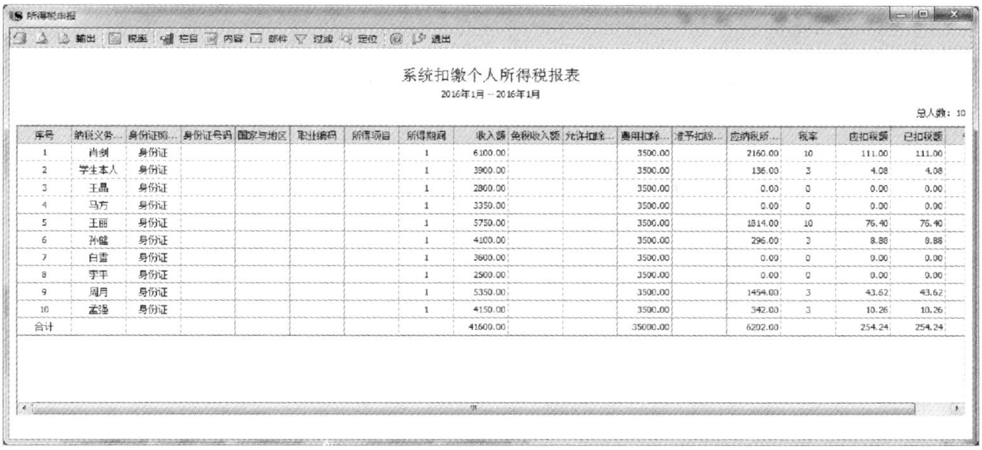

系统扣缴个人所得税报表

2016年1月 -- 2016年1月

总人数：10

序号	纳税义务...	身份证照...	身份证号码	国家与地区	职业编码	所得项目	所得期间	收入额	免税收入额	允许扣除...	费用扣除...	准予扣除...	应纳税所...	税率	应扣税额	已扣税额
1	肖剑	身份证					1	6100.00			3500.00		2160.00	10	111.00	111.00
2	学生本人	身份证					1	3900.00			3500.00		136.00	3	4.08	4.08
3	王晶	身份证					1	2800.00			3500.00		0.00	0	0.00	0.00
4	马方	身份证					1	3350.00			3500.00		0.00	0	0.00	0.00
5	王丽	身份证					1	5750.00			3500.00		1814.00	10	76.40	76.40
6	孙健	身份证					1	4100.00			3500.00		296.00	3	8.88	8.88
7	白雪	身份证					1	3600.00			3500.00		0.00	0	0.00	0.00
8	李平	身份证					1	2500.00			3500.00		0.00	0	0.00	0.00
9	周月	身份证					1	5350.00			3500.00		1454.00	3	43.62	43.62
10	孟强	身份证					1	4150.00			3500.00		342.00	3	10.26	10.26
合计								41600.00			35000.00		6202.00		254.24	254.24

图 5-33　个人所得税申报表

四、银行代发

目前，许多单位发放工资都采用银行代发方式。银行代发业务处理是每月末单位应向银行提供银行给定文件格式的软盘。这种做法既减轻了财务部门现金发放工资的繁重工作，又有效避免了财务去银行提取大笔款项所承担的风险，同时还提高了对员工个人工资的保密程度。

(一)银行代发文件格式设置

银行代发文件格式设置是根据银行要求，设置提供数据中所包含的项目，以及项目的数据类型、长度和取值范围。

【业务资料】

工商银行中关村分理处代发要求提交的数据盘中包括的数据内容和顺序如表 5-6 所示。要求设置银行代发文件格式。

表 5-6　银行文件格式设置

栏目名称	数据类型	总长度	小数长度	数据来源
单位编号	字符型	6		666888
人员编号	字符型	10		人员编号
姓名	字符型	8		人员姓名
账号	字符型	11		账号
金额	数字型	10	2	实发合计
录入日期	字符型	8		20170131

【操作步骤】

1. 单击“业务处理”，双击“银行代发”，打开选择部门范围，单击“确定”按钮，打开银行文件格式设置窗口。

2. 选择代发工资的银行“工商银行中关村分理处”，按照表 5-6 设置银行要求的数据内容，如图 5-34 所示。

3.单击"确定"按钮,系统提示保存银行文件格式设置,单击"是"按钮,生成银行代发一览表,如图 5-35 所示。

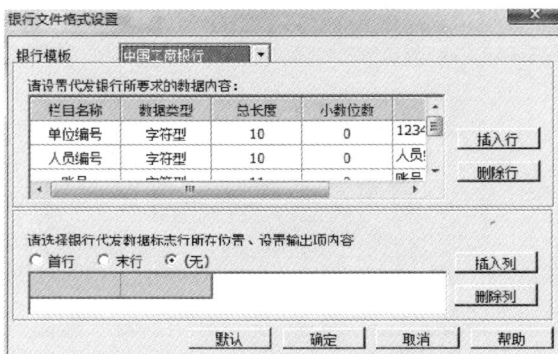

图 5-34　银行文件格式设置

图 5-35　银行代发表

(二)磁盘输出格式设置

根据银行的要求,设置向银行提供的数据是以何种文件形式存放在磁盘中,且在文件中各数据项目是如何存放和区分的。

【业务资料】

工商银行中关村分理处要求以"TXT"文本文件格式进行磁盘输出。

【操作步骤】

1.在"银行代发一览表"中,单击"方式"按钮,打开银行代发磁盘文件设置。

2.默认"TXT"格式,单击"确定"按钮,系统提示确认文件格式,单击"是"按钮,银行代发一览表变换为如图 5-36 所示。

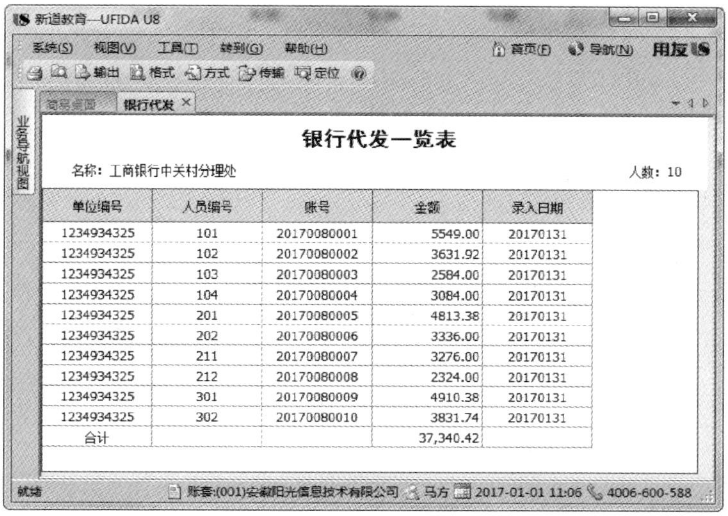

银行代发一览表

名称：工商银行中关村分理处　　　　人数：10

单位编号	人员编号	账号	金额	录入日期
1234934325	101	20170080001	5549.00	20170131
1234934325	102	20170080002	3631.92	20170131
1234934325	103	20170080003	2584.00	20170131
1234934325	104	20170080004	3084.00	20170131
1234934325	201	20170080005	4813.38	20170131
1234934325	202	20170080006	3336.00	20170131
1234934325	211	20170080007	3276.00	20170131
1234934325	212	20170080008	2324.00	20170131
1234934325	301	20170080009	4910.38	20170131
1234934325	302	20170080010	3831.74	20170131
合计			37,340.42	

图 5-36　“TXT”格式的银行代发一览表

3. 单击“输出”按钮，按银行要求的方式保存文件。

五、工资分摊

将银行代发工资的磁盘报送银行后，一个月的工资发放工作基本做完了，但工资是费用中人工费最主要的部分，还需要对工资费用进行工资总额的计提、分配及各种经费的计提，并编制转账会计凭证，传递到总账管理供登账使用。首次使用工资分摊功能，应先进行工资总额和计提基数的设置。

【业务处理】

安徽阳光公司 2017 年 1 月份应付工资等于工资项目“应发合计”，工会经费、职工教育经费以此为计提基数。工资费用分配的转账分录如表 5-7 所示。

表 5-7　工资分摊

部门 / 分摊项目		应付工资		工会经费 2%		职工教育经费 1.5%	
		借方科目	贷方科目	借方科目	贷方科目	借方科目	贷方科目
总经理办公室财务部	企业管理人员	660201	221121	660207	221103	660207	221104
采购部、销售部	经营人员	6601	221101	6601	221103	6601	221104
一车间、二车间	车间管理人员	510101	221101	510103	221103	510103	221104
	生产人员	500102	221101	500105	221103	500105	221104

注：生产成本科目涉及项目资料室“普通打印纸-A4”。

【操作步骤】

1. 以 001 学生本人身份登录薪资管理系统，单击“业务处理”，双击“工资分摊”，打开工资分摊窗口，如图 5-37 所示。

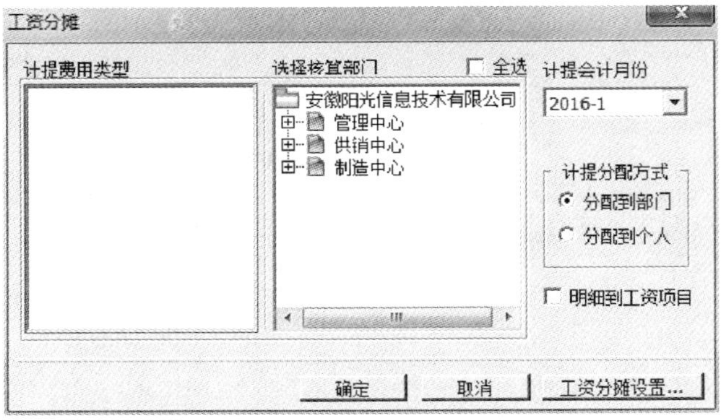

图 5-37　工资分摊

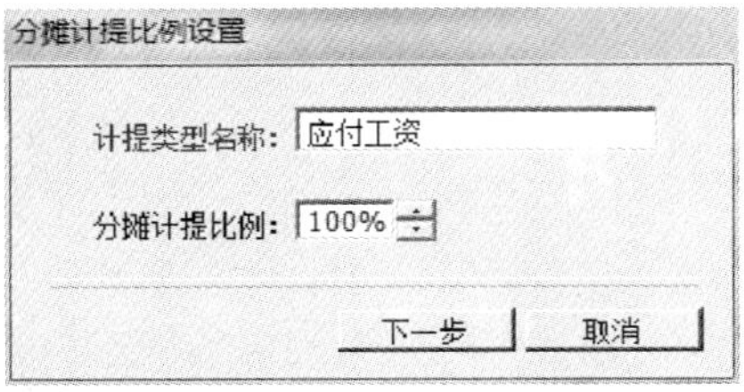

图 5-38　应付工资分摊类型

2. 单击"工资分摊设置"按钮,打开分摊类型设置窗口,单击"增加"按钮,录入计提类型名称"应付工资",如图 5-38 所示。

3. 单击"下一步"按钮,进入分摊构成设置,双击部门名称,单击参照选择"总经理办公室"和"财务部",双击借方科目选择"660201 管理费用——薪资",双击贷方科目选择"221101 应付职工薪酬——职工工资",继续录入表 5-7 资料,完成后如图 5-39 所示。

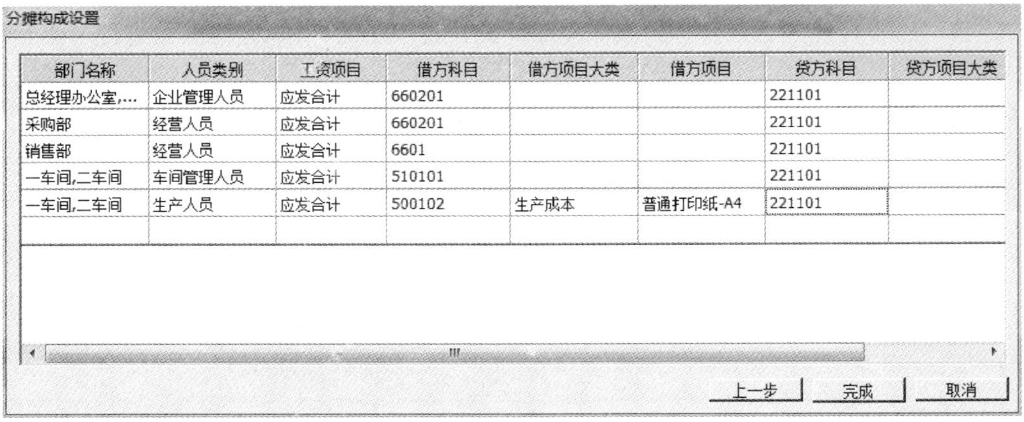

部门名称	人员类别	工资项目	借方科目	借方项目大类	借方项目	贷方科目	贷方项目大类
总经理办公室,…	企业管理人员	应发合计	660201			221101	
采购部	经营人员	应发合计	660201			221101	
销售部	经营人员	应发合计	6601			221101	
一车间,二车间	车间管理人员	应发合计	510101			221101	
一车间,二车间	生产人员	应发合计	500102	生产成本	普通打印纸-A4	221101	

图 5-39　应付工资分摊构成设置

🔊 小提示!

➢ 不同部门、相同人员类别可以设置不同的分摊科目。

➢ 不同部门、相同人员类别在设置时,可以一次选择多个部门。

4. 单击"完成"按钮,返回工资分摊类型窗口,再单击"返回"按钮,返回到工资分摊窗口,如图 5-40 所示。

图 5-40　应付工资分摊类型

5.同理继续设置其他分摊类型,不同的是计提比例。

小提示!

➤ 所有与工资相关的费用均需建立相应的分摊类型名称及分摊比例。

6.以 001 学生本人注册登录企业应用平台,单击左下角"系统服务"/"权限"/"数据权限分配",选中"003 马方",选择业务对象"工资权限",单击"授权"按钮,选中"工资类别主管",系统自动将禁用部门一次性改变成可用部门,单击"保存"按钮,如图 5-41 所示,系统提示"保存成功,重新登录企业门户,此配置才能生效"。

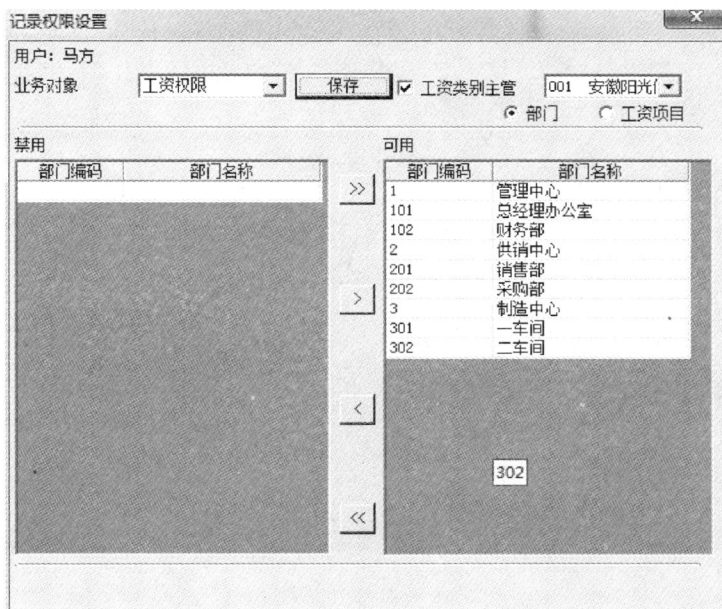

图 5-41　授权 003 马方薪资主管权限

小提示!

➤ 薪资管理初始化由账套主管操作,更换操作员 003 马方登录薪资管理系统进行日常业务处理,执行工资分摊凭证生成,但前提必须要授予 003 马方薪资主管权力,否则 003 马方无权打开薪资管理。

7. 更换操作员 003 马方,注册登录企业应用平台,打开工资分摊窗口,将"计提费用类型"全部打钩,"选择核算部门"全部打钩,并将"明细到工资项目"打钩,如图 5-42 所示。

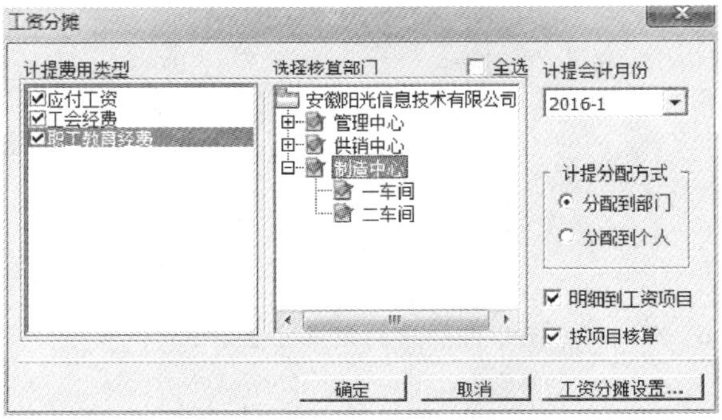

图 5-42　工资分摊

◁)) 小提示!

➢ 只有选择"明细到工资项目",才能把分摊类型设置中借贷方科目带入分摊一览表,否则分摊表中借贷方科目均为空。

8. 单击"确定"按钮,显示应付工资分摊一览表,选择"合并科目相同、辅助项相同的分录",如图 5-43 所示。

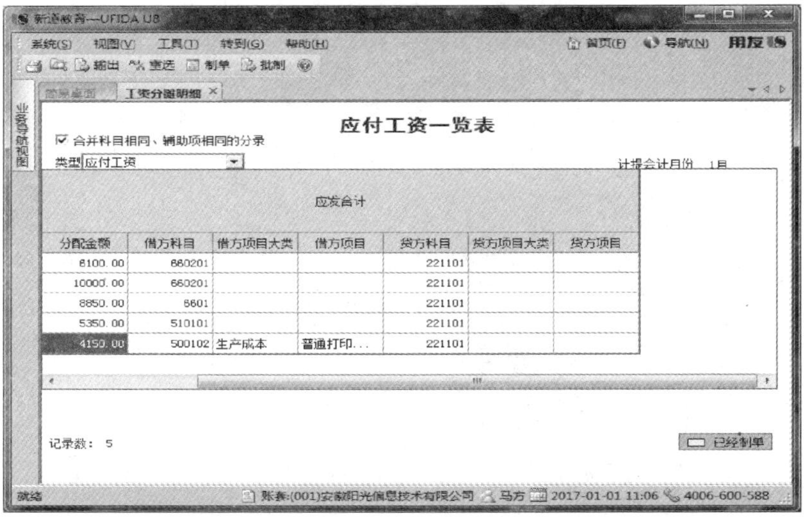

图 5-43　应付工资一览表

◁)) 小提示!

➢ 如果不选择"合并科目相同、辅助账相同的分录",则在生成凭证时将每一条分录都对应一个贷方科目。

➤ 如果单击"批制"按钮,可以一次性将所有本次参与分摊的"分摊类型"所对应的凭证全部生成。

9. 单击"制单"按钮,录入填制凭证,选择"转账凭证",单击"生产成本/直接人工",双击项目核算,选择"普通打印纸-A4",单击"保存"按钮,凭证左上角出现"已生成"红色字样,如图 5-44 所示。

图 5-44　应付工资凭证

🔊 小提示!

➤ 生成凭证后的分摊类型一览表中"应发合计"、"借方科目"和"贷方科目"所在列均为绿色。

10. 同理,生成工会经费和职工教育经费凭证。

11. 更换操作员为 001 学生本人,登录总账系统,对来自薪资管理系统的 3 张凭证,执行审核并记账。

任务四　薪资管理期末处理

【任务描述】

当企业完成薪资管理本期日常业务处理后,就要进行期末处理,如工资项目清零处理、系统结账与反结账等。本任务要求掌握薪资管理期末处理内容及方法。

【知识准备与业务操作】

一、月末结账

月末结账是将当月数据经过处理后结转至下一个月,每月工资数据处理完毕后均可进行。

由于工资项目,有的项目是变动的,即每月数据不相同,在对每月工资处理时,均需将其数据清零,而后输入下一个月的数据,此类项目即为清零项目。

【业务资料】

安徽阳光公司 2017 年 1 月 31 日,由账套主管执行薪资管理系统月结处理,并将"奖金""应发合计""请假扣款""养老保险金""扣款合计""实发合计""代扣税""请假天数""计税工资"设为清零项目。

【操作步骤】

1. 以 001 学生本人身份注册登录薪资管理系统,单击"业务处理",双击"月末处理",打开月末处理窗口,如图 5-45 所示。

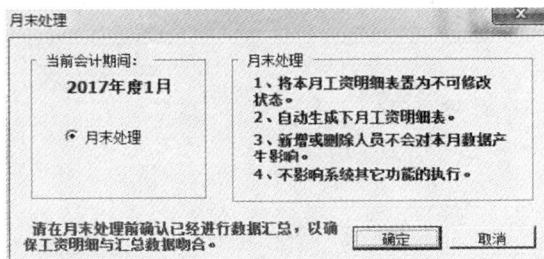

图 5-45　月末处理

2. 单击"确定"按钮,系统提示月末处理后不允许变动,单击"是"按钮,打开清零项目窗口。

3. 将资料要求的下月变动的工资项目设为清零项目,如图 5-46 所示。

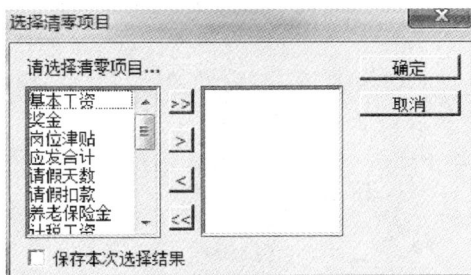

图 5-46　清零项目设置

4. 单击"确定"按钮,系统弹出月末处理完毕,单击"确定"按钮返回。

🔊 **小提示!**

➢ 月末结账只能在会计年度的 1—11 月进行。

➢ 如果是处理多工资类别,则应打开对应工资类别,分别进行月末结账。

➢ 如果本月工资数据未汇总,系统将不允许月末结账。

➢ 进行月末结账后,当月数据将不能再变动。

二、反结账

在进行月末处理后,如果发现还有一些业务或其他事项要在已进行月末处理的月份进行账务处理,可以由"账套主管"以下月日期登录,执行"反结账"功能。

【业务资料】

以账套主管执行反结账操作。

【操作步骤】

1.以 001 学生本人于 2017 年 2 月 28 日注册登录薪资管理系统,单击"业务处理",双击"反结账",打开反结账窗口,如图 5-47 所示。

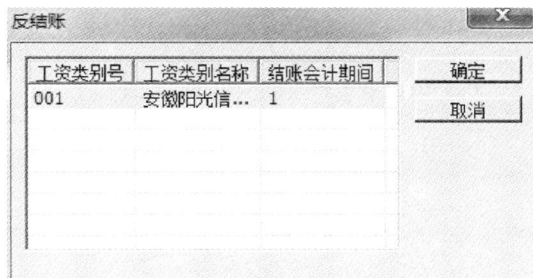

图 5-47　反结账

2.单击"确定"按钮,系统提示反结账操作完成。

🔊 小提示!

➢ 反结账操作必须以下月日期登录,如果将 2017 年 1 月进行薪资管理月末结账,反结账必须在 2017 年 2 月份登录才能执行。

➢ 如果所在月份总账管理已结账,则薪资管理不能反结账。

➢ 将月结后的薪资管理账套数据备份至"001 账套备份 /财务管理 /实验七薪资管理"文件夹中。

项目小结

项目五薪资管理内容结构如图 5-48 所示。

```
                                              ┌─────────────────────────┐
                                              │      薪资管理的功能       │
                                              └─────────────────────────┘
                     ┌──────────────┐         ┌─────────────────────────┐
                     │  薪资管理概述  │─────────│ 薪资管理与其他系统的关系  │
                     └──────────────┘         └─────────────────────────┘
                                              ┌─────────────────────────┐
                                              │ 薪资管理的应用方案及操作流程 │
                                              └─────────────────────────┘

                                              ┌─────────────────────────┐
                     ┌──────────────┐         │      建立工资账套        │
                     │ 薪资管理初始化 │─────────└─────────────────────────┘
                     └──────────────┘         ┌─────────────────────────┐
                                              │      基础信息设置        │
                                              └─────────────────────────┘

                                              ┌─────────────────────────┐
                                              │        工资变动         │
   ┌──────┐                                   └─────────────────────────┘
   │  薪  │                                   ┌─────────────────────────┐
   │  资  │                                   │       工资分钱清单       │
   │  管  │                                   └─────────────────────────┘
   │  理  │         ┌──────────────┐         ┌─────────────────────────┐
   └──────┘         │薪资管理日常业务处理│───────│    个人所得税计算与申报    │
                     └──────────────┘         └─────────────────────────┘
                                              ┌─────────────────────────┐
                                              │        银行代发         │
                                              └─────────────────────────┘
                                              ┌─────────────────────────┐
                                              │        工资分摊         │
                                              └─────────────────────────┘

                                              ┌─────────────────────────┐
                     ┌──────────────┐         │        月末结账         │
                     │ 薪资管理期末处理 │───────└─────────────────────────┘
                     └──────────────┘         ┌─────────────────────────┐
                                              │        反结账          │
                                              └─────────────────────────┘
```

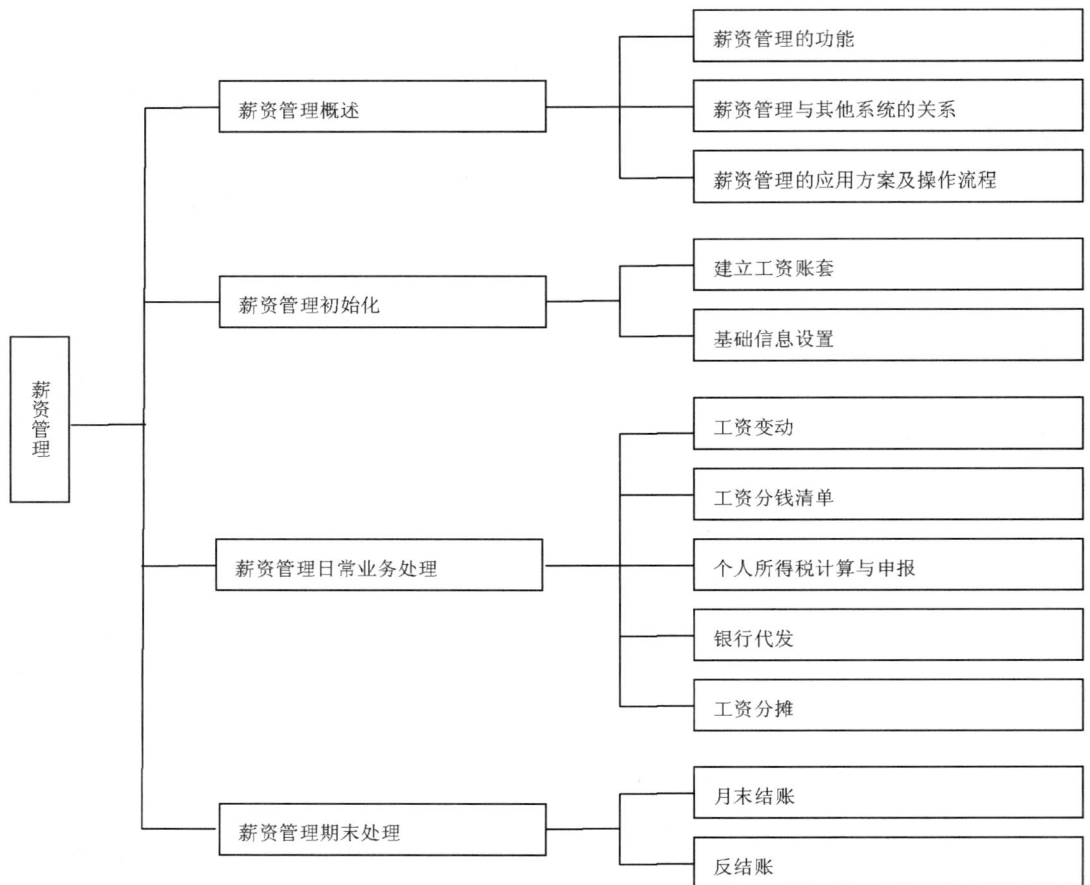

图 5-48 项目五薪资管理内容结构图

项目六　固定资产管理

◆**职业能力目标**

了解固定资产管理的功能,理解固定资产管理与其他系统的关系,以及固定资产管理操作流程;了解固定资产管理初始化、日常业务处理及期末处理的各项内容;掌握固定资产初始化操作方法、固定资产增减、资产变动、资产评估等日常业务处理操作方法以及计提减值准备、计提折旧、对账和结账等期末业务处理操作。

◆**典型工作任务**

固定资产管理概述;固定资产管理初始化;固定资产管理日常业务处理;固定资产管理期末处理。

任务一　固定资产管理概述

【**任务描述**】

固定资产管理是用友 ERP-U8V10.1 系统中专门处理固定资产相关业务的系统。本任务主要是了解固定资产管理的功能、固定资产管理与其他系统的关系,理解固定资产管理操作流程。

【**知识准备与业务操作**】

一、固定资产管理的功能

（一）管理固定资产卡片

系统提供灵活进行固定资产卡片的增加、删除、修改、查询、统计和汇总的功能,并可以随时输出固定资产的各种综合性统计信息。

（二）处理固定资产的增减变动业务

对固定资产的增减变动进行管理,更新固定资产卡片,按月汇总分部门、分类别、分增减变动种类的汇总数据,并打印出固定资产增减变动汇总表和增减变动明细表。

（三）计提折旧

自动实现固定资产折旧计提和分配,并打印计提折旧分配表。

（四）自动转账

系统可以根据固定资产折旧分配表,自动编制机制凭证,并可自动将其传递到总账管理和成本管理系统。

二、固定资产管理与其他系统的关系

固定资产系统与用友其他产品的接口主要涉及的是总账系统。固定资产管理系统资产增加（录入新卡片）、资产减少、卡片修改（涉及原值或累计折旧时）、资产评估（涉及原值或累计折旧变化时）、原值变动、累计折旧调整、计提减值准备调整、转回减值准备调整、折旧分配都要将有关数据通过记账凭证的形式传输到总账系统，同时通过对账保持固定资产账目的平衡。系统之间的接口关系如图 6-1 所示。

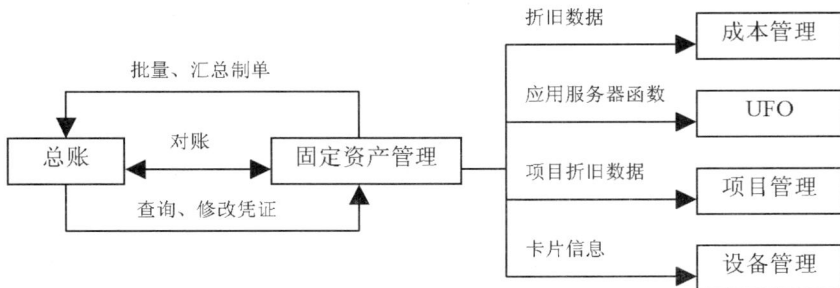

图 6-1　固定资产管理与其他系统的关系

三、固定资产管理的操作流程

如果使用的是企业单位应用方案（整个账套计提折旧），按图 6-2 所示固定资产管理操作流程步骤操作。如果使用的是行政事业单位应用方案，其与企业单位应用方案的差别在于行政事业单位整个账套不提折旧，所以系统在该方案中把所有与折旧有关的操作给屏蔽了，不给予操作。

任务二　固定资产管理初始化

【任务描述】

固定资产管理初始化是根据用户单位的具体情况，建立一个适合的固定资产子账套的过程。初始化内容包括设置固定资产控制参数、设置基础数据及输入固定资产原始卡片。本任务主要是了解固定资产管理初始化内容，掌握固定资产管理初始化操作步骤及方法。

【知识准备与业务操作】

一、建立固定资产子账套

固定资产子账套与系统管理中的账套是不同的概念，系统管理中的账套是针对整个核算系统，而固定资产子账套则是针对固定资产管理。要建立固定资产子账套，前提是在系统管理中首先要建立本单位的核算账套。当启动固定资产管理系统，如所选账套未首次使用，系统将自动建立建账向导。

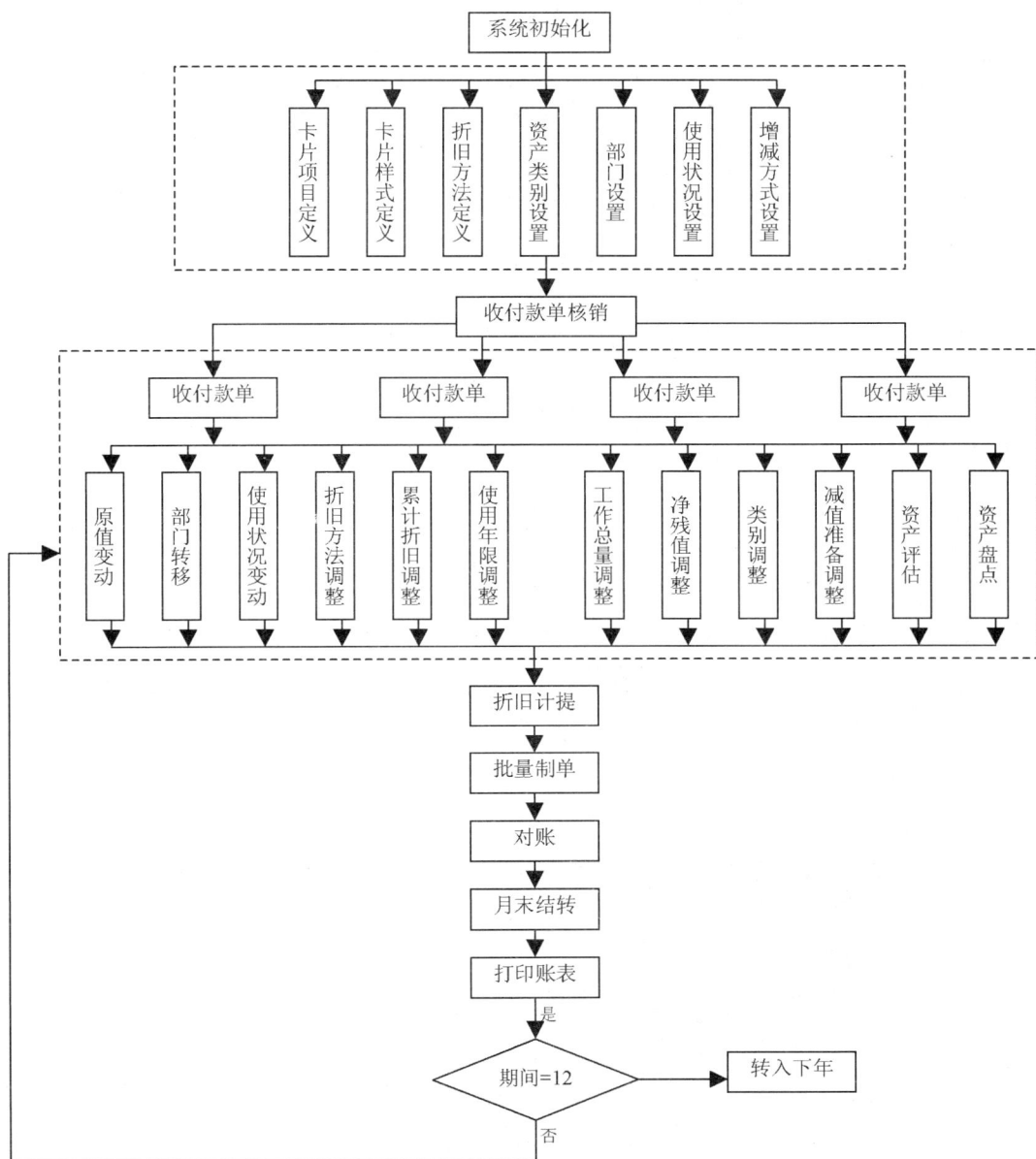

图 6-2　固定资产管理操作流程

【业务资料】

引入实验七薪资管理账套备份文件，根据表 6-1 资料完成安徽阳光公司固定资产子账套的建立。

表 6-1　　固定资产子账套

控制参数	参数设置
约定与说明	我同意
启用月份	2017-01
折旧信息	本账套计提折旧 折旧方法:平均年限法(一) 折旧汇总分配周期:1 个月
编码方式	资产类别编码方式:2112 固定资产编码方式: 自动编码,按类别编码＋部门序号＋序号 卡片序号长度为 3
财务接口	与财务系统对账 对账科目: 固定资产对账科目:1601 累计折旧对账科目:1602 对账不平不允许固定资产月末结账
补充参数	业务发生后立即制单 月末结账前一定要完成制单登账业务 固定资产默认入账科目:1601 累计折旧默认入账科目:1602 减值准备默认入账科目:1603

【操作步骤】

以 001 学生本人身份注册登录企业应用平台,单击"业务工作"/"财务会计"/"固定资产",系统提示是否初始化,单击"是"按钮,进入固定资产初始化账套向导,如图 6-3 所示。

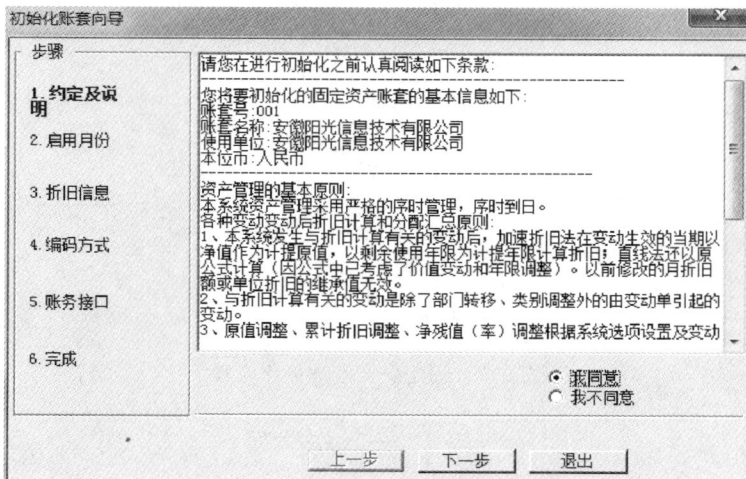

图 6-3　　固定资产初始化账套向导

2.选中"我同意"按钮,单击"下一步"按钮,打开固定资产启用月份窗口。

小提示!

➤ 在启用月份窗口中,所列示的启用月份是灰色,表示只能查看,不能修改。启用日期确定后,在该日期前的所有固定资产都将作为期初数据,在启用月份开始计提折旧。

3.单击"下一步"按钮,打开固定资产折旧信息窗口,按资料设置折旧参数后如图6-4所示。

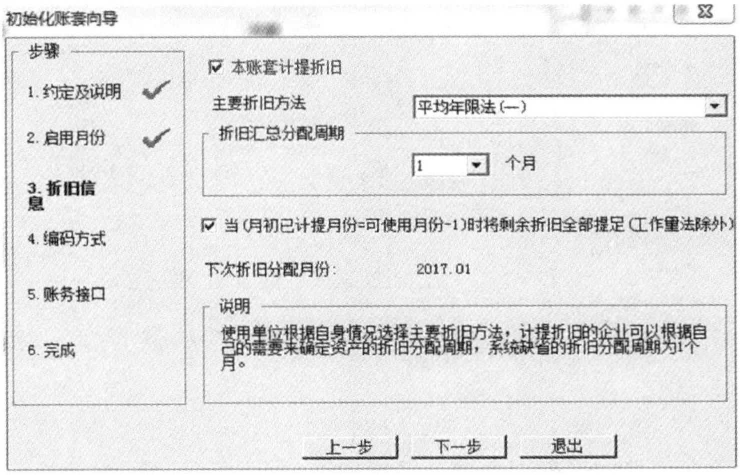

图 6-4 固定资产折旧信息

4.单击"下一步"按钮,打开固定资产编码方式窗口,按资料设定后如图6-5所示。

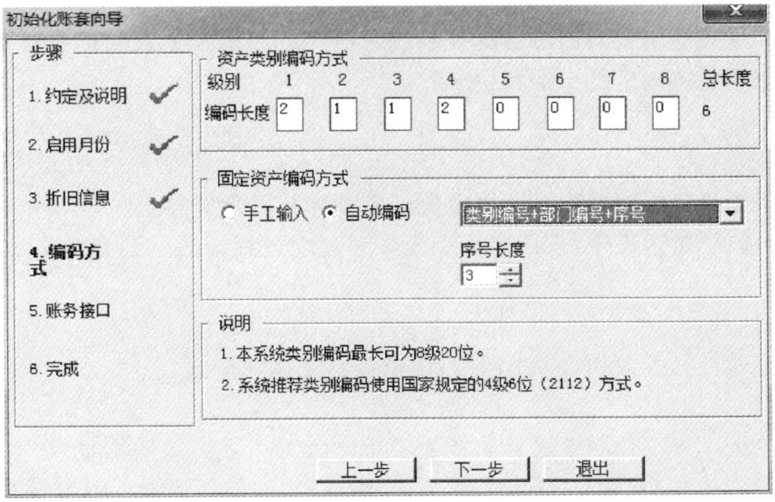

图 6-5 固定资产编码方式

5.单击"下一步"按钮,打开固定资产账务接口窗口,按资料设定后如图6-6所示。

6.单击"下一步"按钮,打开固定资产账套完成窗口。

7.单击"完成"按钮,系统弹出"完成固定资产子账套建立所有的设置,是否保存?"的提示。

8.单击"是"按钮,提示已成功完成固定资产账套的建立。

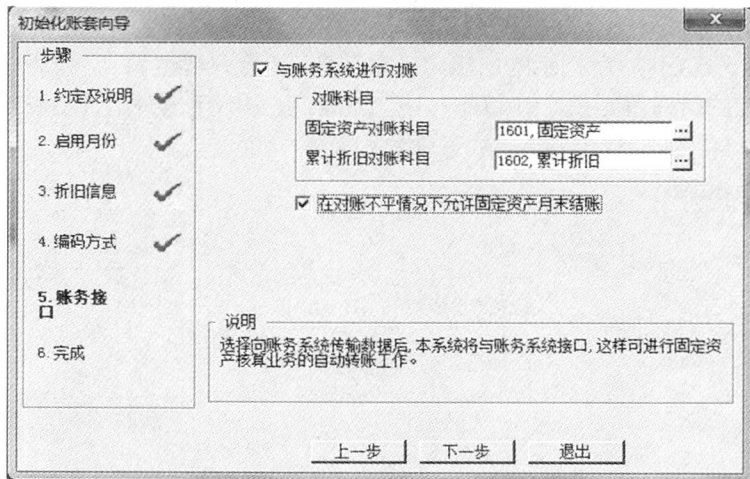

图 6-6　固定资产账务接口

◁)) 小提示！

➢ 对账不平不允许结账是指固定资产管理中的"固定资产"和"累计折旧"两科目与总账管理中的"固定资产"和"累计折旧"两科目的期初余额和期末余额对账不相等,固定资产管理月末则不能结账。这种两系统出现偏差,应予以调整,但是经常会在使用固定资产管理的第一个月中出现,原因是固定资产原始卡片资料没有全部输入到系统中。为了严格控制系统间的平衡,不能选中此项。

因固定资产系统提供要对账的数据是系统内资产的原值及累计折旧合计数,所以选择的对账科目与总账系统内对应的一级科目一致。

二、设置选项

固定资产子账套建立完成了企业固定资产管理和核算所需要的一些参数设置工作,其他参数可以通过"选项"进行设定,且固定资产子账套建立过程中的一些参数也可通过"选项"进行修改。

【业务资料】

固定资产管理补充参数如表 6-1 所示,根据资料完成其设置。

【操作步骤】

1. 以 001 学生本人身份登录固定资产管理系统,单击"设置",双击"选项",打开选项窗口。

2. 单击"编辑"按钮,单击"与账务系统接口"选项卡,按资料设置后如图 6-7 所示。

3. 单击"确定"按钮返回。

◁)) 小提示！

➢ 固定资产账套建立完成后,在"选项"中可以修改的信息有:对账部分、折旧设置和类别及编码设置。不可修改信息有:本账套是否提折旧和本账套开始时间。如果要改,只能通过"重新初始化"功能实现,但应注意重新初始化将清空您对该子账套所做的一切工作。

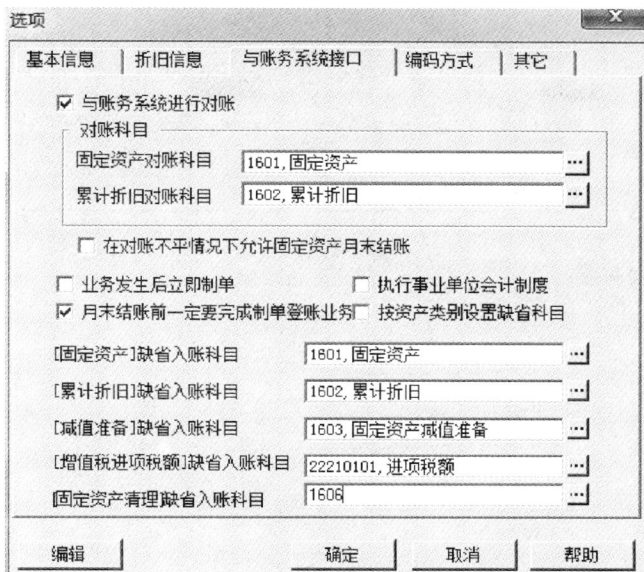

图 6-7　固定资产补充参数设定

三、设置基础数据

(一)资产类别设置

固定资产的种类繁多,规格不一,要强化固定资产管理,及时准确做好固定资产核算,必须建立科学的固定资产分类体系,为核算和统计管理提供依据。企业可根据自身的特点和管理要求,确定一个较为合理的资产分类方法。

【业务资料】

安徽阳光公司固定资产管理中设置资产类别如表 6-2 所示。

表 6-2　固定资产类别

编　码	类别名称	净残值率(%)	计量单位	计提属性
01	交通运输设备	4		正常计提
011	经营用设备	4		正常计提
012	非经营用设备	4		正常计提
02	电子设备及其他通信设备	4		正常计提
021	经营用设备	4	台	正常计提
022	非经营用设备	4	台	正常计提

【操作步骤】

1. 以 001 学生本人身份登录固定资产管理系统,单击"设置",双击"资产类别",打开类别编码列表视图窗口。

2. 单击"增加"按钮,输入类别名称"交通运输设备",残值率"4%",选择计提属性"正常计提",折旧方法"平均年限法(一)",卡片样式"通用样式(二)",如图 6-8 所示。

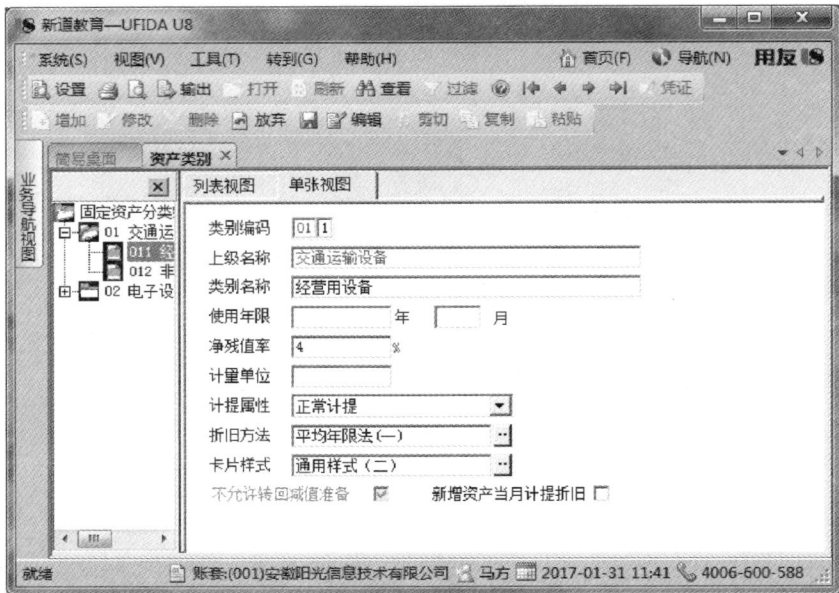

图 6-8　资产类别增加

3.单击"保存"按钮。

4.同理,完成其他资产类别设置。

◁)) **小提示!**

➤ 应先建立上级固定资产类别再建立下级类别,由于在建立交通运输设备时就设置了残值率,其下级类别如果与上级类别设置相同,自动继承不用修改,若不用,则可以修改。

➤ 非明细类别编码不能修改和删除,明细类别编码修改时只能修改本级编码。

➤ 使用过的类别不允许增加下级和删除。

(二)部门对应折旧科目设置

对应折旧科目是指折旧费用的入账科目。资产计提折旧后必须把折旧归入成本或费用,根据不同企业的具体情况,有按部门归集的,也有按类别归集的。部门对应折旧科目设置就是给每一个部门选择一个折旧科目,这样在输入卡片时,该科目自动添入卡片中;不必一个一个地输入。

【业务资料】

安徽阳光公司固定资产使用部门对应折旧科目如表 6-3 所示,根据资料完成其设置。

表 6-3　部门对应折旧科目

部　门	对应折旧科目
管理中心、采购部	管理费用/折旧费
销售部	销售费用
制造中心	制造费用/折旧费

【操作步骤】

1. 以 001 学生本人身份登录固定资产管理系统,单击"设置",双击"部门对应折旧科目",打开部门编码列表视图窗口。

2. 选择"管理中心"所在行,单击"修改"按钮,选择折旧科目"660205 管理费用/折旧费",如图 6-9 所示。

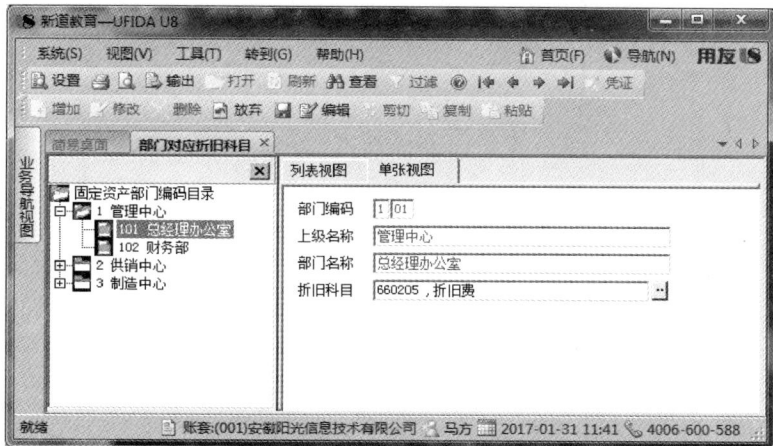

图 6-9　部门对应折旧科目设置

3. 单击"保存"按钮,系统提示如图 6-10 所示。

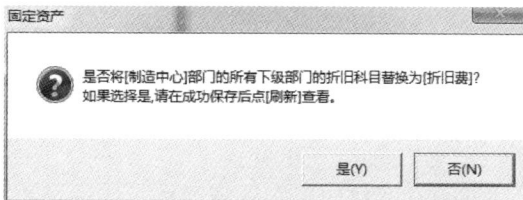

图 6-10　上级部门对应折旧科目自动传递下级提示

4. 单击"是"按钮,替换后,即可看到管理中心下的总经理办公室、财务部对应折旧科目均修改为"管理费用/折旧费"。

5. 同理,完成其他部门折旧科目的设置。

(三)增减方式对应入账科目设置

为了在增减固定资产发生时,固定资产管理能根据不同的增减方式自动生成凭证,可以按照不同的增减方式设置对应的入账科目。

【业务资料】

安徽阳光公司固定资产增减方式对应入账科目有:增加方式——直接购入,工行存款(100201);减少方式——毁损,固定资产清理(1606)。根据资料设置增减方式对应入账科目。

【操作步骤】

1. 以 001 学生本人身份登录固定资产管理系统,单击"设置",双击"增减方式",打开增减方式窗口。

2. 在左侧列表框中,单击"直接购入"增减方式,单击"修改"按钮,输入对应入账科目"100201 工行存款",单击"保存"按钮。

3. 同理设置毁损对应入账科目资料,完成后如图 6-11 所示。

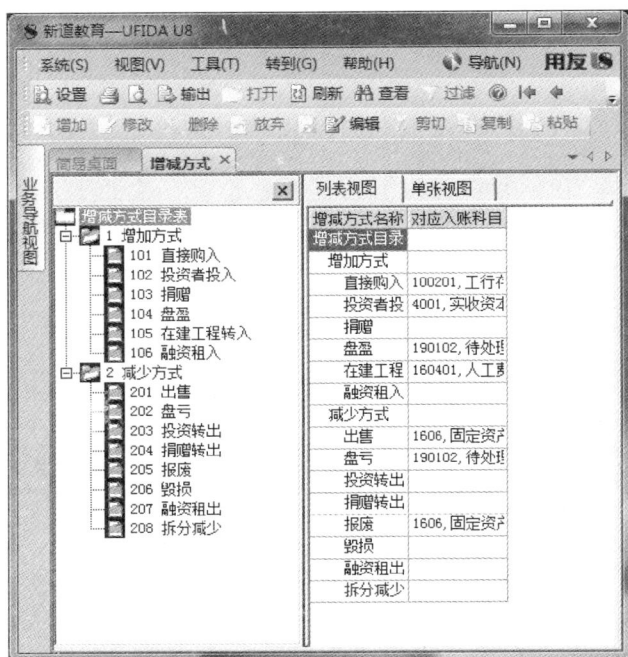

图 6-11　　增减方式对应入账科目

🔊 小提示!

➤ 在增减方式中所设置对应入账科目是为了生成凭证时自动默认。

➤ 生成凭证时,如果入账科目发生了变化,可以当时修改。

四、录入原始卡片

固定资产卡片是固定资产核算和管理的基础依据。原始卡片是指固定资产管理系统开启使用日期时,企业已有的所记录的固定资产情况的卡片,即已使用过并已计提折旧的固定资产卡片。

为了保持历史资料的连续性,必须将建账日期之前的数据输入系统中。原始卡片的输入限制必须在第一个期间结账前全部录入,任何时候都不可以输入原始卡片。若原始卡片未能全部于启用固定资产第一个月录入系统,则固定资产与总账对账不等,此时要使固定资产管理第一个月月末结账,则需要选中勾选对账不平允许固定资产月末结账参数,反之,则固定资产与总账对账相等,固定资产管理选项中可以不必选择"对账不平允许固定资产月末结账"。

【业务资料】

安徽阳光公司原始卡片如表 6-4 所示,根据资料完成原始卡片录入。

表 6-4　原始卡片　　　　　　　　　　　　　　　　单位:元

固定资产名称	类别编号	所在部门	增加方式	可使用年限	开始使用日期	原值	累计折旧	对应折旧科目名称
轿车	012	总经理办公室	直接购入	6	2016-08-01	215 470.00	37 254.75	管理费用/折旧费
笔记本电脑	022	总经理办公室	直接购入	5	2016-09-01	28 900.00	5 548.80	管理费用/折旧费
传真机	022	总经理办公室	直接购入	5	2016-08-01	3 510.00	1 825.20	管理费用/折旧费
微机	021	一车间	直接购入	5	2016-09-01	6 490.00	1 246.08	制造费用/折旧费
微机	021	一车间	直接购入	5	2016-09-01	64 90.00	1 246.08	制造费用/折旧费
合　计						260 860.00	47 120.91	

注:净残值率均为 4%,使用状况均为"在用",折旧方法均采用平均年限法(一)。

1. 以 001 学生本人身份登录固定资产管理系统,单击"卡片",双击"录入原始卡片",打开固定资产类别档案窗口。

2. 选择固定资产类别"非经营用设备",单击"确认"按钮,打开固定资产卡片录入窗口。

3. 输入固定资产名称"轿车",双击部门名称选择"总经理办公室",增减方式选择"直接购入",使用状况选择"在用",输入开始使用日期"2016-08-01",原值"215 470.00",累计折旧"37 254.75",可使用年限"6 年",其他信息自动算出,如图 6-12 所示。

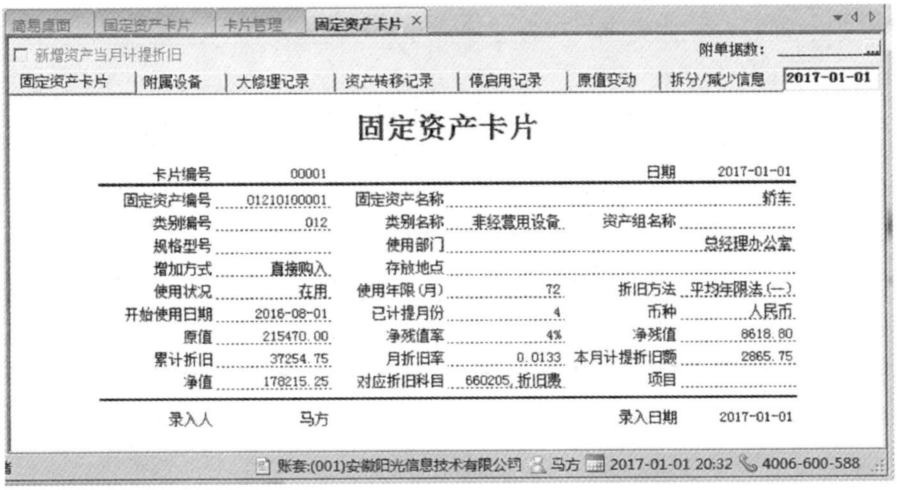

图 6-12　固定资产卡片录入

4. 单击"保存"按钮,系统弹出数据保存成功。单击"确定"按钮。

5. 同理完成其他固定资产卡片的输入。

6. 全部原始卡片录入完成后,可单击"处理",双击"对账",系统将固定资产管理录入的期初明细资料数据汇总并与总账管理期初余额核对,显示与财务对账结果,如图 6-13 所示。

📢 小提示!
  ➤ 在固定资产卡片窗口中,除固定资产主卡片外,还有若干附属选项卡,其信息只供参考,不参与计算。
  ➤ 使用部门可以选择多个部门,并且要分配比例。

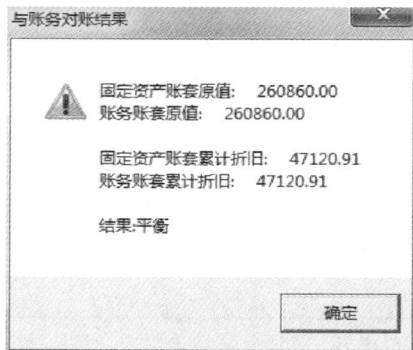

与账务对账结果

⚠️ 固定资产账套原值:　260860.00
账务账套原值:　260860.00

固定资产账套累计折旧:　47120.91
账务账套累计折旧:　47120.91

结果:平衡

确定

图 6-13　固定资产期初对账结果

📢 小提示!
  ➤ 一项固定资产对应一张卡片,当相同的固定资产卡片录入时,可以使用"复制"功能。
  ➤ 当卡片有录入错误,或资产使用过程中有必要修改卡片的一些内容时,可以通过卡片"修改"功能实现,这种修改称为"无痕迹"修改。
  ➤ 原始卡片原值、使用部门、工作总量、使用状况、累计折旧、净残值(率)、折旧方法、使用变动单或评估单调整,不能通过卡片修改调整。

任务三　固定资产管理日常业务处理

【任务描述】

固定资产管理日常业务处理不仅包括了卡片操作(新增卡片录入、卡片修改及删除、资产减少等),还包括资产变动、计提折旧、制单等操作。本任务主要是掌握固定资产管理日常业务处理内容和操作方法。

【知识准备与业务操作】

一、固定资产增加

企业日常工作中,可能会通过购进或其他方式增加固定资产,该部分固定资产则通过"资产增加"操作将所增加的固定资产信息录入系统,其实相当于新卡片录入,与原始卡片录入方法相同,不同之处在于:原始卡片的开始使用日期应在输入月份之前,新增卡片的开始使用日期应与输入月份相同;原始卡片中可以自动显示月折旧额和月折旧率,但新增卡片由于还没有计提折旧,还不能显示月折旧额和月折旧率。

【业务资料】

安徽阳光公司 2017 年 1 月 21 日,财务部购买扫描仪一台,价值 1 500 元,净残值率 4%,预计使用年限 5 年。根据资料完成新增固定资产操作。

【操作步骤】

1. 以 003 马方身份登录固定资产管理系统,单击"卡片",双击"资产增加",打开固定资产类别档案窗口。

2. 选择固定资产类别"非经营用设备",单击"确认"按钮,打开固定资产卡片录入窗口。

3. 与录入原始卡片信息方法相同,根据资料录入卡片信息,如图 6-14 所示。

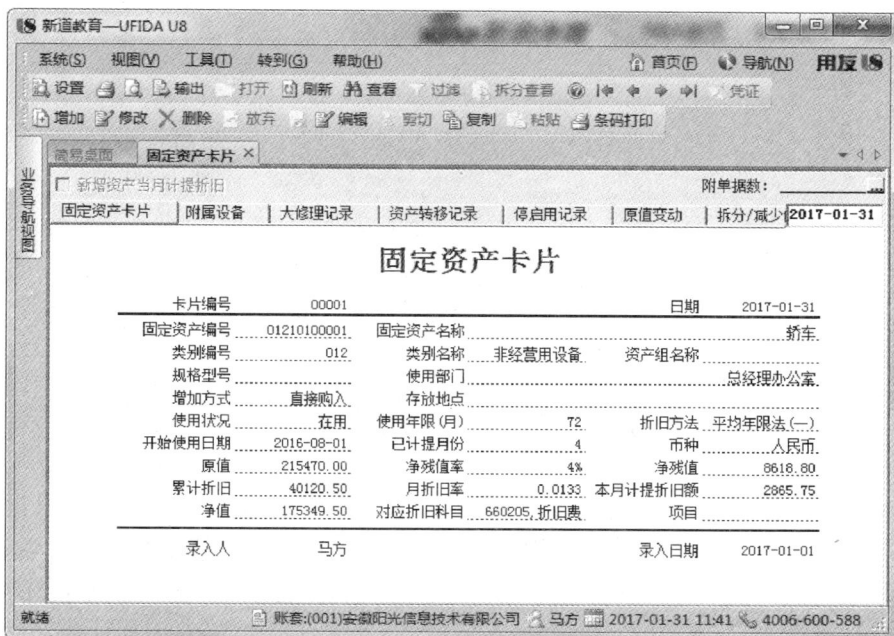

图 6-14 资产增加

4. 单击"保存"按钮,系统进入"填制凭证"窗口,选择凭证类别"付款凭证",制单日期"2017.01.21",单击"保存"按钮,如图 6-15 所示。

5. 单击"退出"按钮,系统提示数据成功保存。单击"确定"按钮返回。

◁)) 小提示!

➢ 新卡片录入的第一个月不提折旧,折旧额为空或为零。

➢ 原值录入的必须是卡片录入月初的价值,否则将会出现计算错误。

➢ 如果录入的累计折旧、累计工作量大于零,说明是旧资产,该累计折旧或累计工作量是进入本单位之前的值。

➢ 在固定资产管理"选项"中,设置了"业务发生后立即制单"参数,所以当固定资产卡片保存时,系统直接进入填制凭证窗口。若未设置该项参数,则固定资产凭证生成在"批量制单"中完成。

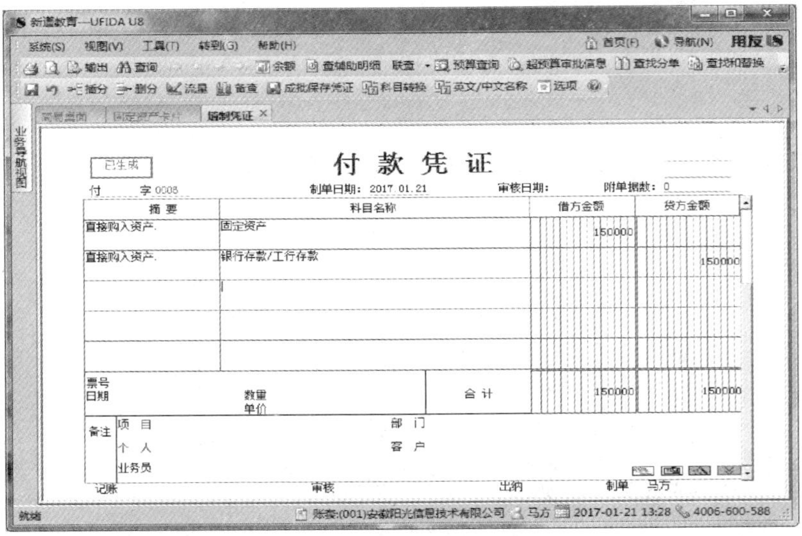

图 6-15 资产增加凭证

二、折旧处理

自动计算折旧是固定资产管理系统中的主要功能之一。可以根据录入系统的固定资产卡片资料,利用系统提供的"计提本月折旧"功能,对需要计提折旧的资产每期计提一次折旧,并自动生成折旧分配表,然后后生成折旧凭证。

当开始计提折旧时,系统将自动计算所有资产当期折旧额,并将当期的折旧额自动累加到累计折旧项目中。计提折旧完成后,需要进行折旧分配,系统除了自动生成折旧清单外,还生成折旧分配表。折旧分配表是制作记账凭证,把计提折旧额分配到有关成本和费用的依据。折旧分配表有两种类型:类别折旧分配表和部门折旧分配表。因此,折旧凭证必须在生成折旧分配表后进行。

【业务资料】

安徽阳光公司 2017 年 1 月 31 日计提本月折旧费用操作。

【操作步骤】

1. 以 003 马方身份登录固定资产管理系统,单击"处理",双击"计提本月折旧",系统提示是否要查看折旧清单信息,单击"是"按钮,系统又弹出本操作将花费一定时间,是否继续信息,单击"是"按钮,系统显示折旧清单如图 6-16 所示。

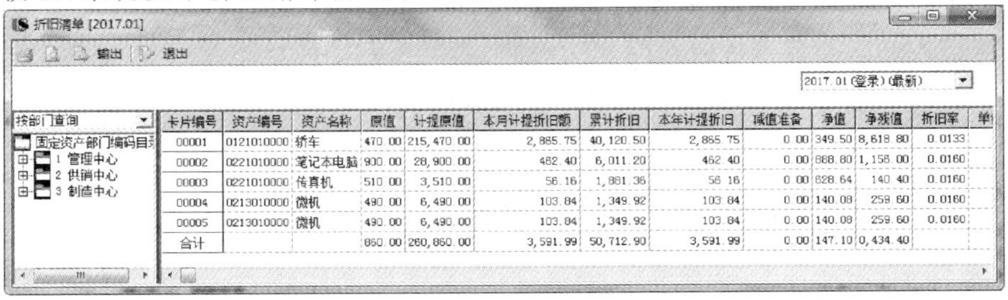

图 6-16 折旧清单

2.单击"退出"按钮,系统又显示折旧分配表,如图 6-17 所示。

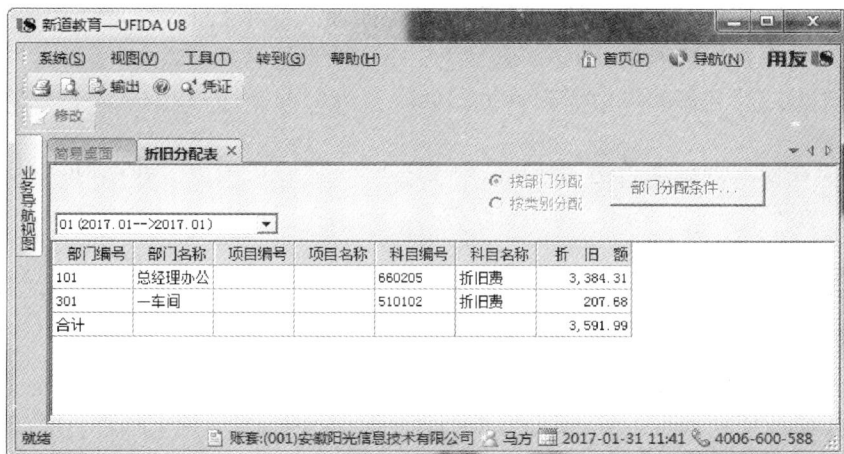

图 6-17　折旧分配表

3.单击"退出"按钮,进入填制凭证窗口,选择凭证类别"转账凭证",单击"保存"按钮,如图 6-18 所示。

图 6-18　折旧凭证

4.单击"退出"按钮,系统提示固定资产计提折旧完成。

◁)) 小提示!

➤ 计提折旧功能是对各项资产每期计提一次折旧,并自动生成折旧分配表,然后制成凭证,将本期的折旧费用自动登账。

➤ 在一个期间可以多次计提折旧,每次计提折旧后,只是将计提的折旧额累加到月初的累计折旧上,不会重复累计。

> 如果固定资产按"工作量法"计提折旧,则需要输入本月工作量才能计提折旧。

> 若上次计提折旧已制单,则必须删除凭证才能重新计提折旧。

> 计提折旧后又对账套进行了影响折旧计算或分配的操作,必须重新计提折旧,否则系统不允许结账。

> 在折旧费用分配表窗口中,可以单击"制单"按钮制单,也可以利用"批量制单"功能进行制单。

三、固定资产减少

固定资产在使用过程中,会由于各种原因,如毁损、出售、盘亏等,退出企业,此时要做资产减少处理。资产减少操作需要选择资产减少卡片并说明资产减少原因。

只有当账套开始计提折旧后,才可以使用资产减少功能,否则减少资产只能通过删除卡片来完成。资产减少操作成功的资产可以通过卡片管理中"已减少资产"来查看。

对于因误操作减少的资产,可以使用系统提供的纠错功能来恢复。只有当月减少的资产才可以恢复。如果资产减少已生成凭证,必须删除凭证后才能恢复。

【业务操作】

安徽阳光公司 2017 年 1 月 31 日,一车间毁损微机一台。根据资料完成资产减少操作。

【操作步骤】

1. 以 003 马方身份登录固定资产管理系统,单击"卡片",双击"资产减少",打开资产减少窗口。

2. 选择"00005 微机"卡片,单击"增加"按钮,系统将微机卡片资料自动带入,选择减少方式"毁损",如图 6-19 所示。

图 6-19　资产减少

3. 单击"确定"按钮,进入填制凭证窗口,选择凭证类别"转账凭证",单击"保存"按钮,如图 6-20 所示。

🔊 小提示!

> 资产减少凭证生成窗口需要手工修改"累计折旧"金额,否则会导致期末固定资产对账不平衡。原图是用友 ERP-U8V10.1 软件系统自动生成资产减少凭证中的"累计折旧"金额为"1 246.08",没有包括减少资产的当期计提折旧金额。减少的资产当期仍计提折旧,故减少的资产计提折旧后的"累计折旧"金额应为"2 492.16"。

图 6-20　资产减少凭证

4. 单击"退出"按钮，系统提示所减少资产成功信息，单击"确定"按钮返回。

5. 双击"卡片管理"，选择"已减少资产"，可以查看减少的资产列表信息，如图 6-21 所示。

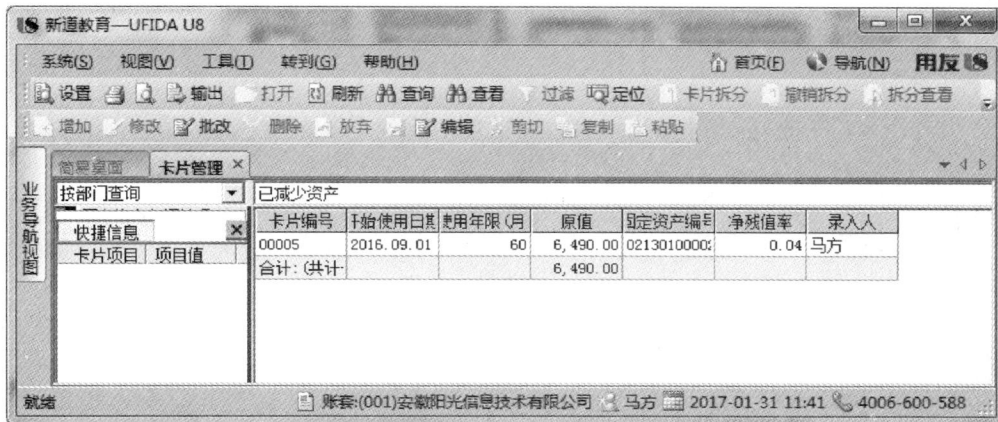

图 6-21　查看已减少资产

🔊 小提示！

➢ 只有计提折旧后，才能执行资产减少操作。

➢ 如果减少资产误操作，在没有生成资产减少凭证前，可以在已减少资产查看窗口中，单击"撤销减少"，将误减少的资产恢复到"在役资产"中。若已制单，要在"凭证查询"中，将凭证删除后再执行"撤销减少"操作。

四、资产评估

资产评估功能提供可评估的资产内容包括原值、累计折旧、净值、使用年限、工作总量、净残值率等。

【业务资料】

安徽阳光公司 2017 年 1 月 31 日,对轿车进行资产评估,评估结果为原值 200 000 元,累计折旧 45 000 元。

根据资料完成固定资产评估操作。

【操作步骤】

1. 以 003 马方身份登录固定资产管理系统,单击"卡片",双击"资产评估",打开资产评估窗口。

2. 单击"增加"按钮,打开评估资产选择窗口,选择要评估的项目"原值"和"累计折旧",如图 6-22 所示。

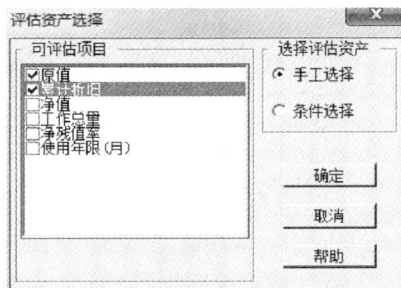

图 6-22　评估项目选择

3. 单击"确定"按钮,选择评估资产"轿车",输入评估后原值"200 000.00",评估后累计折旧"45 000.00",如图 6-23 所示。

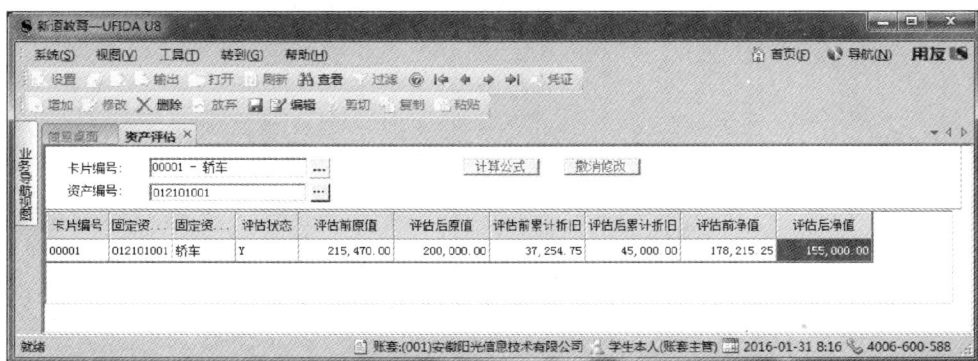

图 6-23　资产评估数据录入

4. 单击"保存"按钮,系统提示是否确认资产评估信息,单击"是"按钮,进入填制凭证窗口,选择凭证类别"转账凭证",制单日期"2017.01.31",固定资产评估减值差额记入科目"资本公积",累计折旧差额计入"管理费用/其他",单击"保存"按钮,如图 6-24 所示,系统提示数据保存成功。

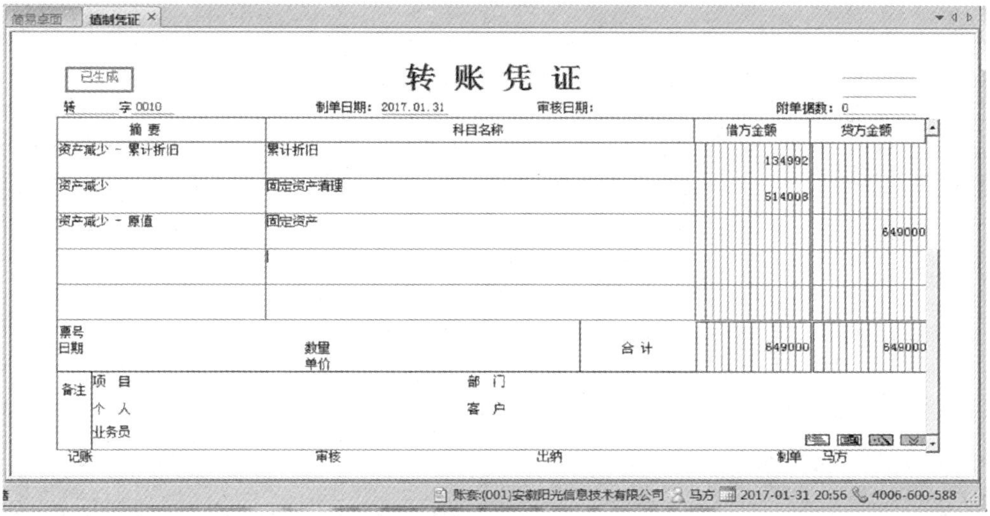

图 6-24 资产评估凭证

🔊 小提示!

➤ "管理费用/其他"辅助核算为部门核算,因此双击"部门"辅助项,选择"总经理办公室",凭证才能保存成功。

➤ 若误操作资产评估单,可以删除资产评估单,重新执行资产评估操作,但是资产评估凭证若生成,则要先删除凭证。

➤ 资产评估凭证也可通过"批量制单"功能执行生成凭证操作。

五、资产变动

资产变动包括原值变动、部门转移、使用情况变动、使用年限调整、折旧方法调整、净残值(率)调整、工作总量调整、累计折旧调整、变动单管理等。其他项目的修改,如名称、编号、自定义项目等可以直接在卡片上进行。

资产变动要求输入相应的"变动单"记录资产调整的结果。

本月录入的卡片和本月增加的资产卡片本月不允许进行变动处理,只能在下月进行。

【业务资料】

安徽阳光公司 2017 年 2 月份发生部分业务如下:

2 月 16 日,总经理办公室的轿车支付现金支票(XJ002)10 000 元添置新配件。

根据资料要求进行资产变动处理。

【操作步骤】

1. 以 001 学生本人身份将固定资产管理 1 月份进行结账处理。

2. 将系统日期设置为 2017 年 2 月 28 日。

3. 以 003 马方身份登录固定资产管理系统,单击"卡片"/"变动单",双击"原值增加",打开固定资产变动单窗口,选择卡片"轿车",增加金额"10 000.00",变动原因"增加配件",如图 6-25 所示。

图 6-25　固定资产变动单录入

4.单击"保存"按钮,进入填制凭证窗口,选择凭证类别"付款凭证",制单日期"2017.01.16",贷方科目"100201",单击"保存"按钮,如图 6-26 所示,系统提示数据成功保存。

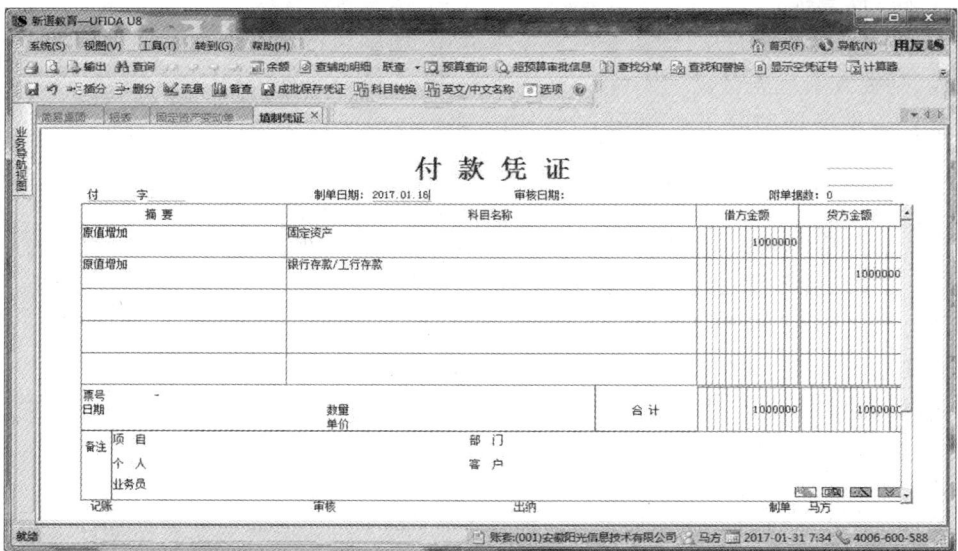

图 6-26　固定资产变动凭证

六、资产盘点

用友 ERP-U8V10.1 软件提供对固定资产盘点的管理,并输出固定资产盘点单。固定资产盘点可以选择部门或类别进行盘点,录入盘点数据,与账面上记录的盘点单进行核对,查核资产的完整性。

【业务资料】

2017 年 2 月 28 日安徽阳光公司对总经理办公室的资产进行盘点,情况为只有一辆编号为 012101001 的轿车。

【操作步骤】

1.以 003 马方身份登录固定资产管理系统,单击"卡片",双击"卡片管理",打开卡片管理窗口,选择"总经理办公室",单击"编辑"/"列头编辑",补充选择其他列头显示项目,如图 6-27 所示。将总经理办公室资产清单单独打印输出,以各按单核查。

2.单击"卡片",双击"资产盘点",打开盘点单管理窗口。

3.单击"增加"按钮,打开新增盘点单——盘点范围设置窗口,单击"范围"按钮,打开盘点范围设置窗口,选择盘点方式"按使用部门盘点",使用部门"总经理办公室",如图 6-28 所示。

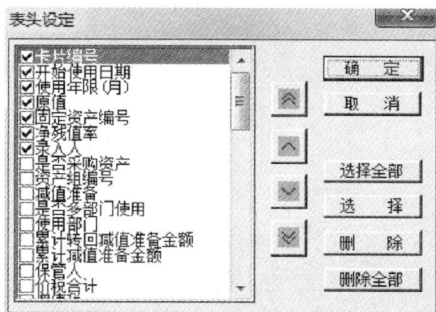

图 6-27　默认固定资产列头显示项目　　　　图 6-28　盘点范围设置

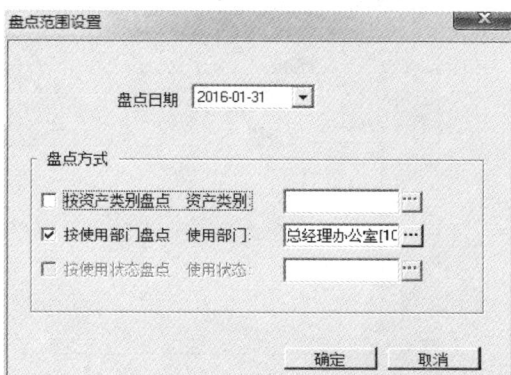

4.单击"确定"按钮,系统将盘点部门的资产记录自动带入新增盘点单窗口,单击"保存"按钮保存盘点单。

5.选择固定资产编号"012101001",单击"核对"按钮,系统自动与总经理办公室的固定资产账面记录进行核对,并生成盘点结果清单,如图 6-29 所示。

图 6-29　固定资产盘点结果

七、生成凭证

固定资产管理与总账管理之间存在着数据的自动传输,这种传输是由固定资产管理通过记账凭证向总账管理传递有关数据。制作记账凭证可以采取"业务发生后立即制单"和"批量制单"方法实现。

上述业务由于在固定资产选项设置了"业务发生后立即制单"参数,所以当发生资产增减、资产评估等业务操作,系统直接进入填制凭证窗口。

若未设置"业务发生后立即制单"参数,所有凭证就要到"批量制单"窗口`,如图 6-30 所示。

图 6-30　批量制单

))) 小提示!
> 固定资产管理发生相关业务生成凭证后,批量制单列表显示为空。

任务四　固定资产管理期末处理

【任务描述】

固定资产管理期末处理工作包括计提减值准备、计提折旧、对账和月末结账等内容。本任务主要是掌握固定资产管理期末处理内容和操作方法。

【知识准备与业务操作】

一、固定资产对账

当初次启动固定资产的参数设置,或选项中参数设置了"与账务系统对账"时,才可使用本系统的对账功能。

为保证固定资产管理资产价值与总账管理中固定资产、累计折旧科目数值相等,可随时使用对账功能对两个系统进行审查。系统在执行月末结账时自动对账一次,并给出对账结果。

【业务资料】

安徽阳光公司 2017 年 1 月 31 日执行固定资产对账操作。

【操作步骤】

1. 将固定资产管理系统 1 月份生成的 4 张凭证,由 002 王晶登录总账管理系统执行出纳签字,由 001 学生本人登录总账管理系统执行审核和记账。

2. 以 003 马方身份登录固定资产管理系统,单击"处理",双击"凭证查询",查询固定资产管理生成的凭证标志"记账",如图 6-31 所示。

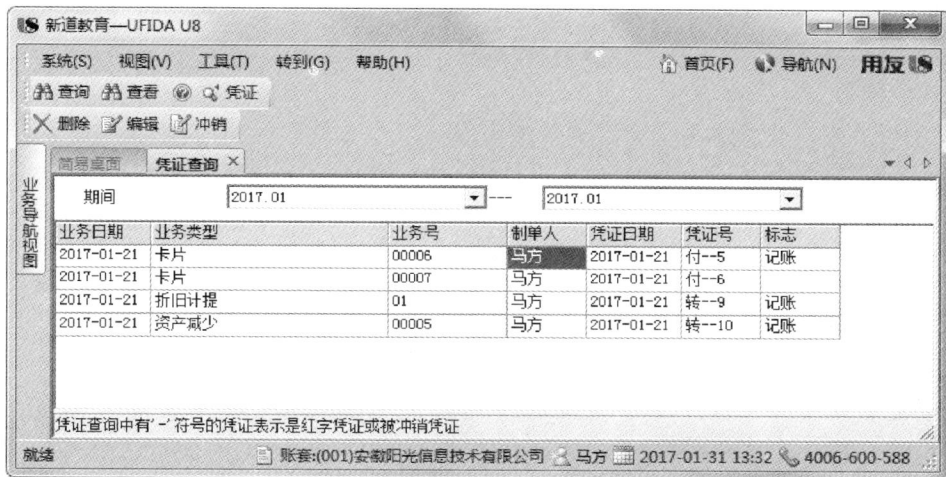

图 6-31 固定资产管理系统中凭证查询

3. 单击"对账",系统给出对账结果,如图 6-32 所示。

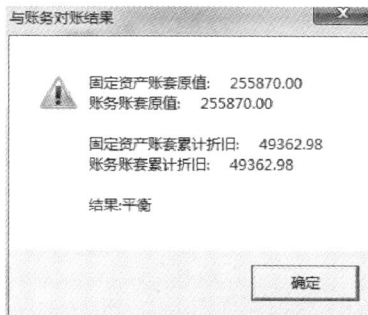

图 6-32 对账结果

小提示!

➤ 如果对账不平衡,需要根据选项中"在对账不平情况下允许固定资产月末结账"来判断是否可以进行月结处理。

➢ **本账套固定资产期初原始卡片全部录入完毕,期初数据对账平衡,1月份固定资产管理中生成4张凭证,并执行审核记账,所以期末数据对账也是平衡的。**

二、固定资产月末结账

当固定资产管理系统完成了本月全部制单业务后,可以进行月末结账,结账后当期数据不能修改。如有错必须修改,则可通过系统提供的"恢复月末结账前状态"功能进行反结账再进行修改。

本期不结账,将不能处理下期的数据。结账前一定要进行数据备份,以防数据丢失,造成无法挽回的后果。

【业务资料】

安徽阳光公司2017年1月31日执行固定资产管理系统月末结账。

【操作步骤】

1.以003马方身份登录固定资产管理系统,单击"处理",双击"月末结账",打开月末结账窗口,如图6-33所示。

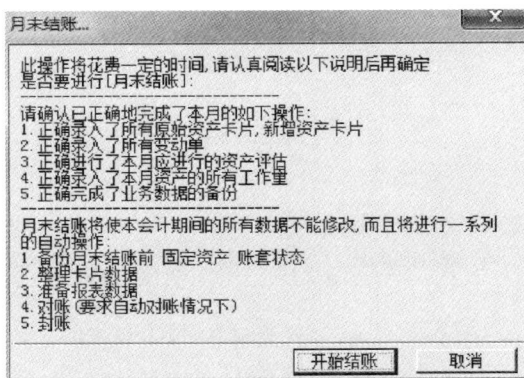

图 6-33　　月末结账

2.单击"开始结账"按钮,系统自动执行结账,并给出对账平衡结果,最后出现结账成功提示信息和下期业务操作登录日期提示。

3.单击"确定"按钮返回。

4.单击"处理",双击"恢复月末结账前状态",如图6-34所示。

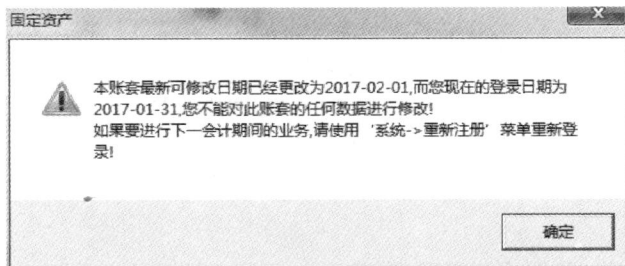

图 6-34　　恢复结账前状态

5. 单击"确定"按钮,系统自动执行反结账,稍后出现提示恢复结账前状态成功。

🔊 小提示!

➤ 当月不结账,系统将不允许处理下一会计期间的数据。

➤ 有时在固定资产计提折旧后,又做了影响折旧计提的一些操作,则月末结账就会出现提示信息,导致结账不能执行。解决方案是:先将本期折旧凭证删除,再重新点击本期折旧计提操作,并生成折旧凭证,最后执行审核记账操作。

➤ 如果结账后发现结账前操作有误,必须要修改结账前数据,则可以使用"恢复结账前状态"功能,即将数据恢复到月末结账前状态。

➤ 将1月份结账后的固定资产账套数据备份到"001 账套备份 /财务管理 /实验八固定资产管理"文件夹。

三、固定资产减值准备

企业应在期末或至少在每年末,对固定资产逐项进行检查,如果由于市价持续下跌或技术陈旧导致其可收回金额低于账面价值的,应当将可回收金额低于账面价值的差额作为固定资产减值准备,固定资产减值准备必须按单项资产计提。

【业务资料】

安徽阳光公司 2017 年 2 月 28 日,经核查对 2016 年购入的笔记本电脑计提 1 000 元减值准备。

根据资料执行固定资产减值准备操作。

【操作步骤】

1. 以 003 马方身份登录固定资产管理系统,单击"卡片"/"变动单",双击"计提减值准备",打开固定资产变动单窗口。

2. 选择卡片编号"00002",输入减值准备金额"1 000.00",变动原因"技术进步",如图 6-35 所示。

固定资产变动单			
		— 计提减值准备 —	
变动单编号	00001	变动日期	2017-02-28
卡片编号	00002	资产编号 02210100001	开始使用日期 2016-09-01
资产名称		笔记本电脑	规格型号
减值准备金额	1000.00	币种 人民币	汇率 1
原值	28900.00	累计折旧	6011.20
累计减值准备金额	1000.00	累计转回准备金额	0.00
可回收市值	21888.80		
变动原因	技术进步		
		经手人	马方

图 6-35　减值准备录入

3. 单击"保存"按钮,进入填制凭证窗口。选择凭证类别"转账凭证",手工选择借方科目"6701 资产减值损失",单击"保存"按钮,如图 6-36 所示。

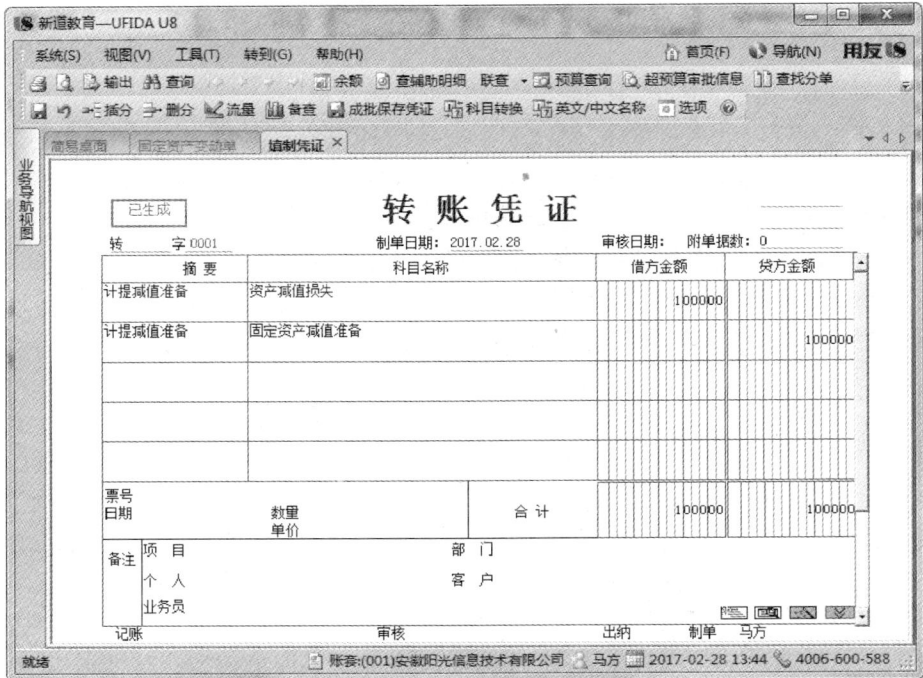

图 6-36　计提减值准备凭证

项目小结

项目六固定资产管理内容结构如图 6-37 所示。

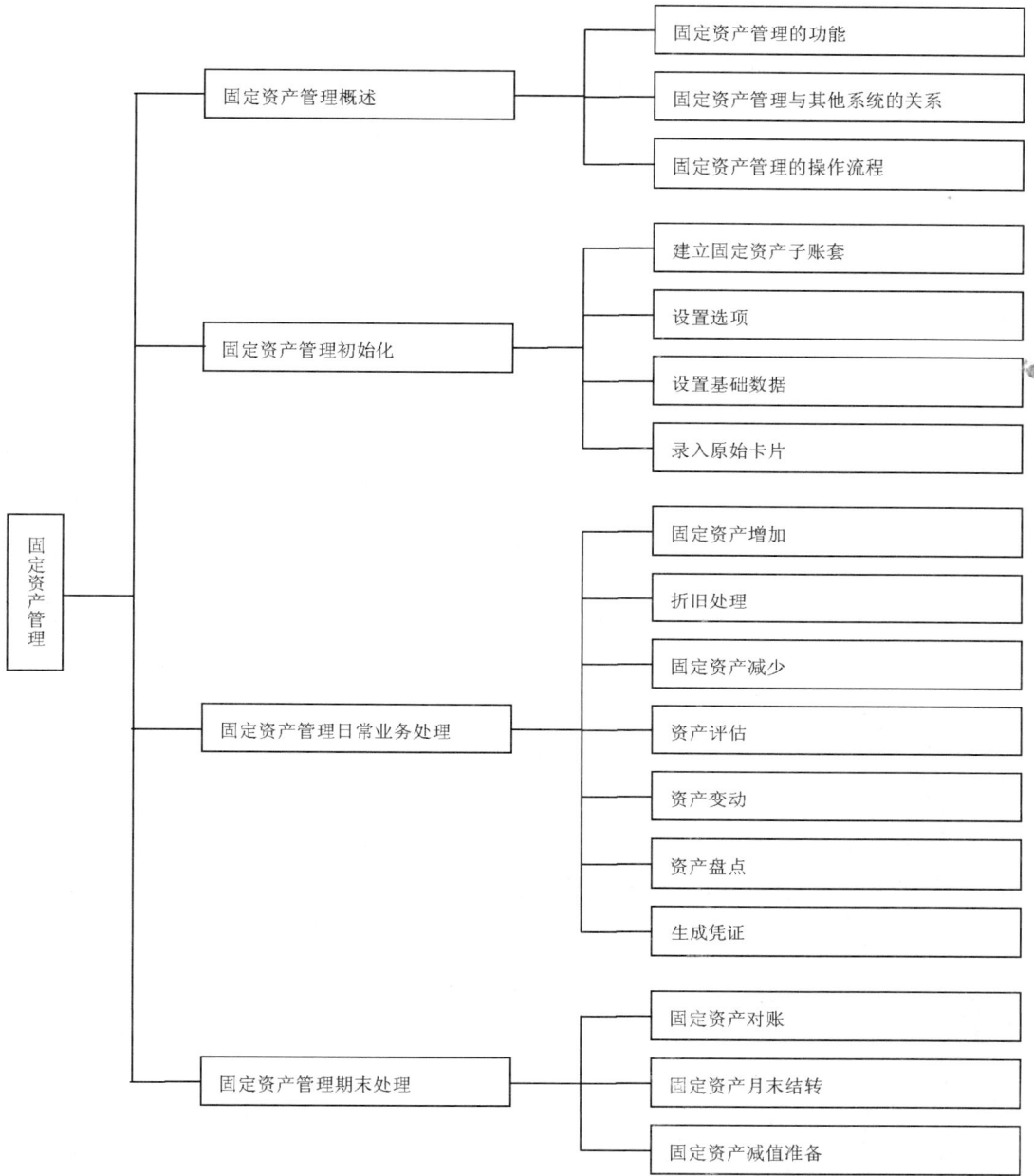

图 6-37 项目六固定资产管理内容结构图

项目七　应收款管理

◆**职业能力目标**

了解应收款管理的应用方案及功能、应收款管理系统与其他系统的关系,掌握应收款管理系统的操作流程;了解应收款管理初始化、日常业务处理及期末处理的各项内容;掌握应收款管理初始化操作方法,以及日常业务处理包括票据处理、单据结算、凭证处理、坏账和转账处理的操作方法,以及期末处理的操作方法。

◆**典型工作任务**

应收款管理概述;应收款管理初始化;应收款管理日常业务处理;应收款管理期末处理。

任务一　应收款管理概述

【**任务描述**】

应收款管理主要用于工商企业对业务往来账款进行核算与管理。本任务主要是了解应收款管理系统的功能、应收款管理系统与其他系统的关系,掌握应收款管理系统的操作流程。

【**知识准备与业务操作**】

一、应收款管理的应用方案及功能

（一）应收款管理的应用方案

应收款管理系统,通过发票、其他应收单、收款单等单据的录入,对企业的往来账款进行综合管理,及时、准确地提供客户的往来账款余额资料,提供各种分析报表,如账龄分析、周转分析、欠款分析、坏账分析、回款情况分析等。通过各种分析报表,帮助企业合理地进行资金的调配,提高资金的利用效率。

根据对客户往来款项核算和管理的程度不同,系统提供了应收账款核算模型,即"详细核算"和"简单核算"客户往来款项两种应用方案可供选择。

1. 详细核算

如果您的销售业务以及应收款核算与管理业务比较复杂,或者您需要追踪每一笔业务的应收款、收款等情况,或者您需要将应收款核算到产品一级,那么您可以选择"详细核算"方案。

我们建议您选择详细核算方案,该方案能够帮助您了解每一客户每笔业务详细的应收情况、收款情况及余额情况,并进行账龄分析,加强客户及往来款项的管理,使您能够依据每一客户的具体情况,实施不同的收款策略。

2. 简单核算

如果您的销售业务以及应收账款业务比较简单，或者现销业务很多，则您可以选择"简单核算"方案。该方案着重于对客户的往来款项进行查询和分析。

具体选择哪一种方案，可在应收款管理系统中通过设置选项"应收账款核算模型"进行设置。

（二）应收款管理的功能

1. 设置

提供系统参数的定义，用户结合企业管理要求进行的参数设置，是整个系统运行的基础。提供单据类型设置、账龄区间的设置和坏账初始设置，为各种应收款业务的日常处理及统计分析作准备。提供期初余额的录入，保证数据的完整性与连续性。

2. 日常处理

提供应收单据、收款单据的录入、处理、核销、转账、汇兑损益、制单等处理。

3. 单据查询

提供查阅各类单据的功能以及对各类单据、详细核销信息、报警信息、凭证等内容的查询。

4. 账表管理

账表管理提供总账表、余额表、明细账等多种账表查询功能；提供应收账款分析、收款账龄分析、欠款分析等丰富的统计分析功能。

5. 其他处理

其他处理提供用户进行远程数据传递的功能；提供用户对核销、转账等处理进行恢复的功能，以便进行修改；提供进行月末结账等处理。

二、应收款管理与其他系统的关系

应收款管理与其他系统的关系如图 7-1 所示。

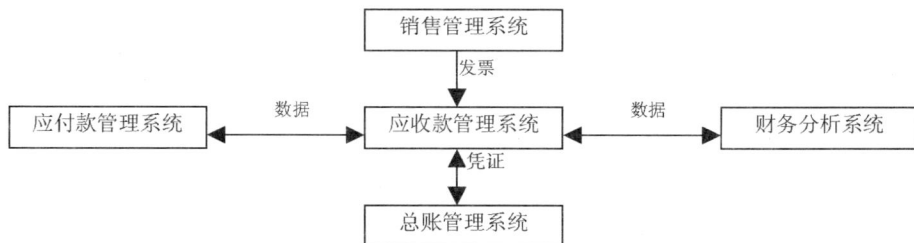

图 7-1　应收款管理与其他系统的关系

（一）应收款管理与企业门户的关系

应收款管理与企业门户共享基础数据，即应收款管理需要的基础数据既可以在企业门户中统一设置，也可在应收款管理中自行录入，最终由各模块共享使用。

（二）应收款管理与销售管理的关系

销售管理为应收款管理提供已审核的销售发票、销售调拨单及代垫费用单，据此生成凭证，并对发票进行收款结算处理。应收款管理为销售管理提供销售发票、销售调拨单的收款结算情况及代垫费用核销情况。

（三）应收款管理与总账管理的关系

应收款管理向总账管理传递凭证，并能够查询其所生成的凭证。

（四）应收款管理与应付款管理的关系

应收款管理与应付款管理之间可以进行转账处理，如应收冲应付。

（五）应收款管理与财务分析的关系

应收款管理向财务分析提供各种分析所用的数据。

三、应收款管理的操作流程

如果第一年使用应收款管理系统，可按照以下操作流程进行，如图 7-2 所示。

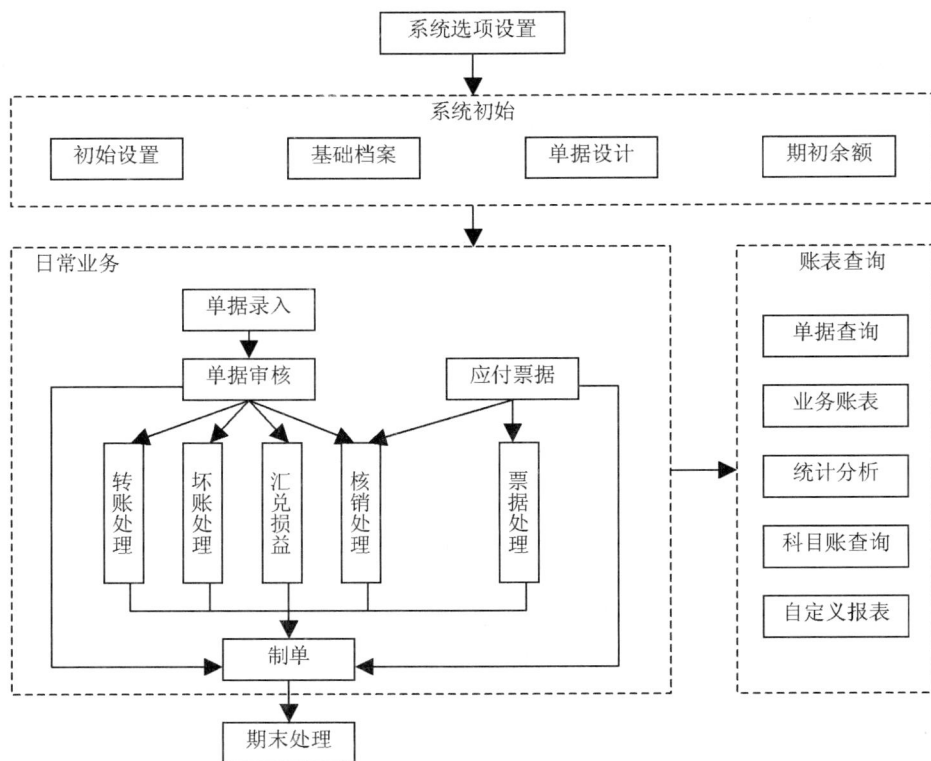

图 7-2　应收款管理的操作流程

任务二　应收款管理初始化

【任务描述】

应收款管理初始化是指手工记账和计算机记账系统的交接过程,是使用应收款管理系统之前,设置运行所需要的参数、基本信息、初始设置及期初余额录入。本任务要求掌握应收款管理初始化的内容及操作方法。

【知识准备与业务操作】

一、参数设置

在运行应收款管理系统前,应通过"选项"设置所需要的账套参数,以便系统根据所设定的参数进行相应的处理。

(一)常规设置

1.单据审核日期依据

系统提供两种确认单据审核日期的依据,即单据日期和业务日期。单据日期是当单据审核时,自动将单据日期(入账日期)记为单据的审核日期,系统默认单据日期。业务日期是当单据审核时,自动将单据的业务日期记为单据的审核日期。

2.坏账处理方式

系统提供两种坏账处理方式,即备抵法和直接转销法。备抵法系统提供了应收账款余额百分比法、销售余额百分比法和账龄分析法。目前我国会计准则一般要求为应收账款余额百分比法。

3.代垫费用类型

根据初始设置中"单据类型设置",应收单的类型分为多种,在此选择核算代垫费用单的单据类型,若应收单不分类,则无此选项。

4.应收账款核算类型

系统提供两种应收账款核算类型,即简单核算和详细核算。若应收款管理系统只完成将销售管理系统传递来的发票生成凭证传递给总账,在总账中以凭证为依据进行往来业务查询,即为简单核算类型。若应收款管理系统可以对往来业务进行详细的核算、控制、查询、分析等,即为详细核算,一般用于销售业务及应收款核算与管理业务比较复杂的企业。

5.自动计算现金折扣

为了鼓励客户在信用期间内提前付款而采用现金折扣政策,如果选择显示现金折扣,系统会在单据结算中显示"可享受折扣"和"本次折扣",并计算可享受的折扣。否则,系统既不计算,也不显示现金折扣。

（二）与制作凭证相关的设置

1.受控科目制单方式

系统提供了明细到客户和明细到单据两种制单方式。明细到客户是将一个客户的多笔业务合并生成一张凭证时，如果核算这多笔业务的控制科目相同，系统自动将其合并成一条分录。使用这种方式可以在总账管理中根据客户来查询其详细信息。明细到单据是将一个客户的多笔业务合并生成一张凭证时，系统会将每笔业务形成一条分录。使用这种方式可以在总账管理中查看到每个客户的每笔业务的详细信息。

2.非受控科目制单方式

系统提供明细到客户、明细到单据和汇总制单三种方式。汇总制单方式是指将多个客户的多笔业务合并生成一张凭证时，如果核算这多笔业务的非控制科目相同，系统自动将其合并成一条分录。这种方式的使用在总账管理中只能查看到该科目的一个总的发生额。

3.控制科目依据

系统默认按客户设置是为每一种客户设置不同的应收科目和预收科目。这种设置适合特殊客户的需要。

4.销售科目依据

存货分类是根据存货属性对存货所划分的分类，根据存货分类设置不同的科目。

5.月结前全部生成凭证

月末结账前，将检查截至结账月是否有未制单的单据和业务处理，若有，则系统提示不能进行本次月结处理。

6.核销生成凭证

如果不选择，不管核销双方单据的入账科目是否相同，均不需要对这些记录进行制单。

（三）权限与预警设置

是否启用客户权限和是否启用部门权限，只有在"数据权限控制"设置中选择了对客户和部门进行记录级数据权限控制时，此选项才能设置。

【业务资料】

引入固定资产管理账套备份文件。安徽阳光公司应收账款核算所需参数有：坏账处理方式为"应收余额百分比法"，自动计算现金折扣，其余参数默认。

根据资料设置应收款管理核算控制参数。

【操作步骤】

1.以 001 学生本人注册登录应收款管理系统，单击"设置"，双击"选项"，打开账套参数设置窗口。

2.单击"编辑"按钮，将坏账处理方式选择为"应收余额百分比法"，选中"自动计算现金折扣"，如图 7-3 所示。

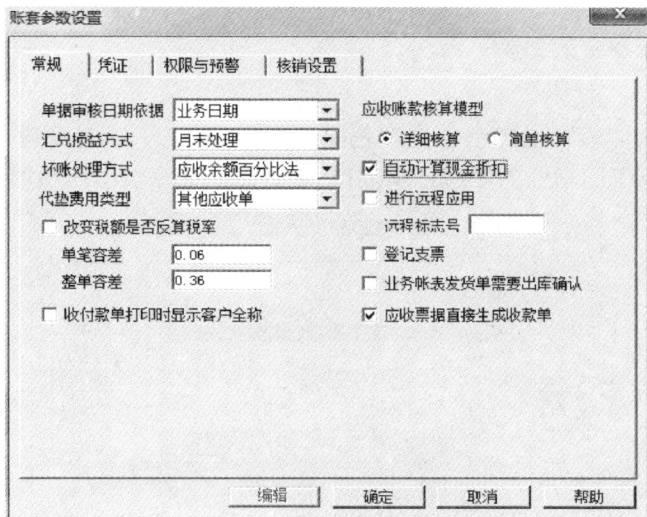

图 7-3 选项设置

🔊 小提示!

➢ 如果当年已计提坏账准备,则坏账处理方式不允许修改,只能在下一年度修改。

➢ 关于应收账款核算模型,在系统启用时或还没有进行任何业务处理的情况下,才允许从简单核算改为详细核算,而从详细核算改为简单核算随时可以进行。

3.单击"确定"按钮保存。

二、基本信息设置

基本信息设置包括数据精度、编码方案、客户分类、客户档案、地区分类、存货分类、存货档案、部门档案、职员档案、外币及汇率、结算方式、付款条件、单据设计等设置。除单据设计外,其他信息的设置已经在项目三基础档案中设置。

利用"单据设计"功能可以对各系统主要单据的屏幕显示界面及打印页面的格式两种对象自行设计,以符合企业实际需要。在应收款管理系统中,可根据需要对普通发票、专用发票、各类应收单等单据格式进行设计。单据设计内容包括单据头栏目设计和单据体栏目的增加、删除和布局。对于各种单据,系统均设置了默认的格式及显示项目,若对默认的内容不满意,用户可按需要调整。

【业务资料】

安徽阳光公司在应收款管理系统开具销售发票,取消销售普通发票和专用发票中表头项目"销售类型"。

【操作步骤】

1.以 001 学生本人身份登录企业应用平台,单击"基础设置"栏,单击"单据设置",双击"单据格式设置",打开单据格式设置窗口。

2.单击"销售管理"/"销售专用发票"/"显示",双击"销售专用发票显示模板",单击"表头按钮",打开表头窗口,取消"销售类型"选项,如图 7-4 所示。

3.单击"确定"按钮,此时销售类型项目从表头项目消失,再单击"保存"按钮保存。

4.同理设置销售普通发票。

🔊 小提示!

➤ 由于基础档案中没有增加销售类型档案资料,且又属于销售发票中显示项目(蓝色),为了应收账款管理系统日常业务处理正常进行,需要取消销售类型表头项目。

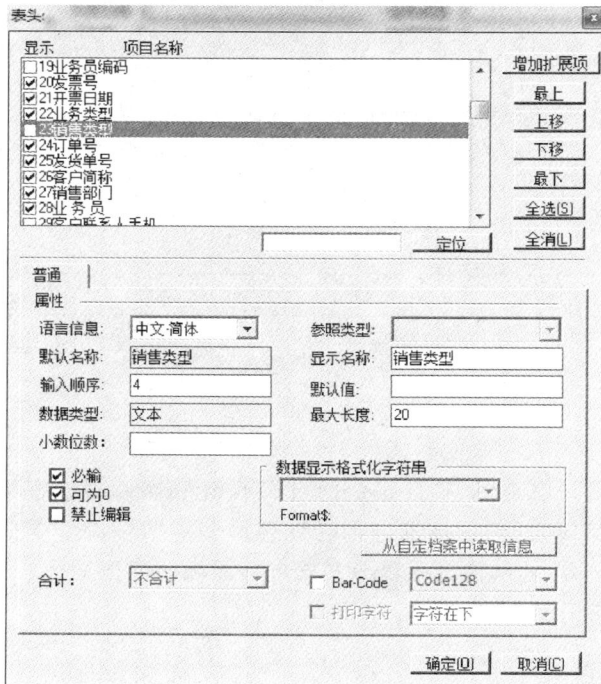

图 7-4　销售专用发票表头

三、初始设置

(一)设置科目

企业应收业务类型比较固定,生成的凭证类型也较固定,为了简化凭证生成操作,可在此处将各业务类型凭证中常用科目预先设置好。

【业务资料】

安徽阳光公司应收款凭证生成科目设置如表 7-1 所示。

表 7-1　会计科目设置

科目类别	设置方式
基本科目设置	应收科目 1122 预收科目 2203 销售收入科目 6001 应交增值税科目 22210102

科目类别	设置方式
控制科目设置	所有客户的控制科目： 应收科目 1122 预收科目 2203
结算方式科目设置	结算方式：现金；币种：人民币；科目：1001 结算方式：现金支票；币种：人民币；科目：100201 结算方式：转账支票；币种：人民币；科目：100201 结算方式：其他；币种：人民币；科目：100201

根据资料进行设置。

【操作步骤】

1. 以 001 学生本人身份登录应收款管理系统，单击"设置"

2. 基本科目设置如图 7-5 所示。双击"初始设置"，打开初始设置窗口。

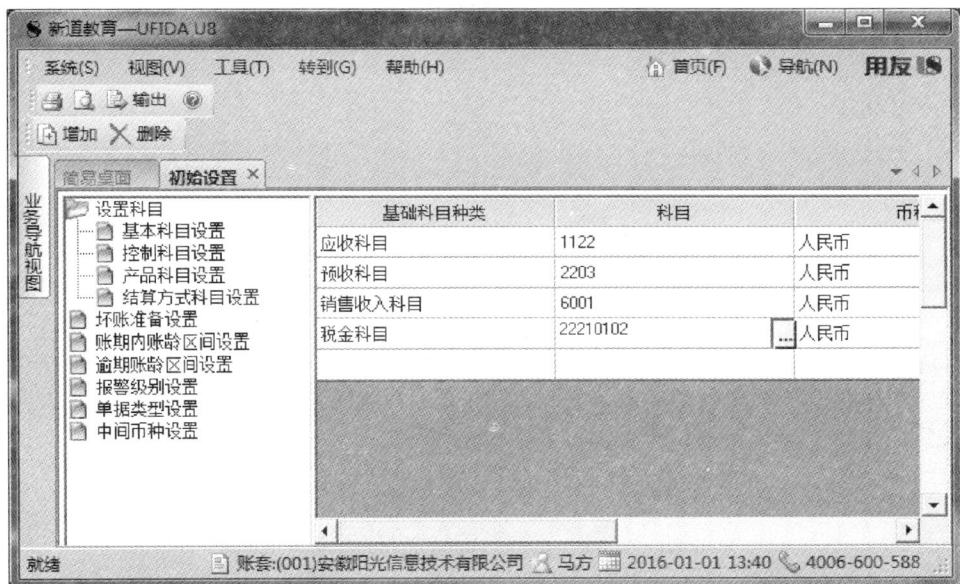

图 7-5　基本科目设置

🔊 小提示！

➢ 在基本科目设置的应收科目"1122 应收账款"、预收科目"2203 预收账款"及商业承兑科目、银行承兑科目"1121 应收票据"，应在会计科目中设置其辅助核算内容为"客户往来"，并且其受控系统为"应收系统"，否则在此不能被选中。

➢ 应收科目是指输入最常用的核算本位币和外币赊销欠款的科目；预收科目是指输入最常用的核算本位币和外币预收款的科目；销售收入科目是指输入最常用的核算销售收入的科目；应交增值税科目是指核算销项税的科目；销售退回科目是指输入最常用的核算销售退回科目，可以和销售收入科目相同；银行承兑科目和商业承兑科目是指输入核算银行承兑汇票和商业承兑汇票的科目;现金折扣科目是指企业在销售过程中有现金折扣业务;票据利息科目是指输入核算应收票据利息的科目,同现金折扣的入账科目;票据费用科目是指输入核算应收票据费用的科目,如财务费用;汇兑损益是指客户往来有外币核算时,输入核算汇兑损益的科目;坏账入账科目是指在此输入坏账的入账科目。

➤ 只有在此设置了基本科目,在生成凭证时才能直接生成凭证中的会计科目,否则凭证中将没有这个科目,只能手工输入。

3.控制科目设置如图 7-6 所示。

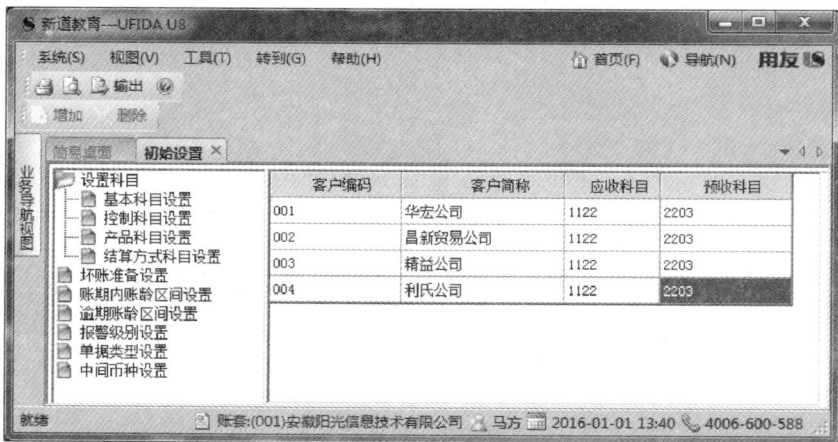

图 7-6　控制科目设置

🔊 小提示!

➤ 如果在核算客户的赊销欠款时,针对不同的客户分别设置不同的应收账款科目和预收账款科目,可以先在账套参数中选择设置的依据,并且应收科目、预收科目与基本科目设置中的应收科目、预收科目不同,则可在此进行设置。

4.结算方式科目设置如图 7-7 所示。

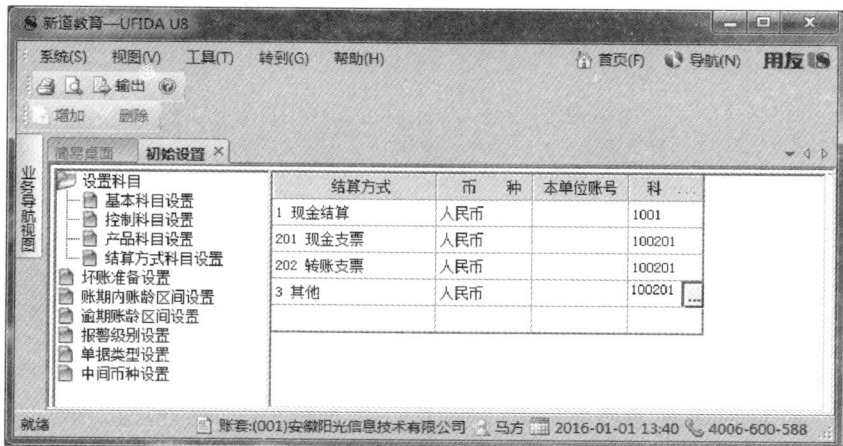

图 7-7　结算方式科目设置

🔊 小提示！

➤ 在收、付款时，只要告诉系统结算时使用的结算方式，就可以由系统自动生成该种结算方式所使用的会计科目。如果不设置，则在收款或付款凭证时可以手工输入会计科目。

（二）坏账准备设置

应收款管理系统可以根据发生的应收业务情况，提供自动计提坏账准备金的功能。根据选项中设置的应收账款坏账处理方式"应收账款余额百分比法"，需要将坏账准备期初余额、坏账准备计提比率及坏账准备金凭证生成科目设置保存。

【业务资料】

安徽阳光公司应收款管理坏账准备设置如表7-2所示。

表7-2　坏账准备设置

控制参数	参数设置
提取比率/%	0.5
坏账准备期初余额/元	10 000
坏账准备科目	1231
对方科目	6701

根据资料进行坏账准备设置。

【操作步骤】

1.以001学生本人身份登录应收款管理系统，单击"设置"，双击"初始设置"，打开初始设置窗口。

2.单击"坏账准备"栏，按资料输入提取比率"0.5"，坏账准备期初余额"10 000"，坏账准备科目"1231"，对方科目"6701"，如图7-8所示。

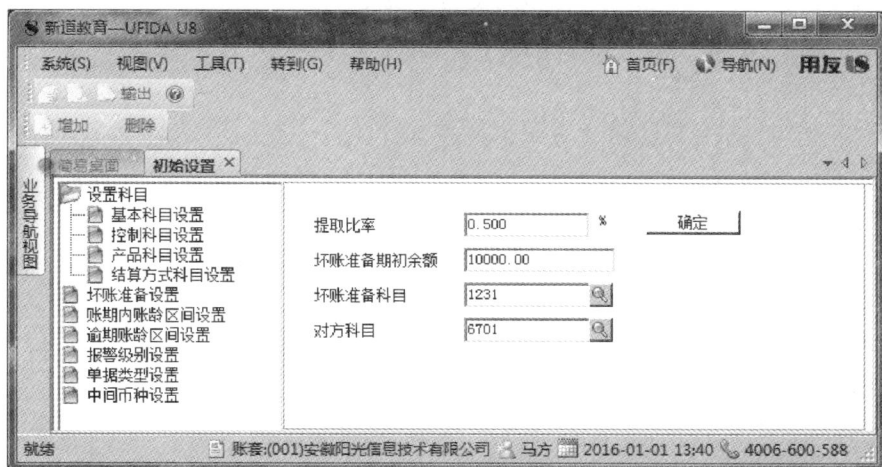

图7-8　坏账准备设置

3.单击"确定"按钮保存。

🔊 小提示！

➤ 若在应收账款"选项"中，未选中坏账处理方式为"应收余额百分比法"，则在此处就不能录入应收余额百分比法所需要的初始设置,即此处的初始设置是与选项中所选择的坏账处理方式相对应的。

➤ 坏账准备期初余额应与总账管理系统中所录入的坏账准备的期初余额一致,但是系统没有坏账准备期初余额的自动对账功能,只能人工核对。坏账准备期初余额如果在借方,则用"一"号表示。如果没有期初余额,也应将期初余额录入为"0",否则,系统将不予确认。

➤ 坏账准备期初余额被确认后,只要进行了坏账准备的日常业务处理就不允许再修改。下一年度使用本系统时,可以修改提取比率、科目。

四、期初余额录入

初次使用本系统时,要将启用应收款管理系统时未处理完的所有客户的应收账款、预收账款、应收票据等数据录入到本系统,以便以后的核销处理。当录入第二年度处理时,系统会自动将上年度未处理完的单据转为下一年度的期初余额。在下一会计年度的第一个会计期间,可以进行期初余额的调整。

【业务资料】

安徽阳光公司 2017 年 1 月 1 日应收账款科目的期初余额为 157 600 元,以"应收单"形式录入,资料如表 7-3 所示。

表 7-3　应收账款期初余额

日　期	客　户	方　向	金额(元)	业务员
2016-12-25	华宏公司	借	99 600.00	王丽
2016-12-10	昌新贸易公司	借	58 000.00	王丽

根据资料录入应收款管理期初余额。

【操作步骤】

1. 以 001 学生本人身份登录应收款管理系统,单击"设置",双击"期初余额",打开期初余额查询窗口。

2. 单击"确定"按钮,打开期初余额明细表窗口。

3. 单击"增加"按钮,打开单据类别窗口,选择单据名称"应收单",单击"确定"按钮,打开应收单录入窗口。

4. 单击"增加"按钮,输入单据日期"2016-12-25",选择客户"华宏公司",输入金额"99 600.00",单击"保存"按钮,如图 7-9 所示。

◁)) 小提示!

➤ 在录入应收单时只需录入表头部分内容。

➤ 注意应收单和发票录入的方向是正向还是负向,如果选择方向,系统默认预收款方向为贷,应收票据方向为借。

➤ 单据日期必须小于该账套启用期日期(第一年使用)或者该年度会计期初日期(以后年度使用)。

➤ 如果在初始设置的基本科目设置中设置了承兑汇票的入账科目,则可以录入该科目下期初应收票据,否则不能录入期初应收票据。

➤ 单据中科目栏用于输入该笔业务的入账科目,可以为空,建议最好录入科目信息,这样

不仅可以执行与总账的对账功能,还可查询正确的科目明细账和总账。

5.同理录入剩余期初余额资料。

6.退出应收单窗口,返回期初余额明细表窗口,单击"刷新"按钮,再单击"对账",结果如图7-10所示。

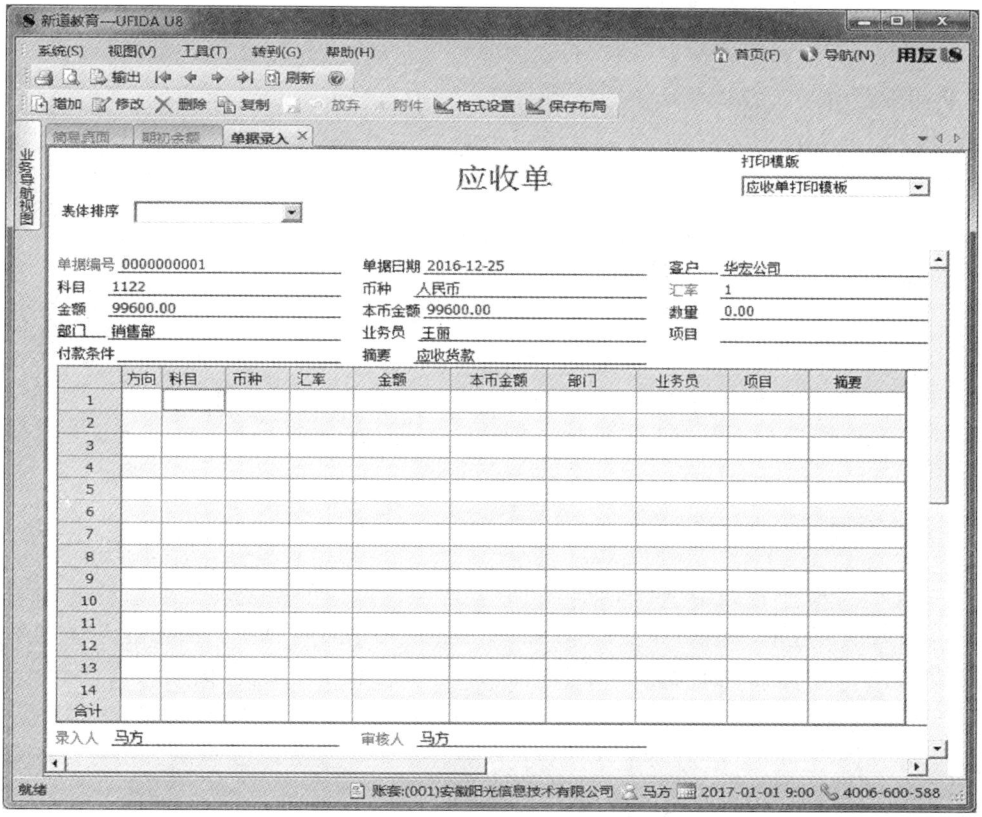

图 7-9　应收单

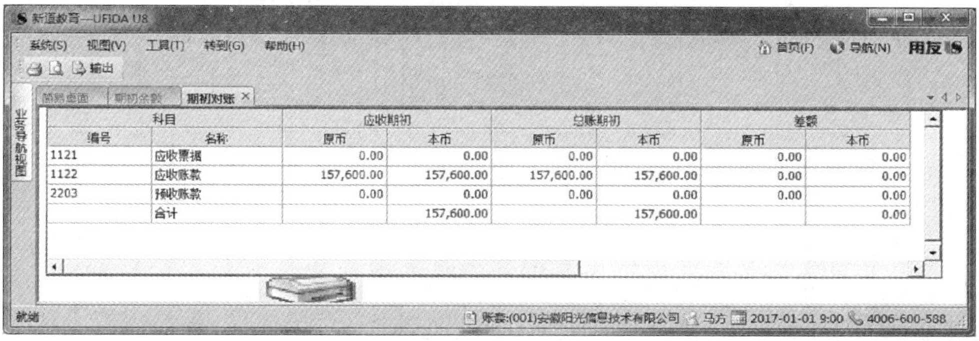

图 7-10　期初余额对账

🔊 **小提示！**

➢ 当完成全部应收款期初余额录入后,应通过"对账"功能将应收系统期初余额与总账系统期初余额进行核对。但是应收款系统与总账管理对账,必须要在总账和应收款同时启用后才可以进行。

➢ 当保存了期初余额的结果后,或在第二年使用需要调整期初余额时可以进行修改。

➢ 当第一个会计期已结账后,期初余额只能查询不能再修改。

➢ 期初余额所录入的票据保存后自动审核。

任务三　应收款管理日常业务处理

【任务描述】

　　应收款管理日常业务处理包括应收单据处理、收款单据处理、票据管理、转账处理、坏账处理、制单处理等操作。本任务要求掌握应收款管理日常主要业务处理的内容及操作方法。

【知识准备与业务操作】

一、应收单据处理

　　销售发票与应收单据是应收账款日常核算的原始单据,单据处理是本系统处理的起点。在此,可以录入销售业务中的各类发票,以及销售业务之外的应收单。根据业务模型不同,单据处理类型也不同。如果同时使用应收款管理系统和销售管理系统,则销售发票和代垫费用单产生的单据由销售系统录入、审核,自动传递到应收款管理系统,本系统可以对这些单据进行查询、核销、制单,在本系统需要录入的单据仅限于应收单。如果没有使用销售管理系统,则各类发票和应收单均应在应收款管理系统录入并审核。

　　单据处理的操作流程如图 7-11 所示。

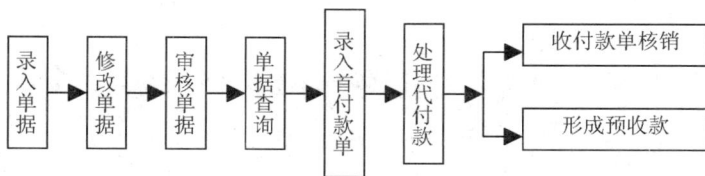

图 7-11　单据处理流程

　　销售发票是指销售业务中的各类普通发票和专用发票。

　　应收单是销售业务之外的应收单据(如代垫运费)等。

【业务资料】

　　安徽阳光公司 2017 年 1 月 2 日,销售部售给华宏公司计算机 10 台,含税单价 6 500 元/台,开出销售普通发票,货已发出。

【操作步骤】

　　1. 以 003 马方身份登录应收款管理系统,单击"应收单据处理",双击"应收单据录入",打开单据类别窗口。

2. 选择单据名称"销售发票"、单据类型"普通发票"录入窗口,单击"确认"按钮,打开销售普通发票窗口。

3. 单击"增加"按钮,输入开票日期"2017-01-02",客户简称"华宏公司",存货名称"计算机",数量"10.000",含税单价"6 500.00",如图 7-12 所示。

4. 单击"保存"按钮,再单击"审核"按钮,系统弹出"是否立即制单?"提示信息。

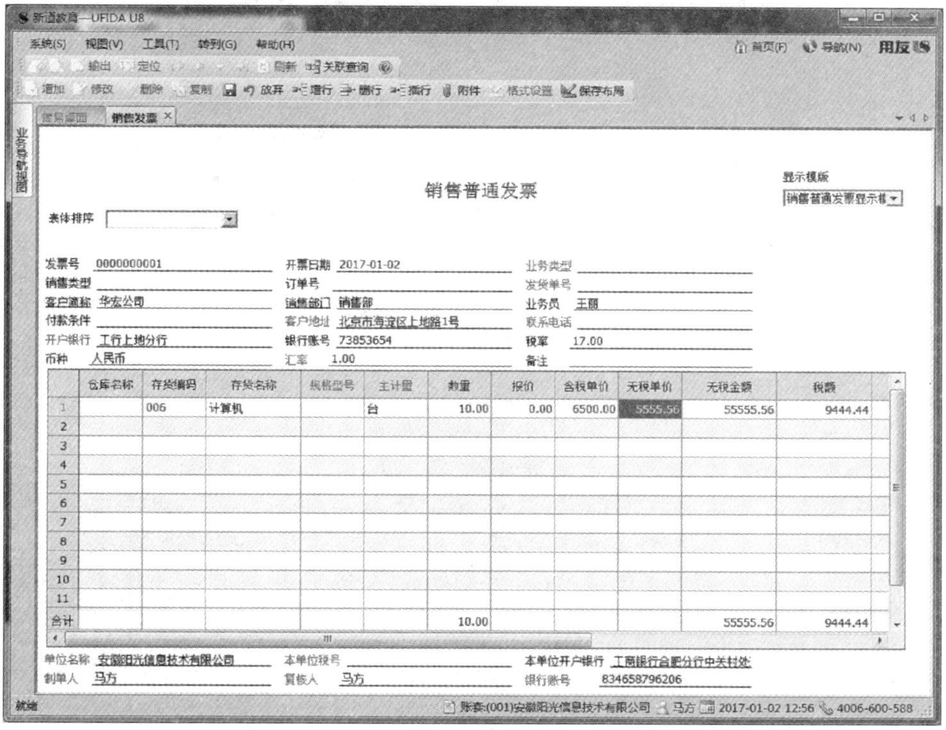

图 7-12　销售普通发票录入

🔊 小提示!

➢ 审核应收单据,则先到数据权限分配中,对 003 马方进行"用户"授权,或者在数据权限控制设置中,取消"用户"控制记录限制,如图 7-13 所示。

➢ 由于凭证设置了"序时控制",前面若干实验内容已经生成很多凭证,且日期最大也都到了 2017-01-31。若要按照业务发生日期生成凭证,则要进入总账管理"选项",取消"序时控制",凭证才能成功保存。否则系统会提示制单不允许,拒绝保存。

➢ 保存后但未审核的销售发票可以修改,其方法是在打开销售专用/普通发票对话框中,通过"放弃"按钮,录入查询状态,翻页找到需要修改的销售发票,直接修改,修改后单击"保存"按钮。

5. 单击"是"按钮,进入填制凭证窗口,选择凭证类别"转账凭证",制单日期"2017-01-02",单击"保存"按钮,如图 7-14 所示。

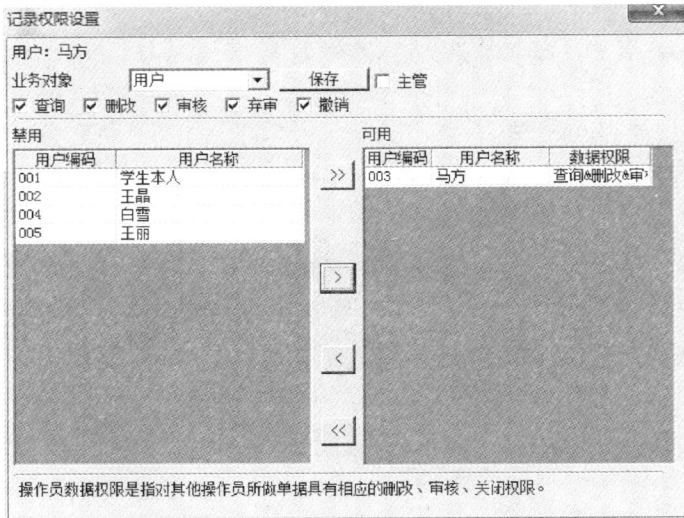

图 7-13 对"用户"数据权限分配

图 7-14 发票制单凭证

🔊 小提示！

➤ 在不启用供应链的情况下，在应收款管理系统中只能对销售业务的资金进行会计核算，即可以进行应收款、已收款以及收入情况的核算，而其物流的核算，即存货成本的核算还需在总账中手工进行结转。

➤ 在录入销售发票后可以直接进行审核，审核后系统会提示"是否立即制单？"，此时可以直接制单。如果录入销售发票不直接审核，可以在"应收单据审核"功能审核，再到"制单处理"中制单。

【业务资料】

安徽阳光公司 2017 年 1 月 4 日,销售部出售给精益公司 23 英寸液晶屏 20 台,无税单价 2 500 元/台,开出销售专用发票,货已发出,同时开出现金支票代垫运费 5 000 元。

【操作步骤】

1. 以 003 马方身份登录销售专用发票管理系统,应收款暂不制单,增加一张销售专用发票,如图 7-15 所示。

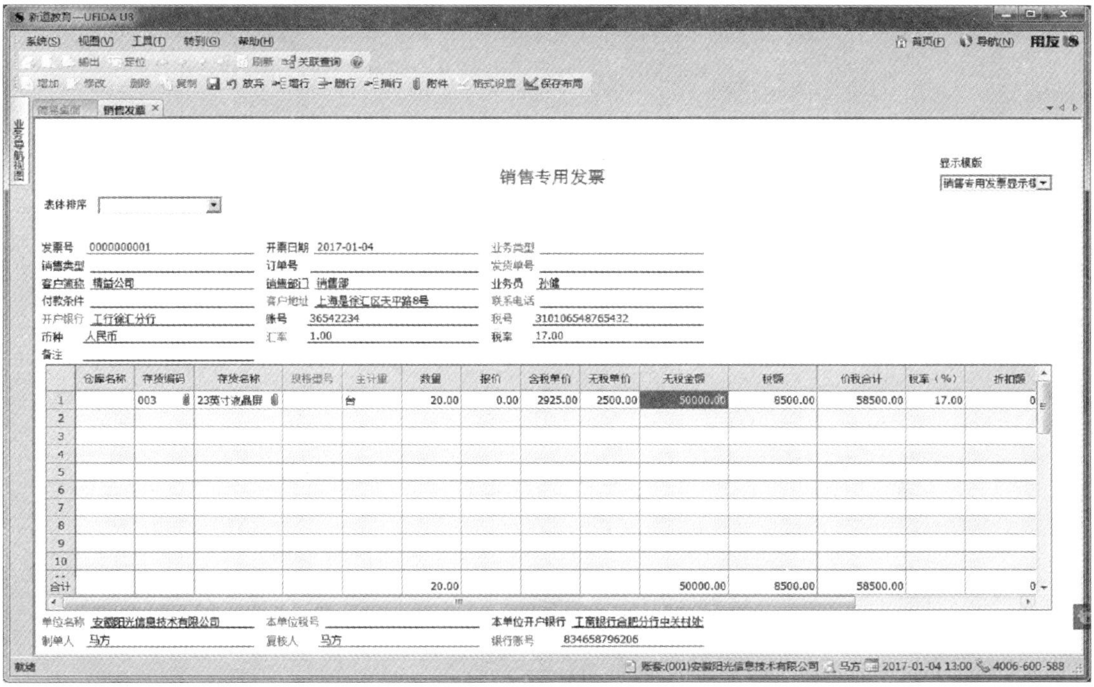

图 7-15 销售专用发票

2. 审核应收单,暂不制单。

3. 双击"应收单据录入",打开单据类别窗口,选择"应收单",如图 7-16 所示。

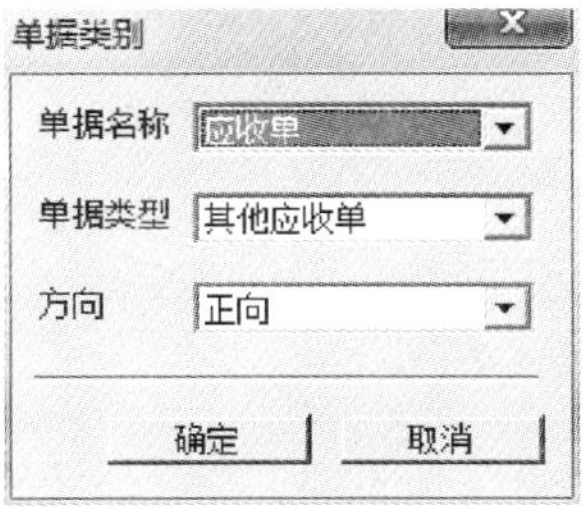

4. 单击"确定"按钮,打开应收单窗口,单击"增加"按钮,输入相关资料保存后如图 7-17 所示。

5. 审核应收单,暂不制单。

图 7-16 应收单

小提示!

➢ 应收单和销售发票一样,可以在保存后直接审核,也可以在"应收单据审核"功能中进行审核。如果直接审核,系统会提示是否立即制单,如果在"应收单据审核"功能中审核,只有到"制单处理"中制单。

6. 单击"制单处理",打开制单查询窗口,选择"发票制单"和"应收单制单",如图 7-18 所示。

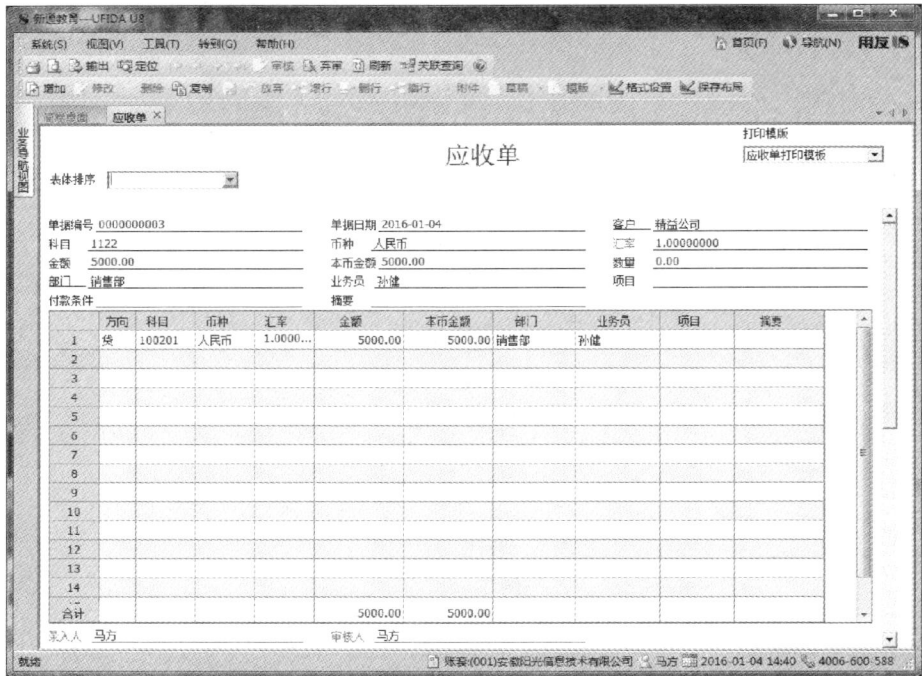

图 7-17　应收单

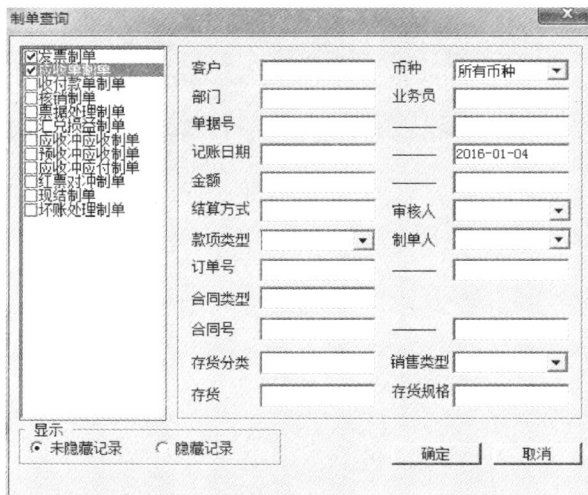

图 7-18　选择制单单据

7.单击"确定"按钮,打开应收制单列表,如图 7-19 所示。

8.单击"全选"按钮,再单击"制单"按钮,生成 2 张凭证并保存,如图 7-20 和图 7-21 所示。

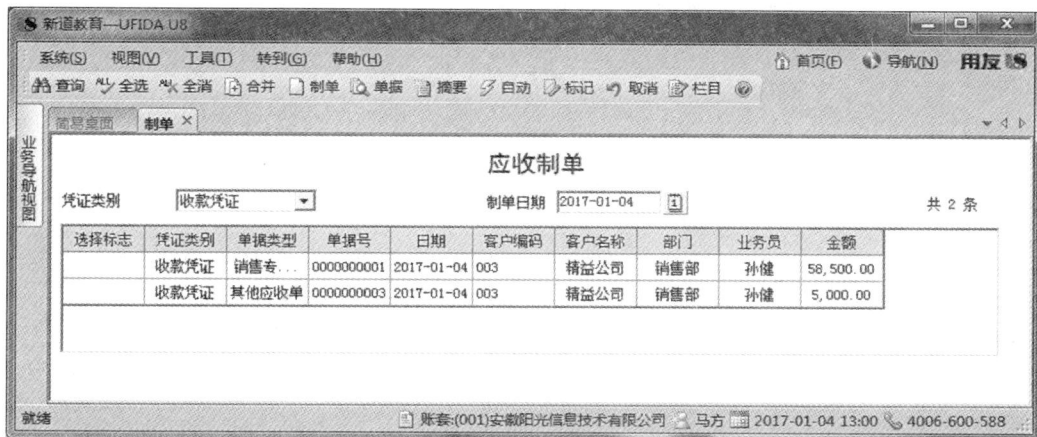

图 7-19　应收单制单列表

图 7-20　发票制单凭证

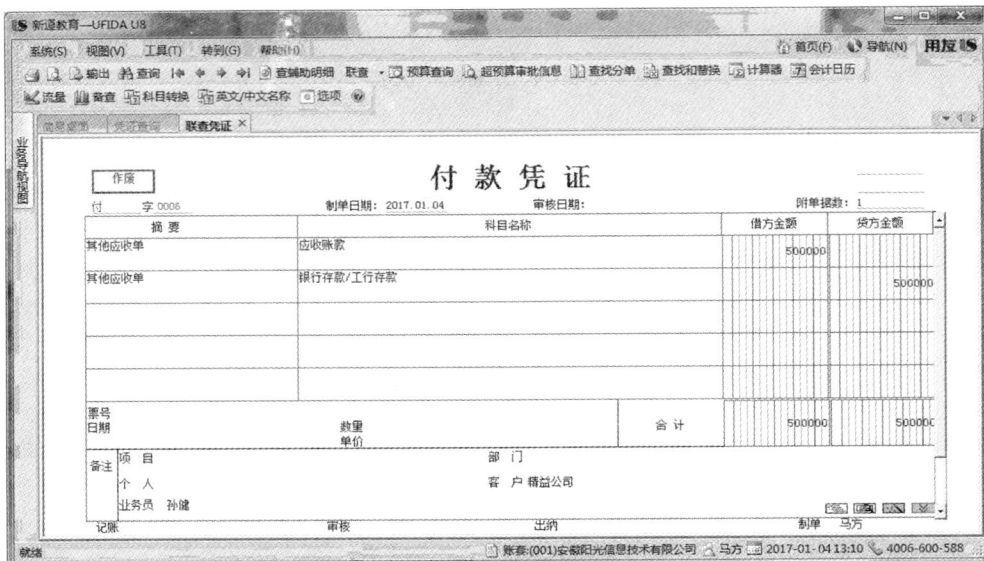

图 7-21　应收制单凭证

小提示!

➢ 在应收单凭证窗口中,需要手工输入贷方科目"100201"。

➢ 如果在应收单列表中,在单击"制单"按钮前,单击"合并"按钮,则生成的两张凭证将会合并在一张凭证中,如图 7-22 所示。

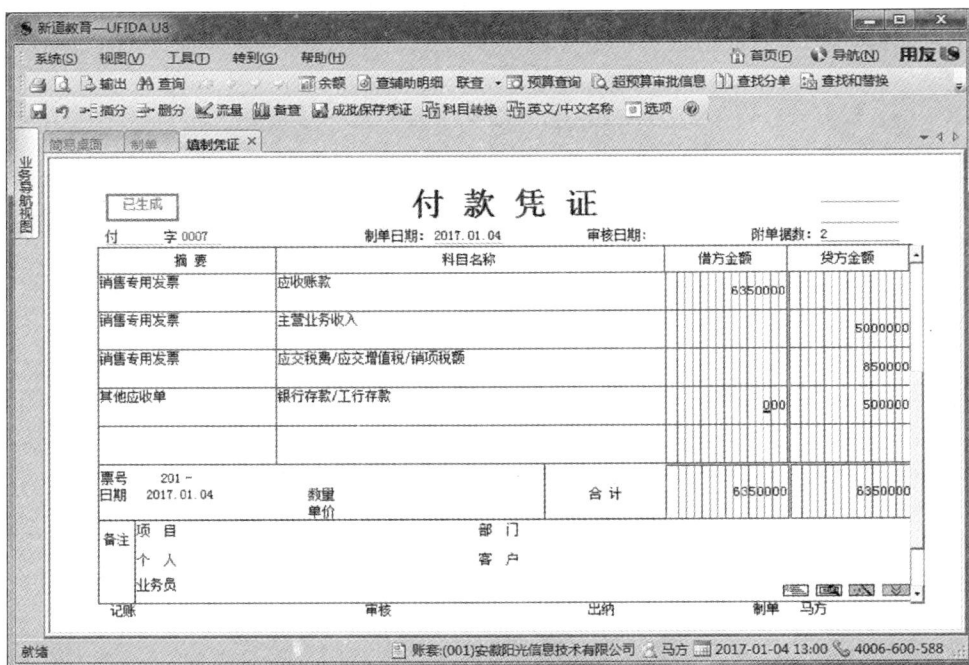

图 7-22　合并制单凭证

二、收款单据处理

收款单据处理主要是对结算单据(收款单、付款单即红字收款单)进行管理,包括收款单、付款单的录入与审核。

应收款管理的收款单是用来记录企业所收到的客户款项,款项性质包括应收款、预收款和其他费用等,其中应收款、预收款性质的收款单将与发票、应收单进行核销勾对。

【业务资料】

安徽阳光公司 2017 年 1 月 5 日,收到华宏公司交来转账支票一张,金额 65 000 元,转账支票号 ZZ001,用以归还前欠货款。

【操作步骤】

1. 以 003 马方身份登录应收款管理系统,单击"收款单据处理",双击"收款单据录入",打开收款单窗口。

2. 单击"增加"按钮,输入日期"2017-01-05",客户"华宏公司",结算方式"转账支票",金额"65 000.00",单击"保存"按钮,如图 7-23 所示。

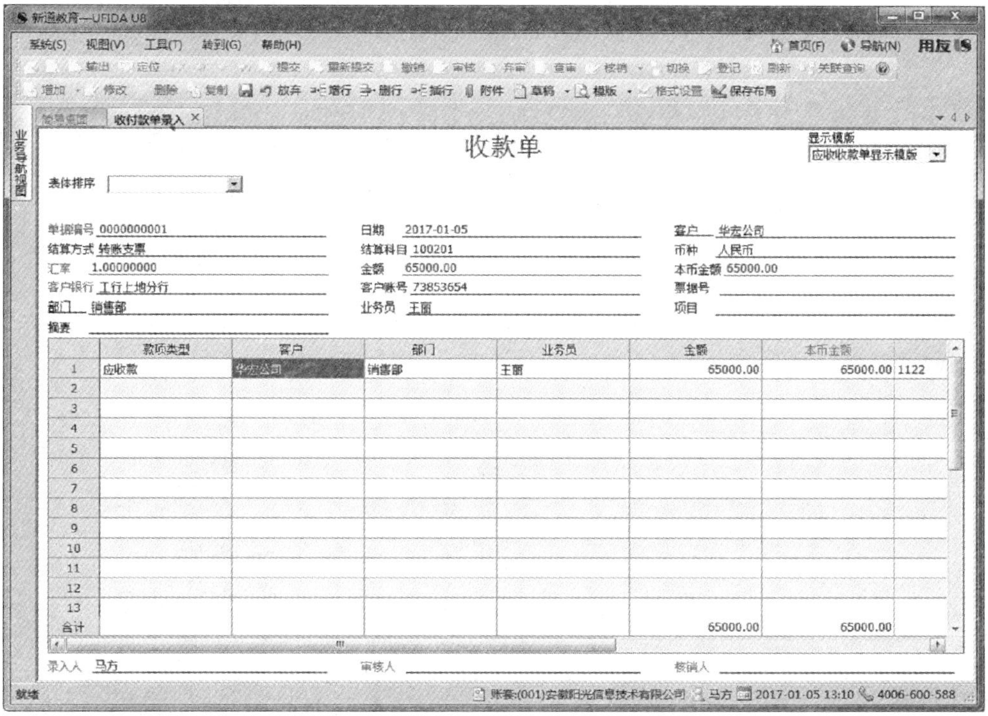

图 7-23 收款单

小提示!

➢ 在单击收款单的"保存"按钮后,系统会自动生成收款单表体的内容。

➢ 表体中的款项类型系统默认为"应收款",可以修改,款项类型还包括"预收款"和"其他费用"。

➢ 如果是退款给客户,则可以单击"切换"按钮,填制红字收款单。

3. 单击"审核"按钮,系统提示是否立即制单,单击"是"按钮,进入填制凭证窗口,修改制单日期"2017-01-05",单击"保存"按钮,如图7-24所示。

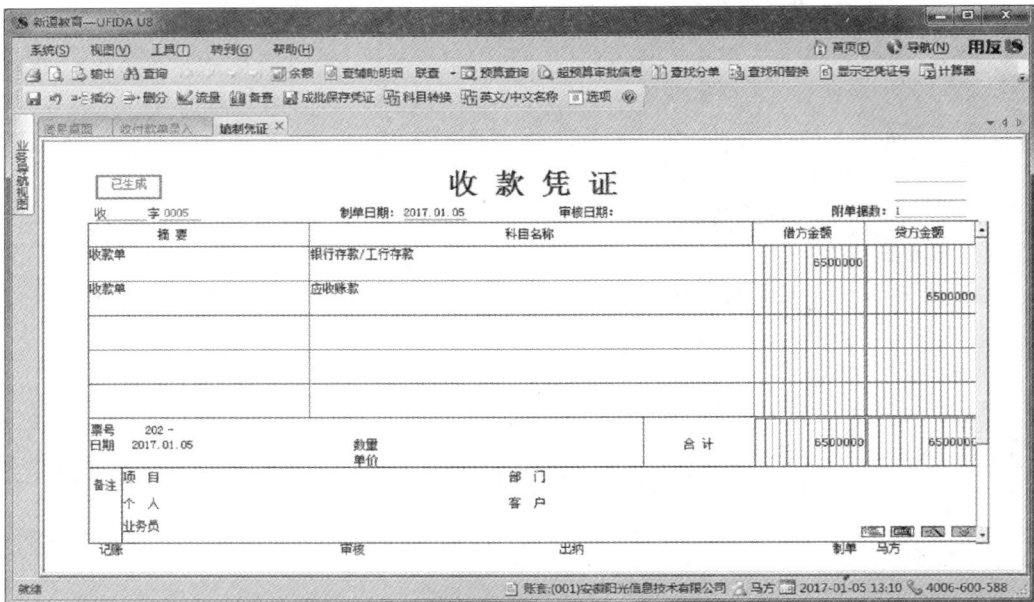

图7-24　收款单制单凭证

【业务资料】

安徽阳光公司2017年1月9日,华宏公司交来转账支票一张,金额10 000元,支票号ZZ003,作为预购酷睿双核处理器的订金。

【操作步骤】

1. 以003马方身份登录应收款管理系统,单击"收款单据处理",双击"收款单据录入",打开收款单窗口。

2. 输入收款单相关资料,保存后如图7-25所示。

3. 单击"修改"按钮,将收款单表体中"款项类型"修改为"预收款",再单击"保存"按钮。

4. 审核收款单,并制单保存后如图7-26所示。

🔊 小提示!

➢ 收款单保存后默认表体中款项类型"应收款",需要手工修改为"预收款",审核后制单生成的凭证中,贷方科目才是"预收账款"。

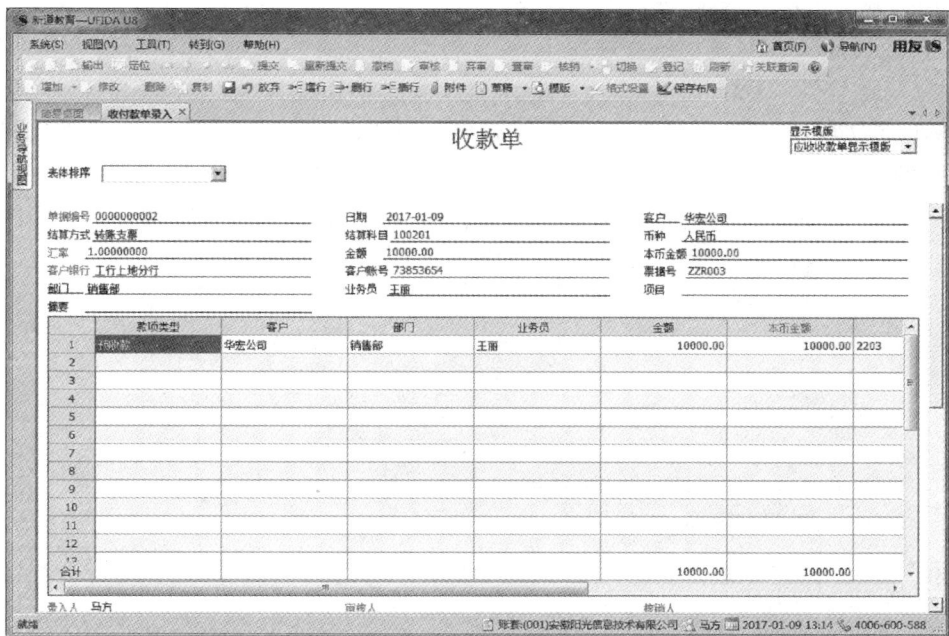

图 7-25 收款单

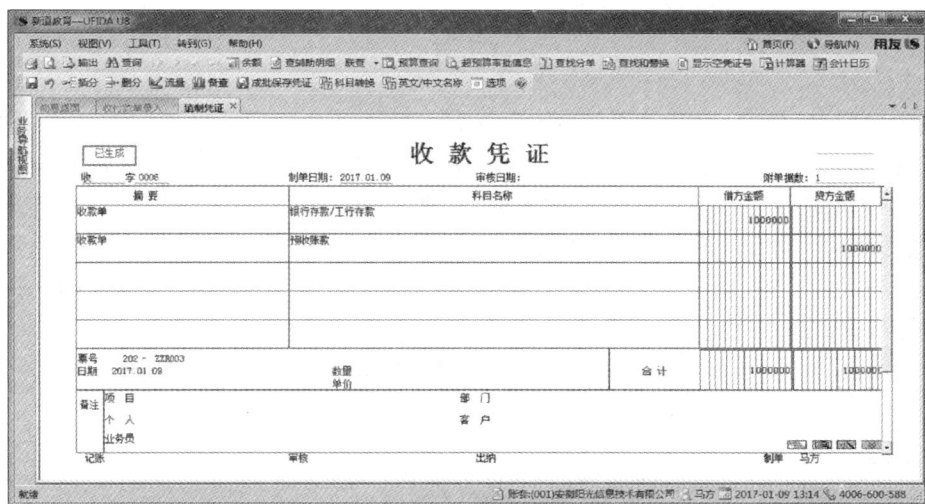

图 7-26 预收款凭证

三、核销处理

核销处理是将已收款与应收款进行核销,建立收款与应收款的核销记录,以加强往来款项管理。核销处理可以在收款单录入后,直接单击"核销"按钮进行核销处理。

【业务资料】

安徽阳光公司对华宏公司进行核销处理。

【操作步骤】

1.以 003 马方身份登录应收款管理系统,单击"核销处理",双击"自动核销",打开核销条件窗口。

2.选择单位名称"华宏公司",单击"确定"按钮。系统提示是否自动核销,单击"是"按钮,系统自动对符合条件的进行核销,并给出"自动核销报告",如图 7-27 所示。

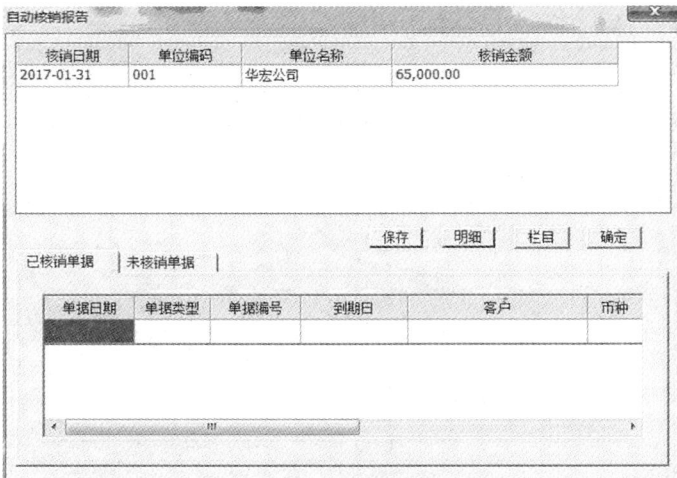

图 7-27　自动核销报告

3.单击"确定"按钮退出核销。

🔊 小提示!

➢ 系统在"其他处理"/"取消操作"功能中提供了"取消核销"功能,可以恢复核销前状态,用以修改核销错误操作。

➢ 核销也可使用"手工核销"方式进行核销处理,双击"手工核销",选择客户"华宏公司",单击"确定"按钮,打开单据核销窗口,手工输入"本次结算"为"65 000.00",上下列表中的结算金额合计必须保持一致,如图 7-28 所示。单击"保存"按钮,系统核销后单据核销列表中将不在显示任何单据。

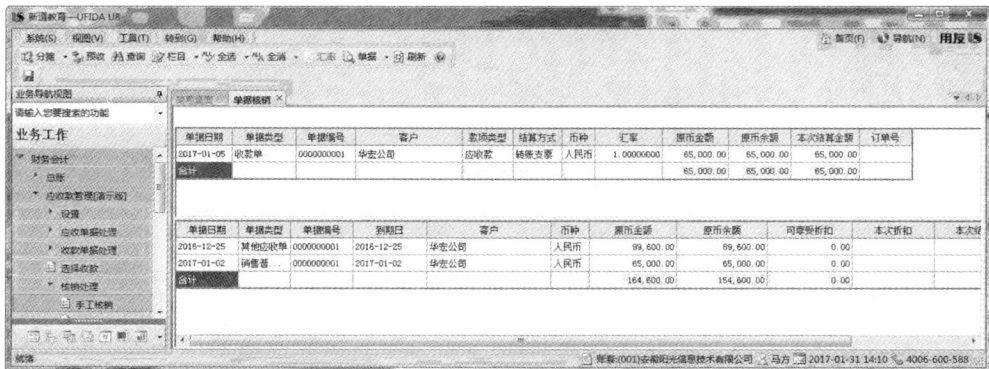

图 7-28　手工核销

四、转账处理

在日常处理中,经常会发生以下几种转账处理情况:某客户有预收款时,可用该客户的一笔预收款冲一笔应收款;若某客户既是供应商又是客户,则可能发生应收款冲应付款;当发生退货时,用红字发票对冲蓝字发票;当一个客户为另一个客户代付款时,发生应收款冲应收款的情况。

应收款管理系统中的转账处理包括应收冲应收、预收冲应收、应收冲应付和红票对冲业务。其操作基本类似,在此主要以应收冲应收和预收冲应收操作为例。

【业务资料】

安徽阳光公司 2017 年 1 月 10 日,将精益公司购买 23 英寸液晶屏的应收款 58 500.00 元转给昌新贸易公司。

【操作步骤】

1. 以 003 马方身份登录应收款管理系统,单击"转账",双击"应收冲应收",打开应收冲应收窗口。

2. 选择转出户"精益公司",转入户"昌新贸易公司",如图 7-29 所示。

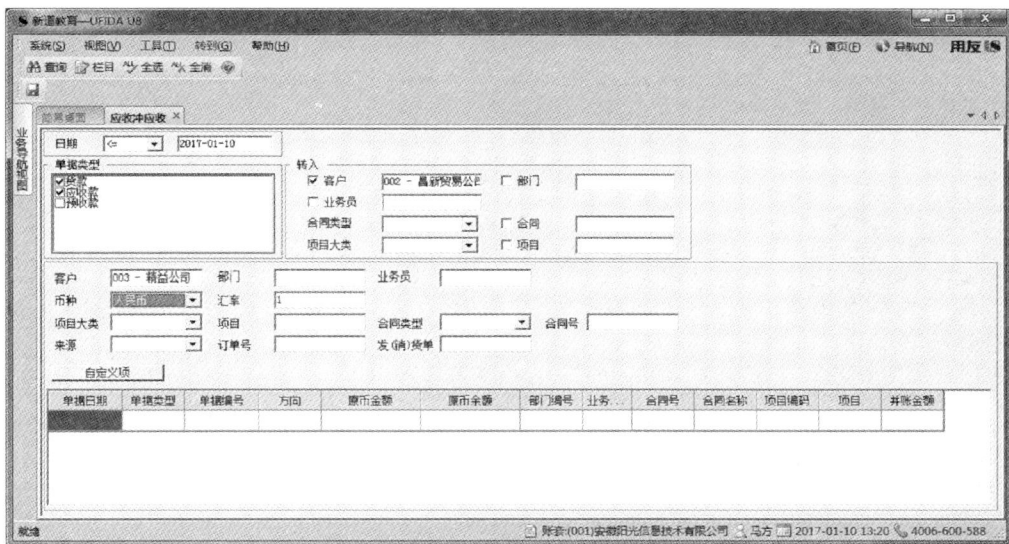

图 7-29　应收冲应收转入和转出户设置

3. 单击"过滤"按钮,在第一行"并账金额"中输入"58 500.00",如图 7-30 所示,系统自动进行转出和转入处理。

4. 单击"确定"按钮,系统提示是否立即制单,单击"是"按钮,进入填制凭证窗口,选择凭证类别"转账凭证",制单日期"2017-01-10",单击"保存"后如图 7-31 所示。

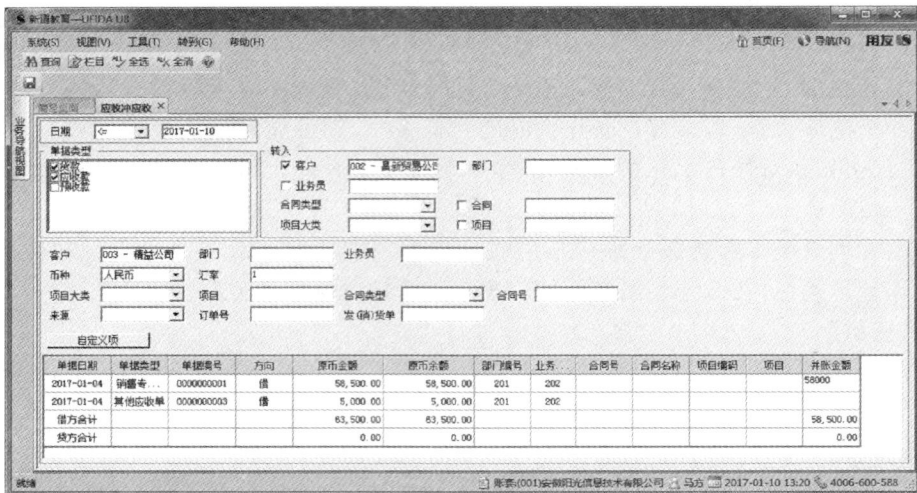

图 7-30　输入并账金额

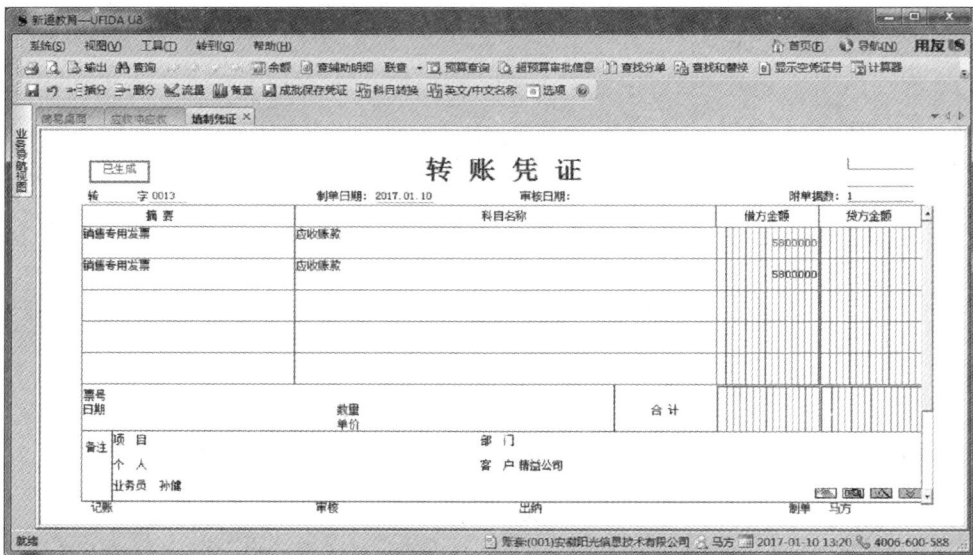

图 7-31　应收冲应收转账凭证

🔊))) 小提示！

➤ 每一笔应收款的并账金额不能大于其余额。

➤ 系统提供了"取消操作"/"取消应收冲应收"功能，可以进行恢复应收冲应收之前的状态操作，如图 7-32 所示，但前提是应收冲应收转账并没有制单。若制单，则必须先删除并单制单凭证，然后才能执行取消应收冲应收操作。

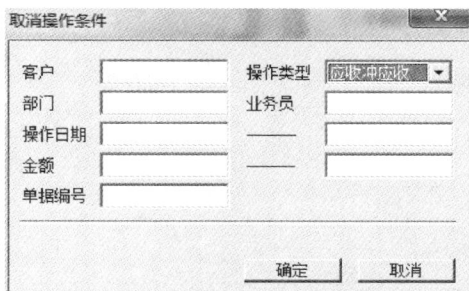

图 7-32 取消应收冲应收

➤ 确定并账金额后,也可单击"否"按钮,不立即制单,此时要到"制单处理"功能中选择"并账制单"查询条件,才能生成应收冲应收凭证。

【业务资料】

安徽阳光公司 2017 年 1 月 11 日,用华宏公司交来的 10 000.00 元订金冲抵其期初应收款项。

【操作步骤】

1. 以 003 马方身份登录应收款管理系统,单击"转账",双击"预收冲应收",打开预收冲应收窗口。

2. 在"客户"栏选择"001 华宏公司",单击"过滤"按钮,在"转账金额"栏输入"10 000.00",如图 7-33 所示。

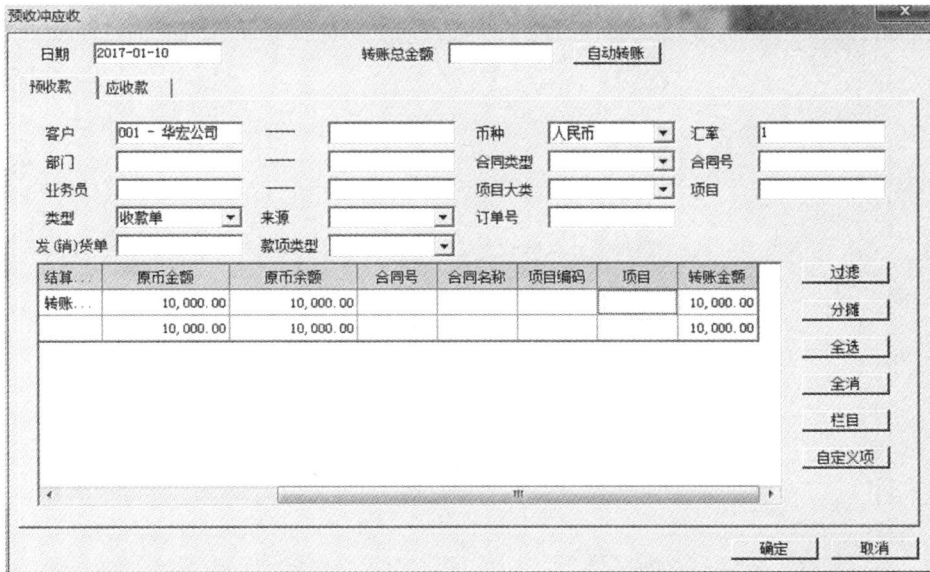

图 7-33 设置客户及转账金额

3. 单击"应收款"选项卡,单击"过滤"按钮,在"转账金额"栏录入"10 000.00",如图 7-34 所示。

🔊 小提示!

➤ 由于应收款管理初始化是 001 学生本人操作,此时由 003 马方进行应收款日常业务操作处理。"用户"是用友 ERP-U8V10.1 软件默认控制记录,若要 003 马方看到 001 学生本人初始化操作单据记录,必须取消用户控制记录,或者授予 003 马方用户分配权限,如图 7-35 所示。

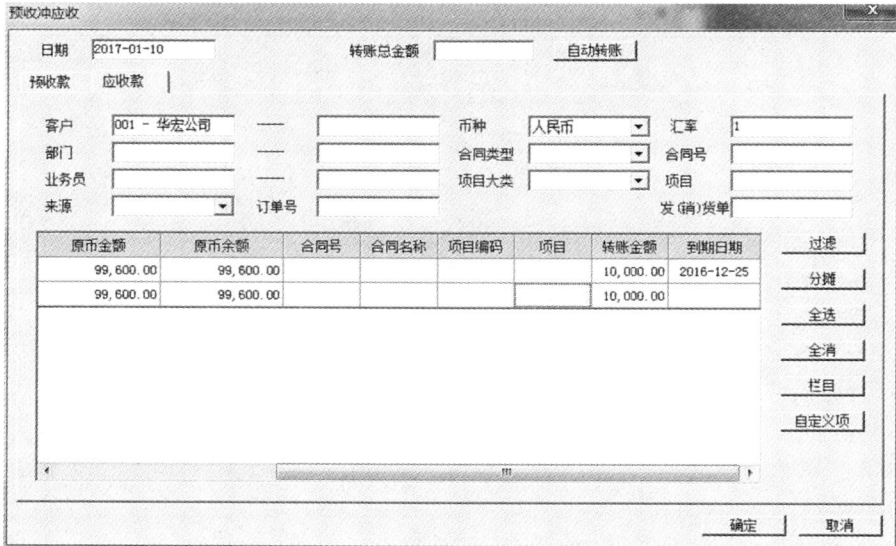

图 7-34　录入转账金额

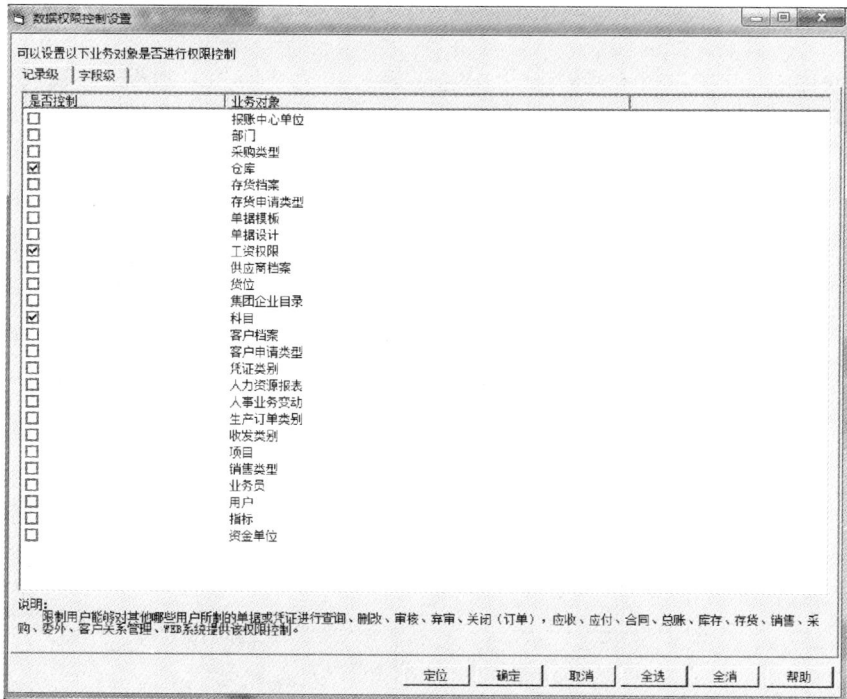

图 7-35　取消"用户"默认记录

　　4.单击"确定"按钮,系统提示是否立即制单,单击"是"按钮,进入填制凭证窗口,选择凭证类别"转账凭证",制单日期"2017-01-11",单击"保存"按钮,如图 7-36 所示。

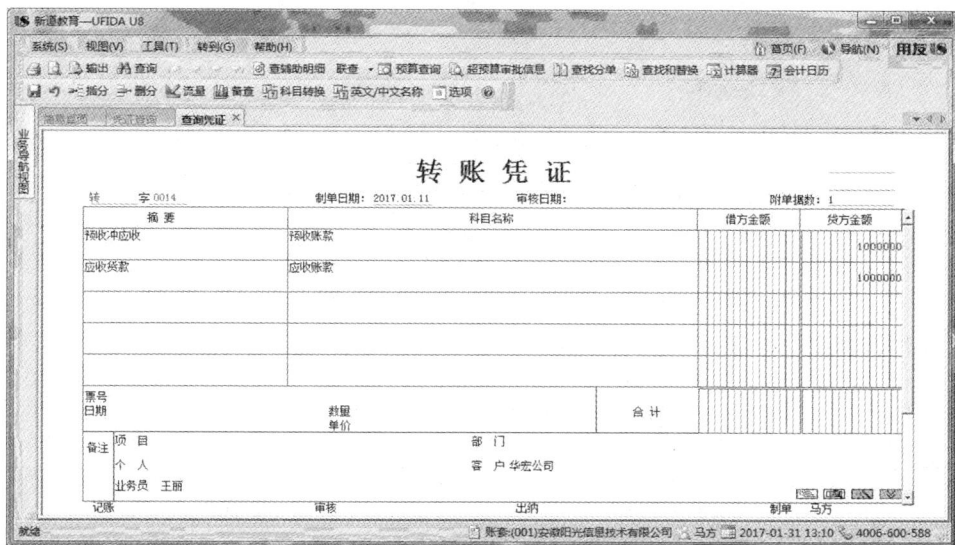

图 7-36 预收冲应收转账凭证

◁)) 小提示!

➤ 预收冲应收还可以在输入"转账总金额"后,单击"自动转账"按钮,系统会自动根据过滤条件进行预收冲应收工作,如图 7-37 所示。单击"是"按钮,系统提示是否立即制单信息,制单后,系统给出转账信息。

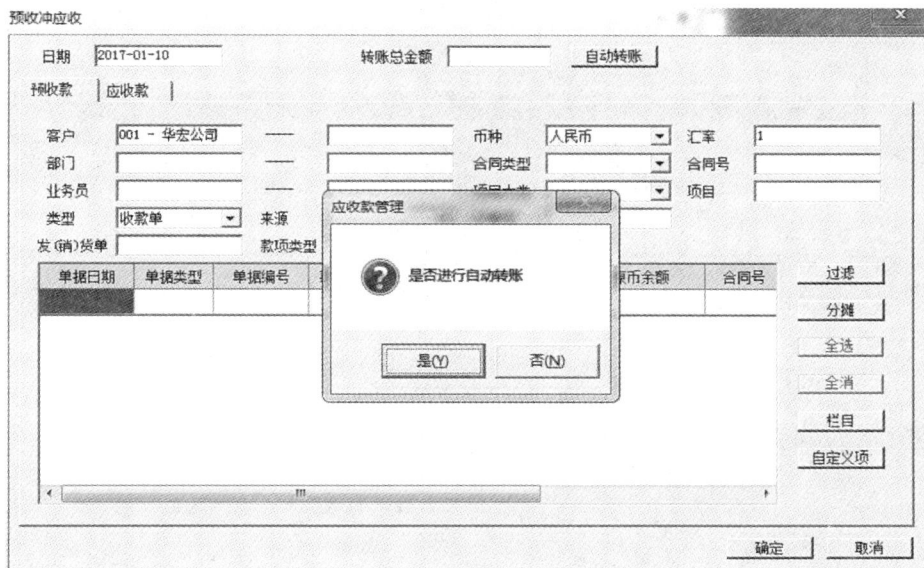

图 7-37 预收冲应收自动转账

➤ 系统提供了"取消操作"/"取消预收冲应收"功能,可以进行恢复预收冲应收之前的状态操作。前提是预收冲应收转账并没有制单,若制单,则必须先删除并单制单凭证,然后才能执行取消预收冲应收操作。

五、坏账处理

坏账是由某种原因造成的货款不能回收的信用风险。坏账处理包括计提坏账准备、坏账发生、坏账回收和坏账查询等操作。在此主要以坏账发生和计提坏账准备操作为例。

【业务资料】

安徽阳光公司 2017 年 1 月 17 日,确认本月 4 日为精益公司代垫运费 5 000.00 元,作为坏账处理。

【操作步骤】

1. 以 003 马方身份登录应收款管理系统,单击"坏账处理",双击"坏账发生",打开坏账发生窗口。

2. 修改日期"2017-01-17",选择客户"003-精益公司",如图 7-38 所示。

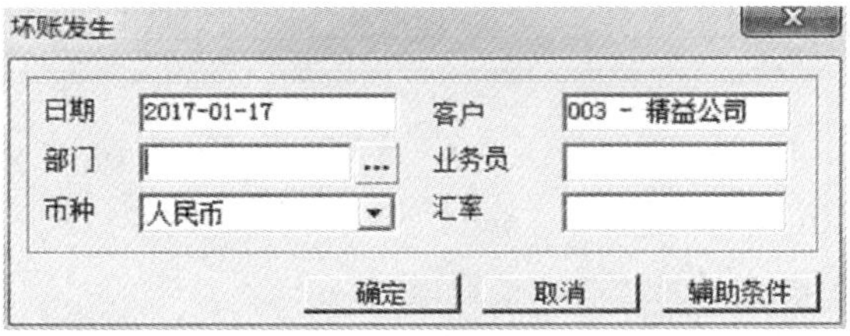

图 7-38　设置坏账发生信息

3. 单击"确定"按钮,打开坏账发生单据明细窗口,在"本次发生坏账金额"栏中输入"5 000.00",如图 7-39 所示。

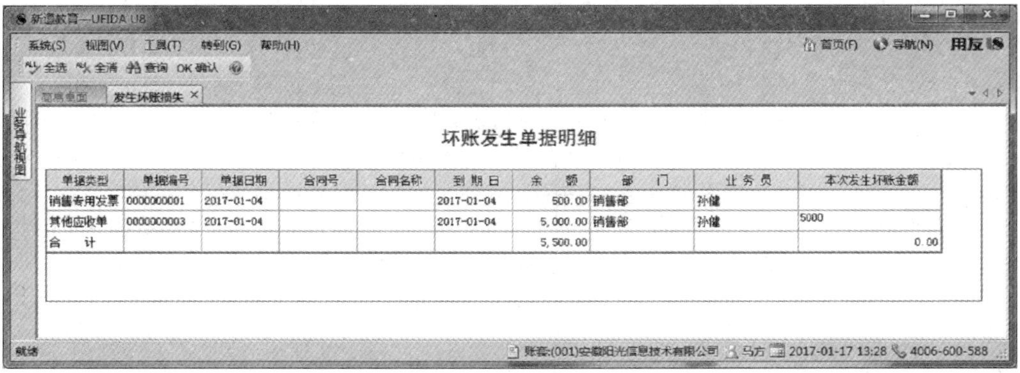

图 7-39　坏账发生单据明细

4. 单击"确认"按钮,系统提示是否立即制单,单击"是"按钮,进入填制凭证窗口,选择凭证类别"转账凭证",制单日期"2017-01-17",单击"保存"按钮后如图 7-40 所示。

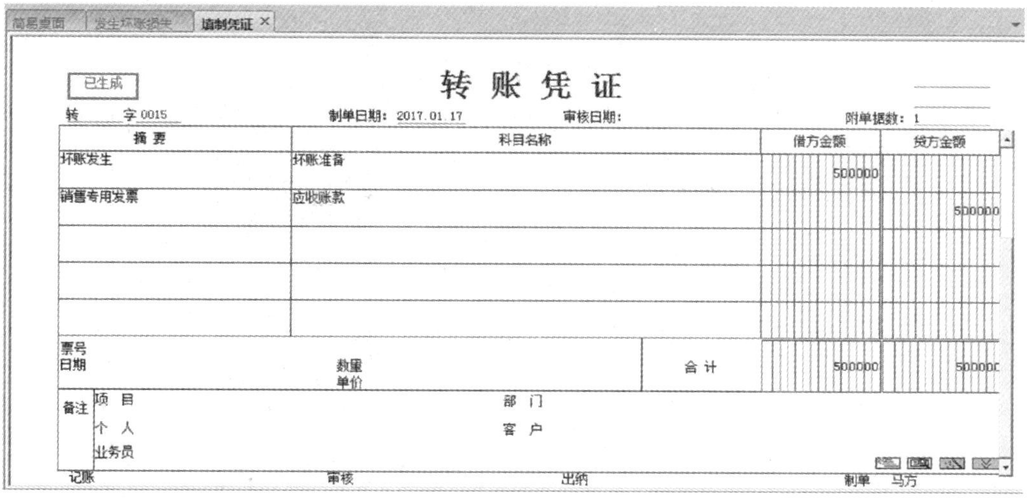

图 7-40　发生坏账凭证

🔊 小提示!

➤ 本次发生坏账金额只能小于或等于单据金额。

➤ 系统提供了"取消操作"/"取消坏账处理"功能,可以取消坏账发生操作。

➤ 假如不立即制单,需要在"制单处理"中选择"坏账处理制单"查询条件,进行发生坏账凭证生成操作。

【业务资料】

安徽阳光公司 2017 年 1 月 31 日,计提坏账准备。

【操作步骤】

1.以 003 马方身份登录应收款管理系统,单击"坏账处理",双击"计提坏账准备",打开应收账款百分比法窗口,系统自动计算应收账款坏账准备本次计提金额,如图 7-41 所示。

图 7-41　计提坏账准备

2.单击"确认"按钮,系统提示是否立即制单,单击"是"按钮,进入填制凭证窗口,选择凭证类别"转账凭证",单击"保存",如图 7-42 所示。

图 7-42　计提坏账准备凭证

◁))) 小提示！

➤ 系统自动按照应收账款余额百分比法计算本期应计提坏账准备金额。

➤ 系统提供了"取消操作"/"取消坏账处理"功能，可以取消计提坏账准备操作。

➤ 假如不立即制单，需要在"制单处理"中选择"坏账处理制单"查询条件，进行计提坏账准备凭证生成操作。

➤ 应收管理系统生成的凭证，还要更换操作员录入总账管理进行出纳签字、审核和记账操作。

任务四　应收款管理期末处理

7-4

【任务描述】

在完成应收款管理日常业务处理后，需进行期末处理，即月末结账。本任务要求掌握应收款管理月末结账的操作方法。

【知识准备与业务操作】

一、月末结账

如果当月应收款业务已经全部处理完毕，应执行月末结账功能。月末结账是在系统引导方式下进行的。在进行月末处理时，一次只能选择一个月进行结账，前一个月如果没有结账，则本月不能结账；结算单还有未核销的，不能结账；单据在结账前应该全部审核。

【业务资料】

安徽阳光公司 2017 年 1 月 31 日执行应收款管理系统月末结账。

【操作步骤】

1. 以 003 马方身份登录应收款管理系统,单击"期末处理",双击"月末结账",打开月末处理窗口。

2. 双击一月份结账标志,如图 7-43 所示。

3. 单击"下一步"按钮,打开月末处理情况,如图 7-44 所示。

图 7-43　月末处理

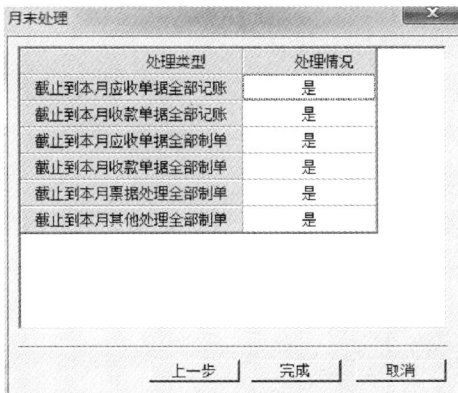

图 7-44　月末处理情况

4. 单击"完成"按钮,系统提示一月份结账成功信息。

5. 单击"确定"按钮返回。

◀» **小提示!**

➤ 只有当月结账后,才能执行下月的工作。

➤ 月结后,该月将不能进行任何处理。

➤ 将月结后的应收款管理账套数据备份到"001 **账套备份/财务管理/实验九应收款管理**"文件夹。

二、取消月结

在执行月末结账后,发现该月还需处理有关业务,或该月有关业务处理有误,需要修改,则可以对应收款管理系统取消结账。

【业务资料】

安徽阳光公司 2017 年 1 月 31 日取消月结操作。

【操作步骤】

1. 以 003 马方身份登录应收款管理系统,单击"期末处理",双击"取消月结",打开取消结账窗口,如图 7-45 所示。

2. 单击"确定"按钮,系统提示取消结账成功。

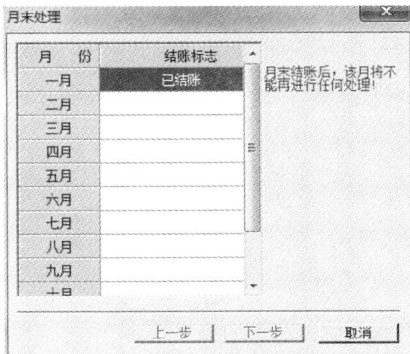

图 7-45　取消结账

项目小结

项目七应收款管理内容结构如图 7-46 所示。

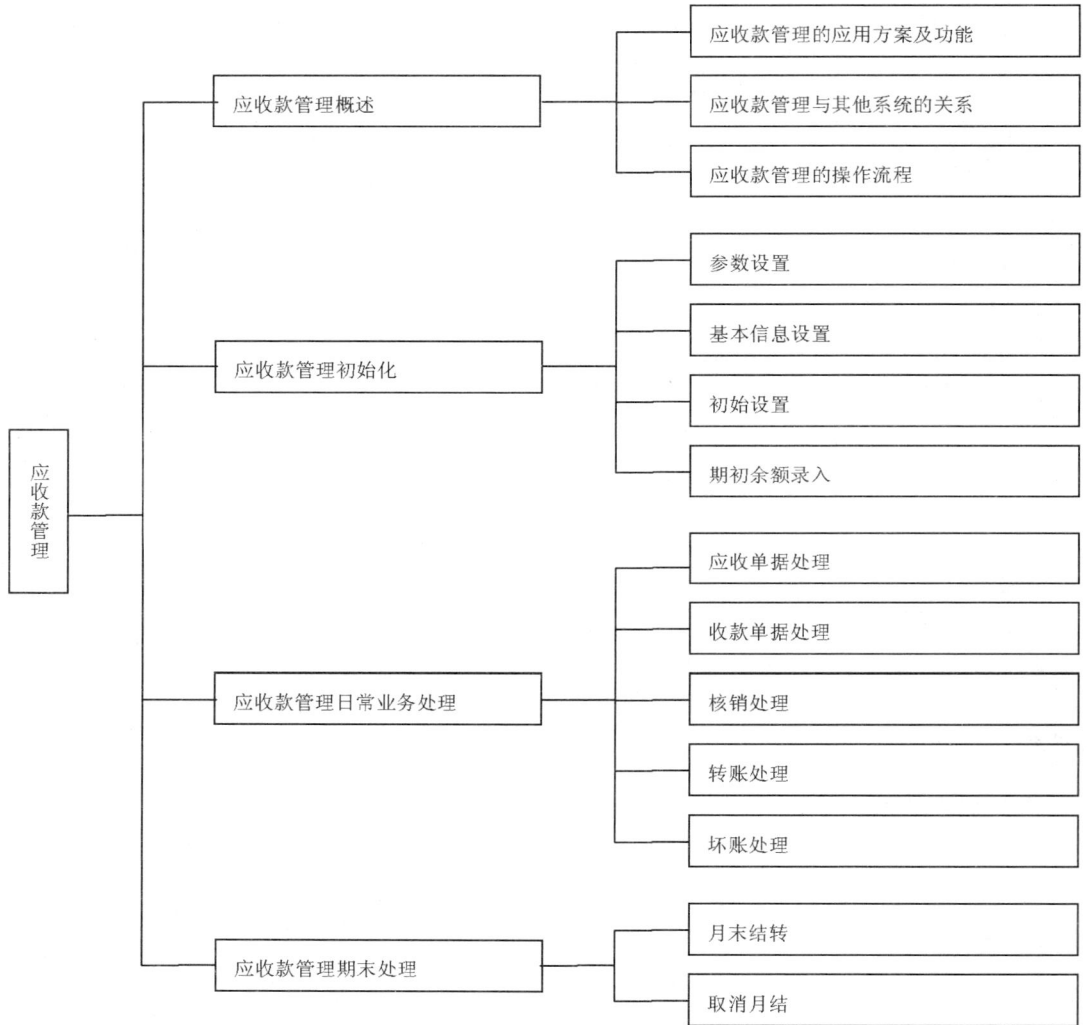

```
应                          应收款管理的应用方案及功能
收                 应收款管理概述    应收款管理与其他系统的关系
款                          应收款管理的操作流程
管
理                          参数设置
                           基本信息设置
                 应收款管理初始化   初始设置
                           期初余额录入

                           应收单据处理
                           收款单据处理
                 应收款管理日常业务处理 核销处理
                           转账处理
                           坏账处理

                 应收款管理期末处理  月末结转
                           取消月结
```

图 7-46　项目七应收款管理内容结构图

项目八　应付款管理

◆**职业能力目标**

了解应付款管理的应用方案及其功能、应付款管理与其他系统的关系，掌握应付款管理的操作流程；掌握应付款管理初始化以及日常业务处理包括单据处理、票据处理、制单处理、转账处理和期末处理的各项内容及操作方法。

◆**典型工作任务**

应付款管理概述；应付款管理初始化；应付款管理日常业务处理；应付款管理期末处理。

任务一　应付款管理概述

【任务描述】

应付款管理主要用于核算和管理供应商往来款项，记录采购业务及其他业务所形成的往来款项，处理应付款支付、转账等情况，也提供票据处理功能。本任务要求了解应付款管理的功能、应付款管理与其他系统的关系，掌握应付款管理的操作流程。

【知识准备与业务操作】

一、应付款管理的功能

应收与应付是企业经营活动的两个方面，应付款管理主要用于核算和管理供应商往来款项，系统根据对供应商往来款项核算和管理程度的不同，提供以下两种应用方法。

（一）在应付款管理中核算供应商往来款项

如果采购业务及应付核算与管理业务比较复杂，需要追踪每一笔业务的欠款和支付等情况，或者需要将应付款核算到产品一级，则可以选择这个方案。在这个方案下，所有的供应商往来凭证全部由应付款管理生成，其他系统不再生成这类凭证。其功能有以下几个方面：

（1）根据输入的单据记录应付款项的形成，包括由于商品交易和非商品交易所形成的应付项目。

（2）处理应付项目的付款及转账情况。

（3）对应付票据的记录和管理。

（4）在应付项目的处理中生成凭证，并向总账系统进行传递。

（5）对外币业务及汇兑损益进行处理。

（6）根据所提供的条件，提供各种查询及分析。

（二）在总账管理中核算供应商往来款项

如果采购业务及应付款业务并不十分复杂，或者现购业务很多，则可以选择总账管理中通过辅助核算完成供应商往来核算。这一方案着重于对供应商的往来款项进行查询和分析，其主要功能包括以下两个方面：

（1）若同时使用采购管理，可接受采购管理的发票，并对其进行制单处理，并为制单而预先进行科目设置。

（2）供应商往来业务在总账管理中生成凭证后，可以在此进行查询。具体选择哪种方案，可以在总账系统通过账簿选项方式设置。因此，在使用应付款管理的情况下，应先启用总账管理，然后才能启用应付款管理。

二、应付款管理与其他系统的关系

不同的应用方案，其系统功能、操作流程均不同。以在应付款管理中核算供应商往来款项为例，应付款管理与其他系统的关系如图 8-1 所示。

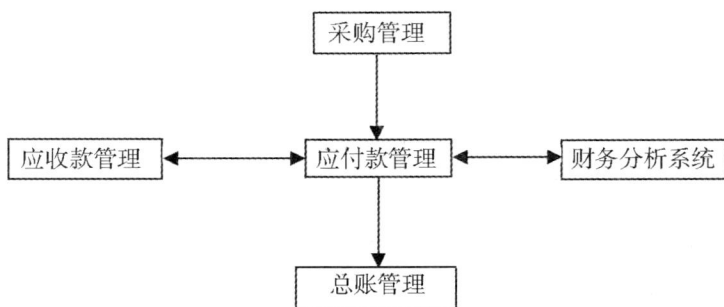

图 8-1　应付款管理与其他系统的关系

（一）应付款管理与企业应用平台的关系

应付款管理与企业门户共享基础数据，即应付款管理需要的基础数据既可以在企业门户中统一设置，也可在应付款管理中自行录入，最终由各模块共享使用。

（二）应付款管理与采购管理的关系

应付款管理接收采购管理提供的各种发票，在此生成凭证，并对发票进行付款结算处理。

（三）应付款管理与总账管理的关系

应付款管理向总账管理传递凭证，并能够查询其所生成的凭证。

（四）应付款管理与应收款管理的关系

应付款管理与应收款管理之间可以进行转账处理。

（五）应付款管理与财务分析的关系

应付款管理向财务分析提供各种分析所用的数据。

三、应付款管理的操作流程

应付款管理的操作流程如图 8-2 所示。

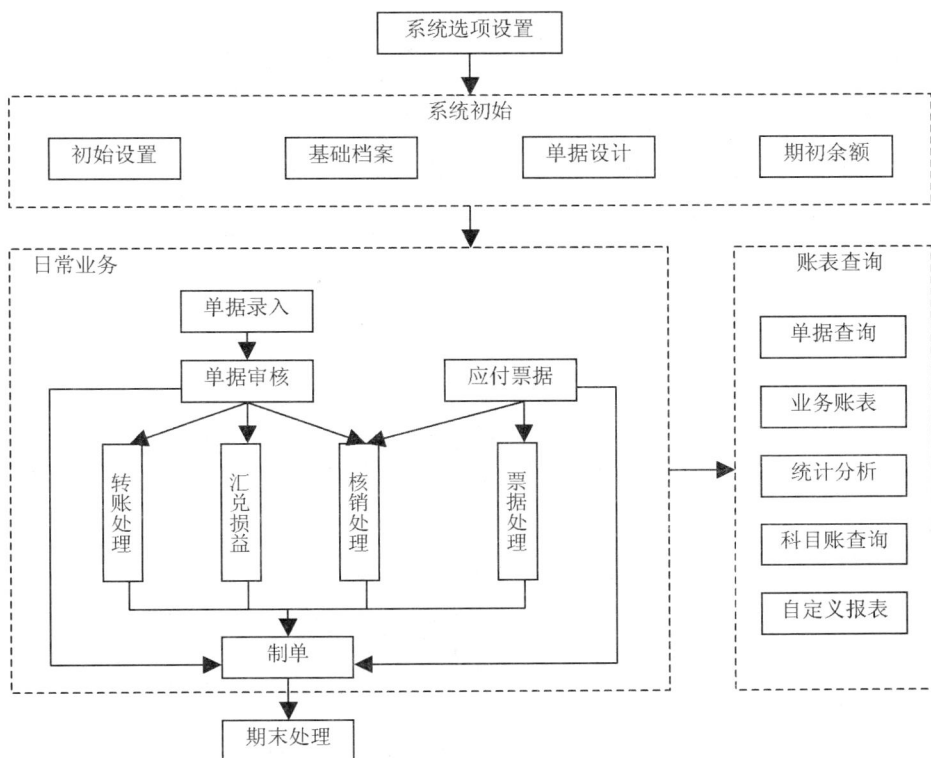

图 8-2 应付款管理的操作流程

任务二 应付款管理初始化

【任务描述】

应付款管理初始化是使用应付款管理系统之前,设置运行所需要的参数、基本信息、初始设置及期初余额录入。本任务就是掌握应付款管理初始化的内容及操作方法。

【知识准备与业务操作】

一、系统参数设置

在运行应付款管理前,应在此设置运行所需的账套参数,以便系统根据所选定的参数进行相应处理,如图 8-3 所示。

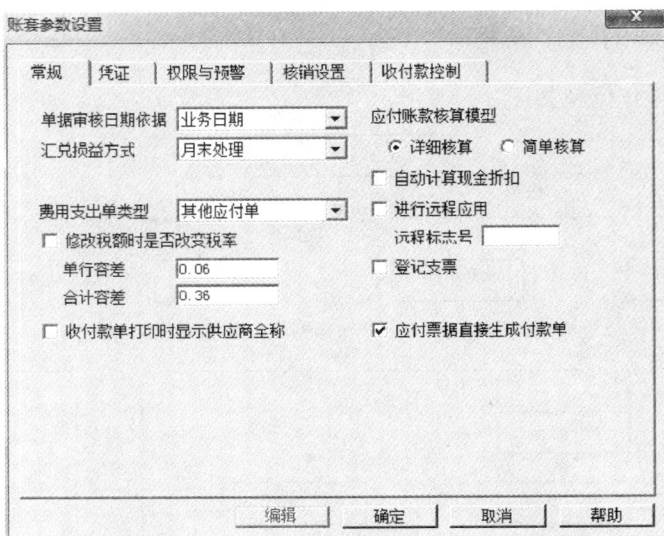

图 8-3　应付款管理的参数设置

二、初始设置

企业应付业务类型比较固定,生成的凭证类型也较固定,为了简化凭证生成操作,可在此处将各业务类型凭证中常用科目预先设置好。

【业务资料】

引入实验九应收款管理账套备份文件,安徽阳光公司应付款管理核算初始设置如表 8-1所示。

表 8-1　会计科目设置

科目类别	设置方式
基本科目设置	应付科目 220201 预付科目 1123 采购科目 1401 采购税金科目 22210101 银行承兑科目 2201 商业承兑科目 2201
控制科目设置	所有供应商的控制科目: 应付科目 220201 预付科目 1123
结算方式科目设置	结算方式:现金;币种:人民币;科目:1001 结算方式:现金支票;币种:人民币;科目:100201 结算方式:转账支票;币种:人民币;科目:100201 结算方式:其他;币种:人民币;科目:100201

根据资料设置科目。

【操作步骤】

1. 以 001 学生本人身份登录应付款管理系统，单击"设置"，双击"初始设置"，打开初始设置窗口。

2. 按资料进行基本科目设置，如图 8-4 所示。

图 8-4　基本科目设置

◁)) 小提示！

➢ 在基本科目设置的应付科目"220201 应付货款"、预付科目"1123 预付账款"及商业承兑科目、银行承兑科目"2201 应付票据"，应在会计科目中设置其辅助核算为"供应商往来"，并且其受控系统为"应付系统"，否则在此不能被选中。

➢ 只有在此设置了基本科目，在生成凭证时才能直接生成凭证中的会计科目，否则凭证中将没有这个科目，只能手工输入。

3. 控制科目设置，如图 8-5 所示。

4. 结算方式科目设置，如图 8-6 所示。

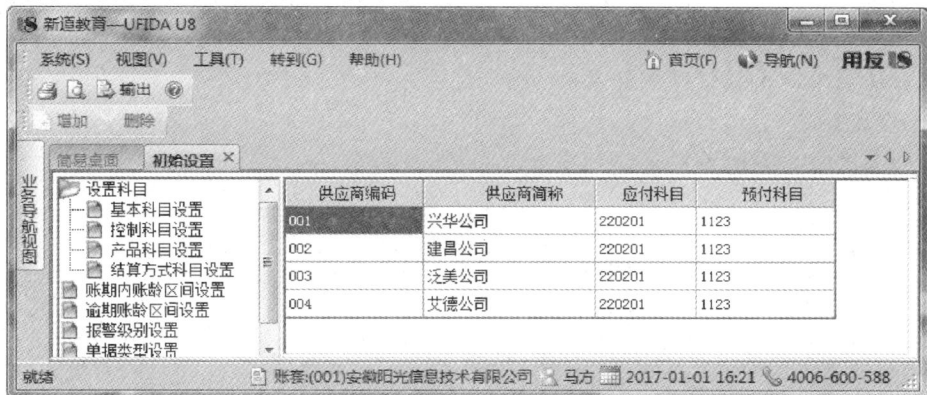

图 8-5　控制科目设置

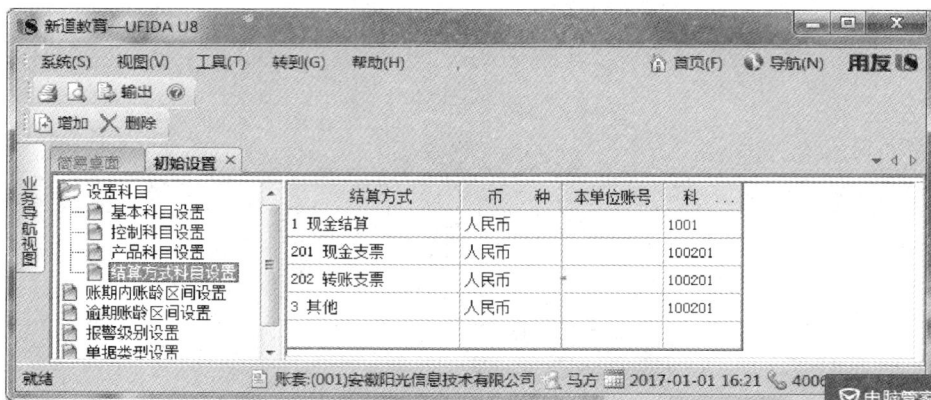

图 8-6　结算方式科目设置

🔊 **小提示！**

➤ 在收付款时，只要告诉系统结算时使用的结算方式，就可以由系统自动生成该种结算。如果不设置，则在收款或付款凭证时可以手工输入会计科目。

三、期初余额录入

初次使用本系统时，要将启用应付款管理系统时未处理完的所有供应商的应付账款、预付账款、应付票据等数据录入到本系统，以便以后的核销处理。当录入第二年度处理时，系统会自动将上年度未处理完的单据转为下一年度的期初余额。在下一会计年度的第一个会计期间，可以进行期初余额的调整。

【业务资料】

安徽阳光公司 2017 年 1 月 1 日应付账款/应付货款科目的期初余额为 276 850.00 元，以应付单形式录入，如表 8-2 所示。

表 8-2　应付账款/应付货款期初余额

日　　期	客　　户	方　　向	金　　额	业务员
2016-12-20	兴华公司	贷	276 850.00	白雪

根据资料录入应付款管理期初余额。

【操作步骤】

1. 以 001 学生本人身份登录应付款管理系统，单击"设置"，双击"期初余额"，打开期初余额查询窗口。

2. 单击"确定"按钮，打开期初余额明细表窗口。

3. 单击"增加"按钮，打开单据类别窗口。选择单据名称"应付单"，单击"确定"按钮，打开应付单录入窗口。

4. 单击"增加"按钮，输入单据日期"2016-12-20"，选择供应商"兴华公司"，输入金额"276 850.00"，单击"保存"按钮，如图 8-7 所示。

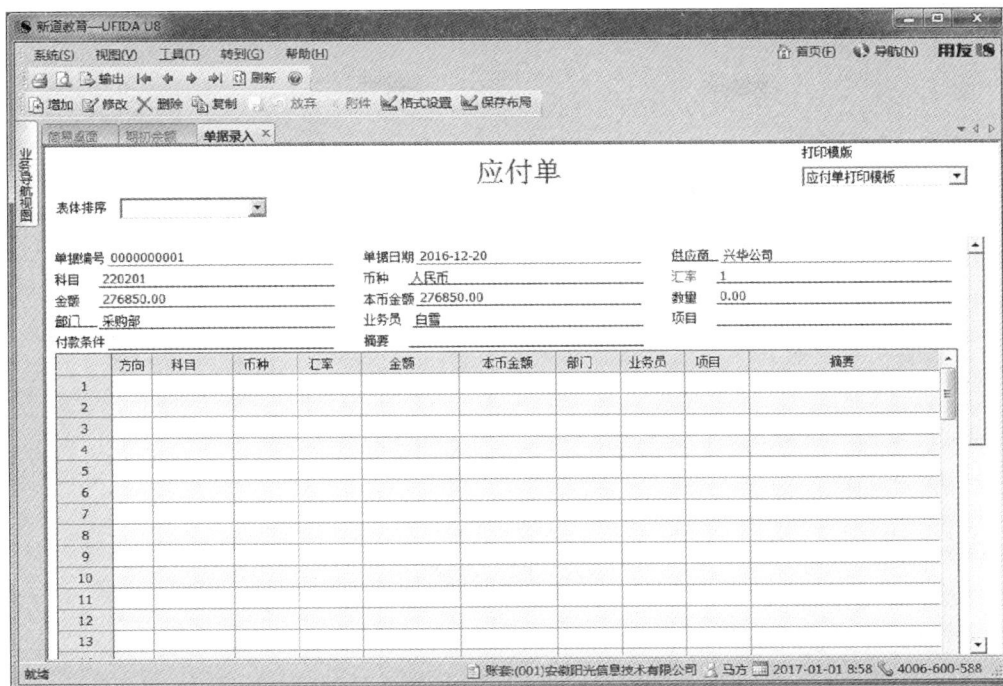

图 8-7 应付单

🔊 **小提示!**

➤ 在录入应付单时只需录入表格上半部分的内容。

➤ 应付单中的会计科目必须录入正确,否则将无法与总账管理系统进行对账。

5.退出应付单窗口,返回期初余额明细表窗口,单击"刷新"按钮,再单击"对账",结果如图8-8所示。

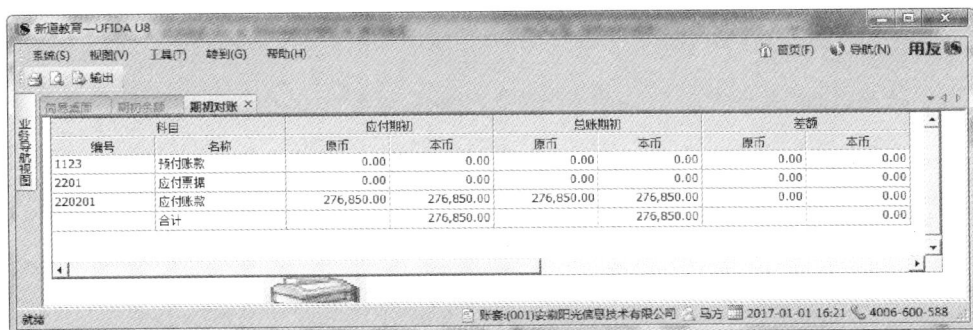

图 8-8 期初余额对账

🔊 **小提示!**

➤ 当完成全部应付款期初余额录入后,应通过"对账"将应付系统期初余额与总账系统期初余额进行核对。

➤ 当保存了期初余额的结果后,或在第二年使用需要调整期初余额时可以进行修改。当第一个会计期已结账后,期初余额只能查询不能再修改。

任务三　应付款管理日常业务处理

【任务描述】

应付款管理日常业务处理包括应付单据处理、付款单据处理、票据管理、转账处理、制单处理等操作。本任务就是掌握应付款管理日常主要业务处理的内容及操作方法。

【知识准备与业务操作】

一、应付单据处理

采购发票与应付单据是应付账款日常核算的原始单据。单据处理是本系统处理的起点。采购发票是指采购业务中的各类普通发票和专用发票。应付单是采购业务之外的应付单单据(如运费等)。

如果同时使用应付款管理系统和采购管理系统,则采购发票和运费单产生的单据由采购系统录入、审核,自动传递到应付款管理系统,在本系统可以对这些单据进行查询、核销、制单,在本系统需要录入的单据仅限于应付单。如果没有使用采购管理系统,则各类发票和应付单均应在应付款管理系统录入并审核。

【业务资料】

安徽阳光公司2017年1月8日,从建昌公司采购键盘300只,单价95.00元,增值税税率17%。根据资料录入采购发票并进行会计核算处理。

【操作步骤】

1. 以003马方身份登录应付款管理系统,单击"应付单据处理",双击"应付单据录入",打开单据类别窗口。

2. 选择单据名称"采购发票",单据类型"采购专用发票",单击"确定"按钮,打开专用发票录入窗口。

3. 单击"增加"按钮,输入开票日期"2017-01-08",供应商"建昌公司",存货编码"004",存货名称"键盘",数量"300.00",单价"95.00",如图8-9所示。

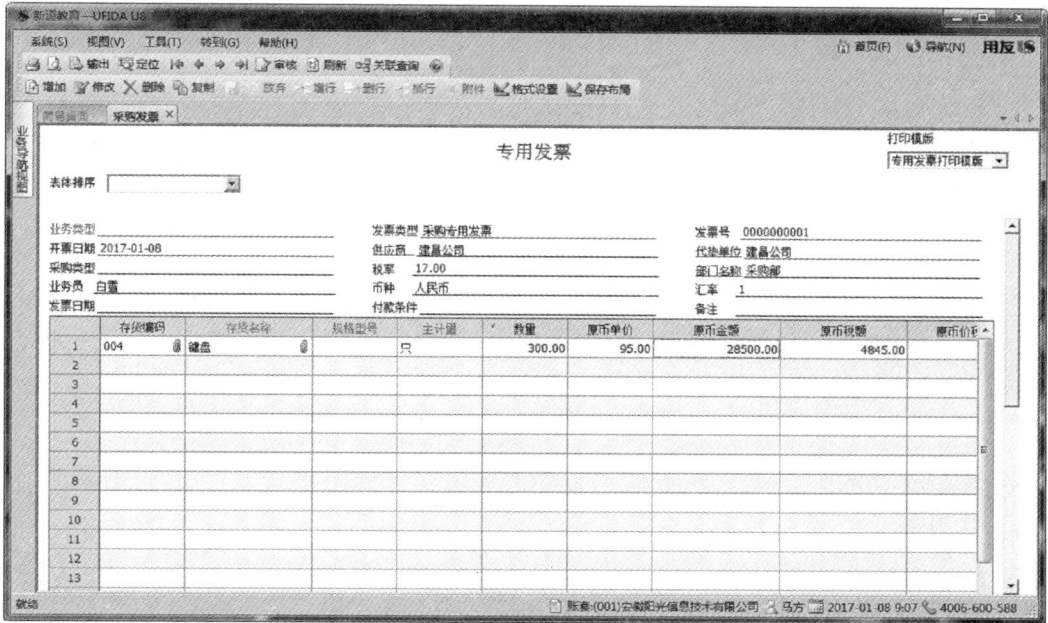

图 8-9 采购专用发票录入

4.单击"保存"按钮,再单击"审核"按钮,系统弹出"是否立即制单?"提示信息。

5.单击"是"按钮,进入填制凭证窗口,选择凭证类别"转账凭证",制单日期"2017-01-08",单击"保存"按钮,如图 8-10 所示。

◁)) 小提示!

➤ 如果只使用应付款管理系统,则所有发票和应付单都在应付款管理系统中录入;若应付款管理系统和采购管理系统同时使用,则发票在采购管理系统录入。

➤ 在不启用供应链的情况下,在应付款管理系统中只能对采购业务的资金流进行会计核算,即可以进行应付款、已付款以及采购情况的核算;而其物流的核算,即存货入库成本的核算,还需在总账系统中用手工进行结转。

➤ 在录入采购发票后可以直接进行审核,审核后系统会提示"是否立即制单?",此时可以直接制单。如果录入采购发票不直接审核,可以在"应付单据审核"功能集中审核,再到"制单处理"中制单。

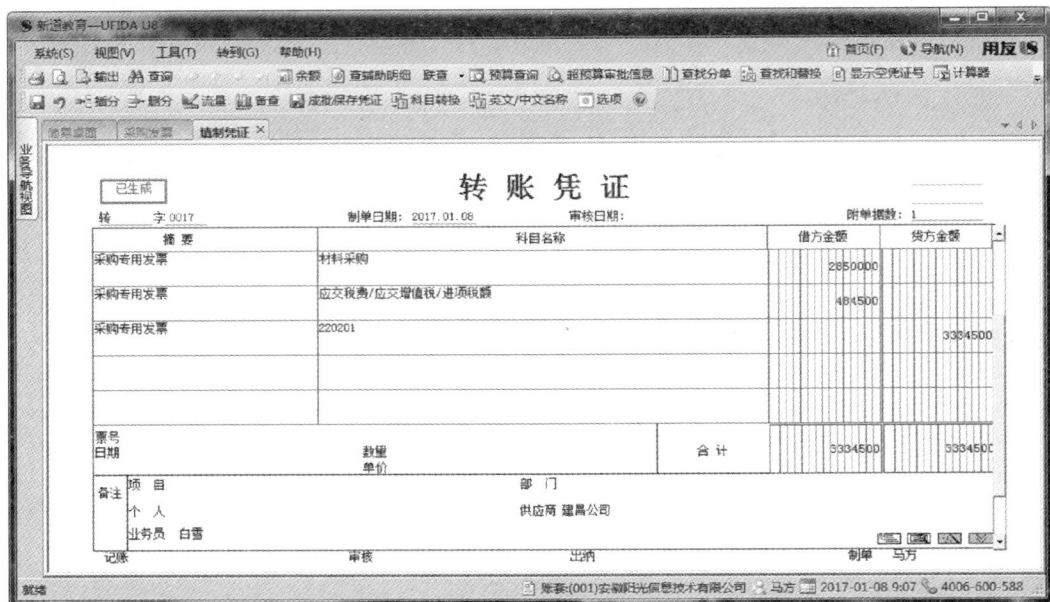

图 8-10　采购发票凭证

【业务资料】

安徽阳光公司 2017 年 1 月 10 日，向建昌公司购买 500GB 硬盘 20.00 盒，单价为 800.00元/盒，另外，在采购的过程中，发生了一笔运输费 200.00 元，税率为 17％。

根据资料录入采购发票和运费发票并做会计核算处理。

【操作步骤】

1. 以 003 马方身份登录应付款管理系统，增加并保存的一张采购专用发票，如图 8-11所示。

2. 审核采购专用发票，暂不制单。

3. 双击"应付单据录入"，打开单据类别窗口，选择"采购普通发票"，输入开票日期"2017-01-10"，供应商"建昌公司"，存货编码"008"，存货名称"运输费"，原币金额"200.00"，税率"17.00"，单击"保存"后如图 8-12 所示。

🔊 小提示！

➤ 按会计制度规定，运费可以按 17％的税率进行增值税进项税抵扣，因此运费成本为扣除 17％进项税后的部分。

➤ 如果在启用应付款管理系统的同时启用采购管理系统，则应在采购管理系统中填制"运费发票"，在应付款管理系统中对采购管理系统传递过来的"运费发票"进行应付款及付款核销等操作。

4. 单击"审核"按钮，审核普通发票，暂不制单。

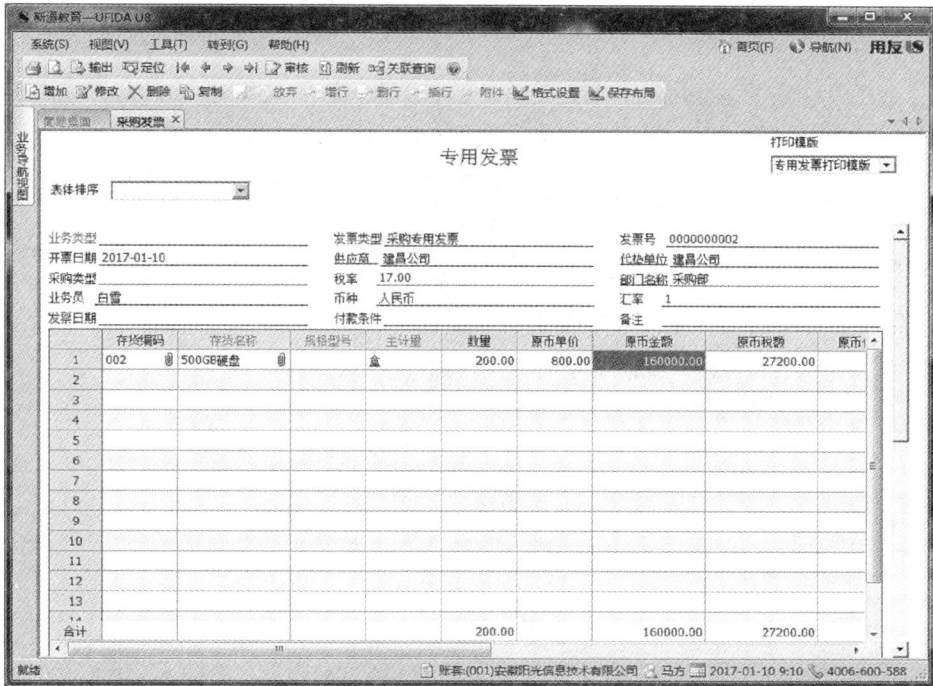

图 8-11　采购专用发票

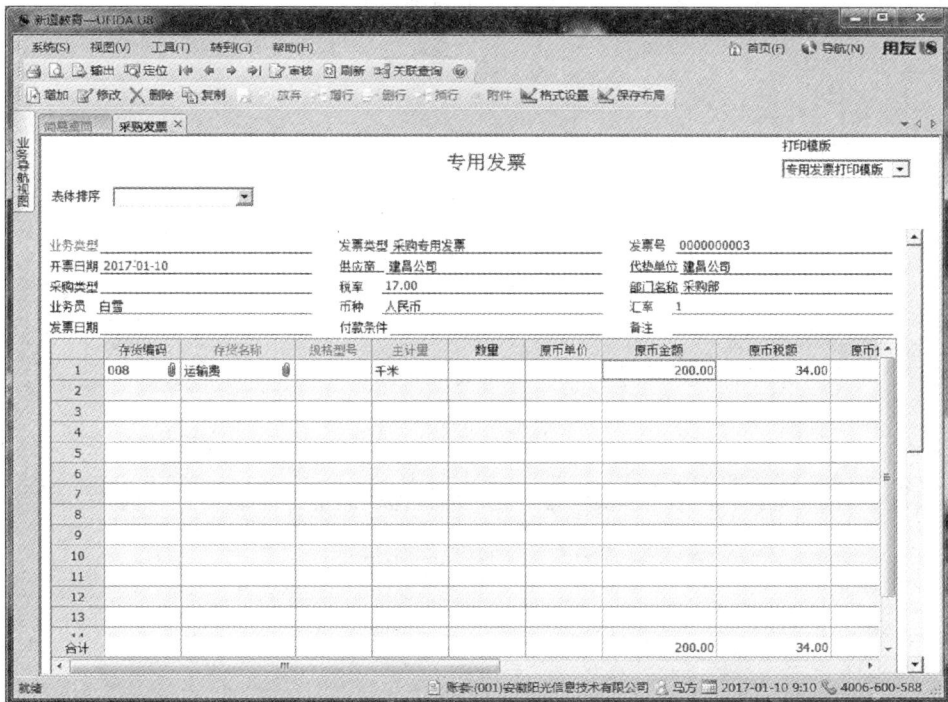

图 8-12　运费发票

5.双击"制单处理",打开制单查询,选择"发票制单",单击"确定"按钮,打开采购发票制单列表窗口,如图 8-13 所示。

单击"全选"按钮,单击"合并"按钮,再单击"制单"按钮,进入填制凭证窗口,选择凭证类别"转账凭证",制单日期"2017-01-10",单击"保存"按钮,如图 8-14 所示。

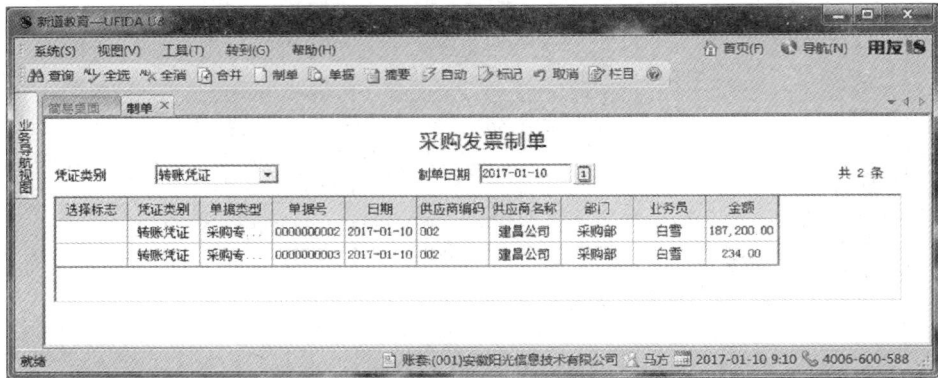

图 8-13　采购发票制单列表

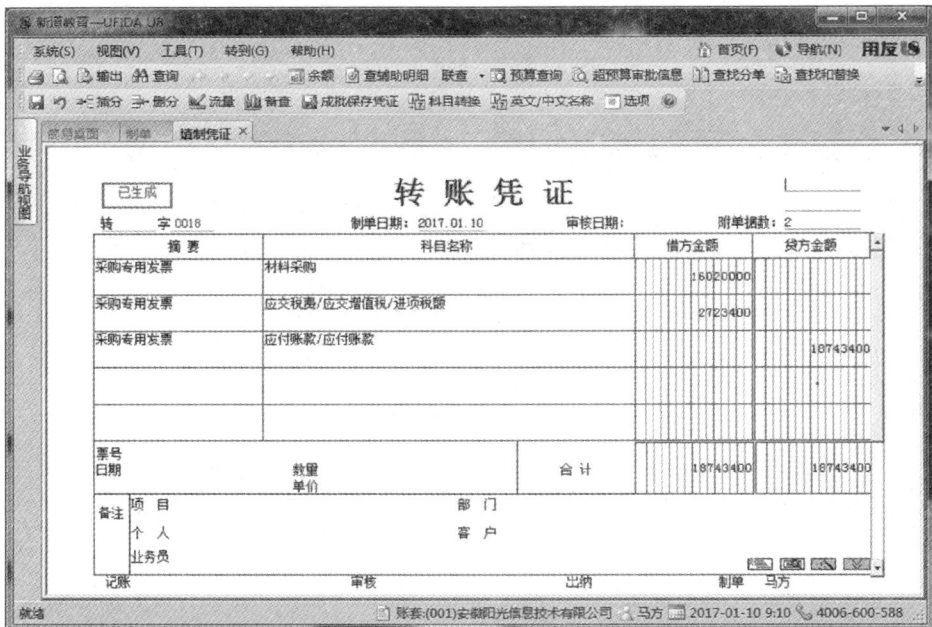

图 8-14　采购发票和应付单合并生成凭证

🔊 小提示！

➢ 在制单处理中,单击"制单"命令前,不单击"合并",就可实现对发票和应付单单据分别制单,如图 8-15 和图 8-16 所示。

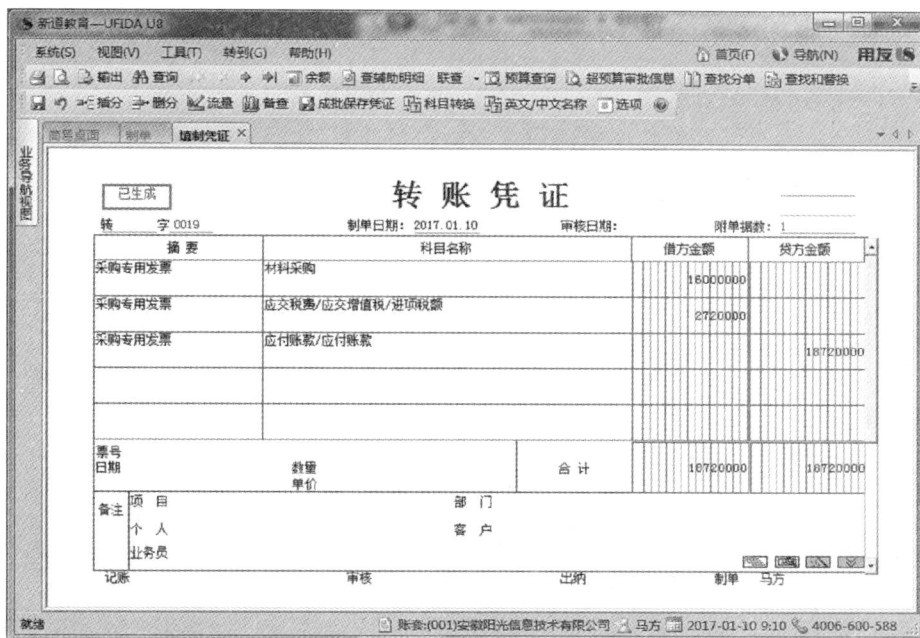

图 8-15　采购专用发票制单凭证

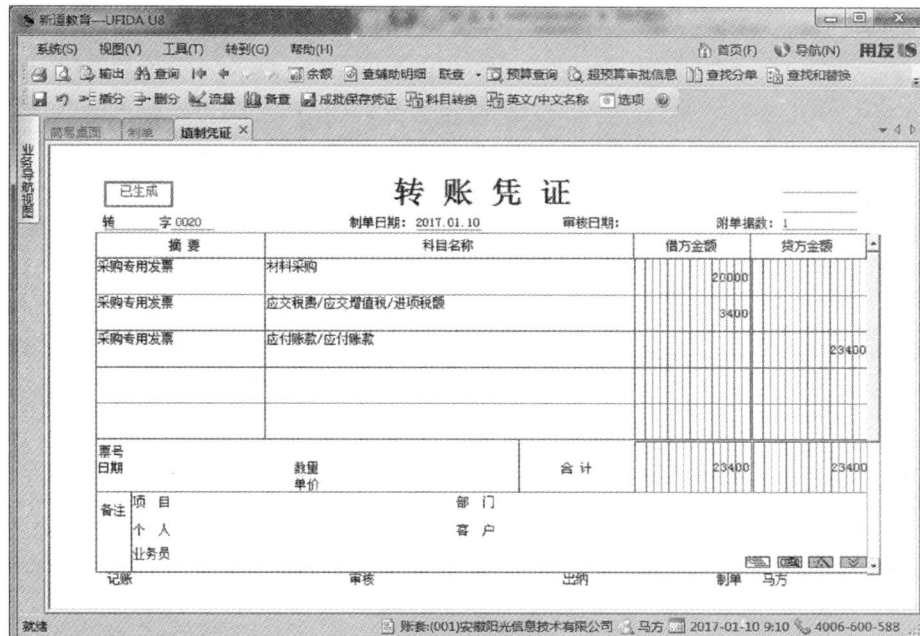

图 8-16　应付单制单凭证

二、付款单据处理

付款单据处理主要是对结算单据进行管理,包括付款单的录入与审核。

应付款管理系统的付款单是用来记录企业所付出的供应商款项,款项性质包括应付款、预付款和其他费用等,其中应付款、预付款性质的付款单将与发票、应付单进行核销勾对。

【业务资料】

2017 年 1 月 12 日,以转账支票支付向建昌公司购买键盘 300 只的货税款 33 345.00 元。根据资料录入付款单并做会计核算处理。

【操作步骤】

1. 以 003 马方身份登录应付款管理系统,单击"付款单据处理",双击"付款单据录入",打开付款单窗口。

2. 单击"增加"按钮,输入日期"2017-01-12",供应商"建昌公司",结算方式"转账支票",金额"33 345.00",单击"保存"按钮,如图 8-17 所示。

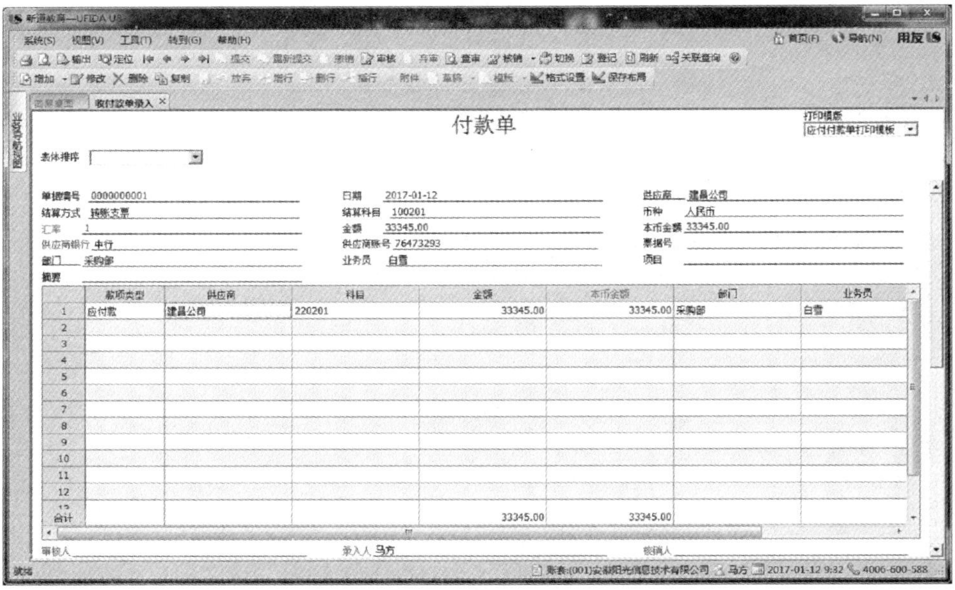

图 8-17　付款单

◁)) 小提示!

➤ 在单击付款单的"保存"按钮后,系统会自动生成付款单表体的内容。

➤ 表体中的款项类型系统默认为"应付款",可以修改,款项类型还包括"预付款"和"其他费用"。

➤ 如果是供应商退款,则可以单击"切换"按钮,填制红字付款单。

3. 单击"审核"按钮,系统提示是否立即制单,单击"是"按钮,进入填制凭证窗口,选择凭证类别"付款凭证",修改制单日期"2017-01-12",单击"保存"按钮,如图 8-18 所示。

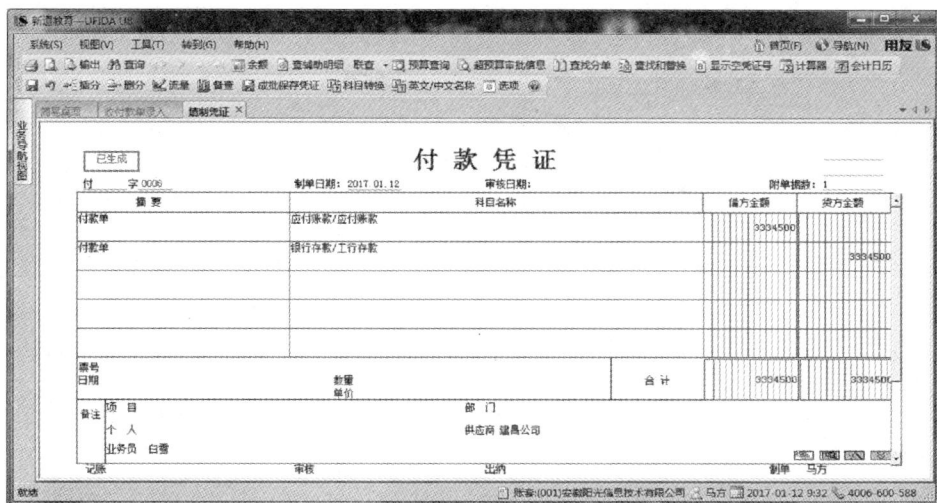

图 8-18　付款单生成凭证

【业务资料】

安徽阳光公司 2017 年 1 月 15 日，以转账支票向兴华公司预付货款 100 000.00 元。

根据资料录入预付款单并做会计核算处理。

【操作步骤】

1. 以 003 马方身份登录应付款管理系统，单击"付款单据处理"，双击"付款单据录入"，打开付款单窗口。

2. 输入付款单相关资料，保存后如图 8-19 所示。

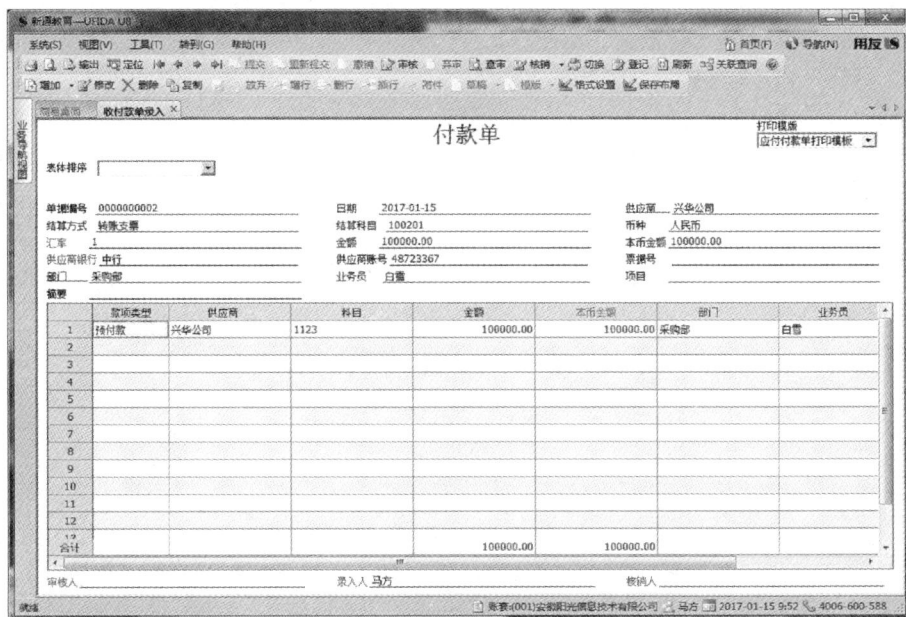

图 8-19　付款单

3. 单击"修改"按钮,将付款单表体中款项类型修改为"预付款",再单击"保存"按钮。

4. 审核付款单并制单,保存后如图 8-20 所示。

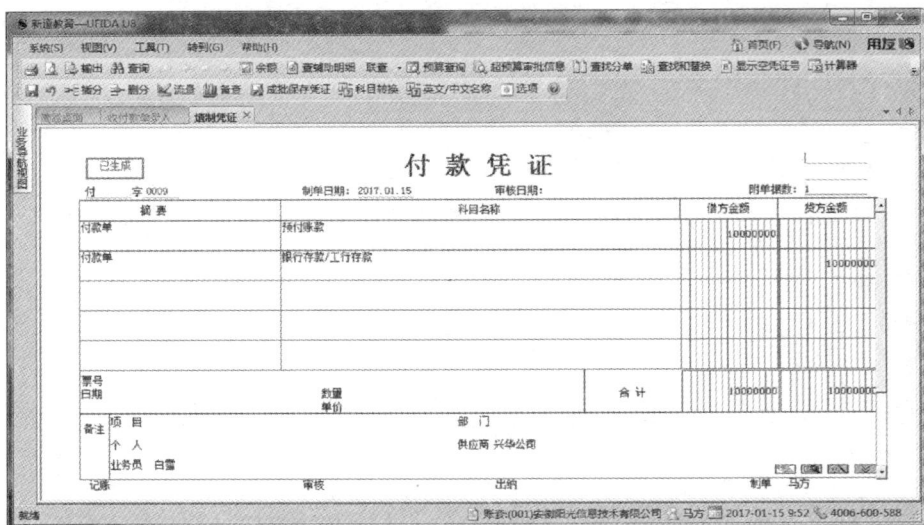

图 8-20　预付款凭证

小提示!

➤ 付款单保存后默认表体中款项类型"应付款",需要手工修改为"预付款",这样审核后制单生成的凭证中的贷方科目才是"预付账款"。

三、核销处理

核销处理是将已付款与应付款进行核销,建立付款与应付款的核销记录,以加强往来款项管理。

核销处理可以在付款单录入后,直接单击"核销"按钮进行核销处理,也可通过"核销处理"功能进行处理,包括手工核销和自动核销两种方式。

【业务资料】

安徽阳光公司对建昌公司进行核销处理。

【操作步骤】

1. 以 003 马方身份登录应付款管理系统,单击"核销处理",双击"自动核销",打开核销条件窗口。

2. 选择单位名称"建昌公司",单击"确定"按钮。系统提示是否自动核销,单击"是"按钮,系统自动对符合条件的进行核销,并给出"自动核销报告",如图 8-21 所示。

3. 单击"确定"按钮退出核销。

小提示!

➤ 系统在"其他处理"/"取消操作"功能中提供了"取消核销"功能,可以恢复核销前状态,用以修改核销误操作。

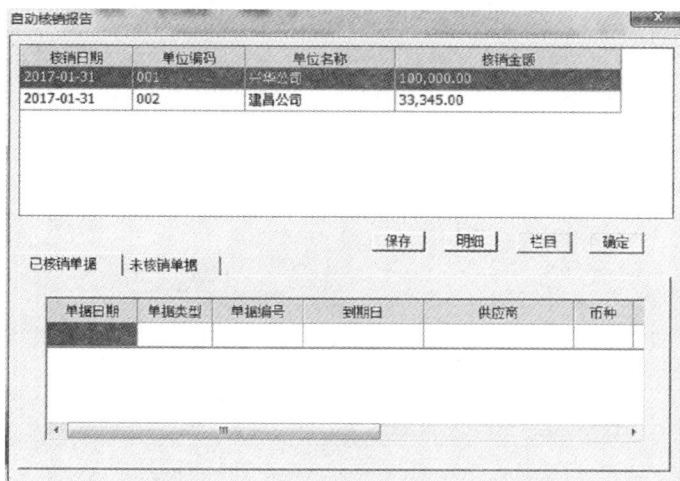

图 8-21　自动核销报告

➤ 核销也可使用"手工核销"方式进行核销处理,双击"手工核销",选择供应商"建昌公司",单击"确定"按钮,打开单据核销窗口,手工输入"本次结算"为"33 345.00",上下列表中的结算金额合计必须保持一致,如图 8-22 所示。单击"保存"按钮,系统核销后单据核销列表中将不再显示已核销的单据。

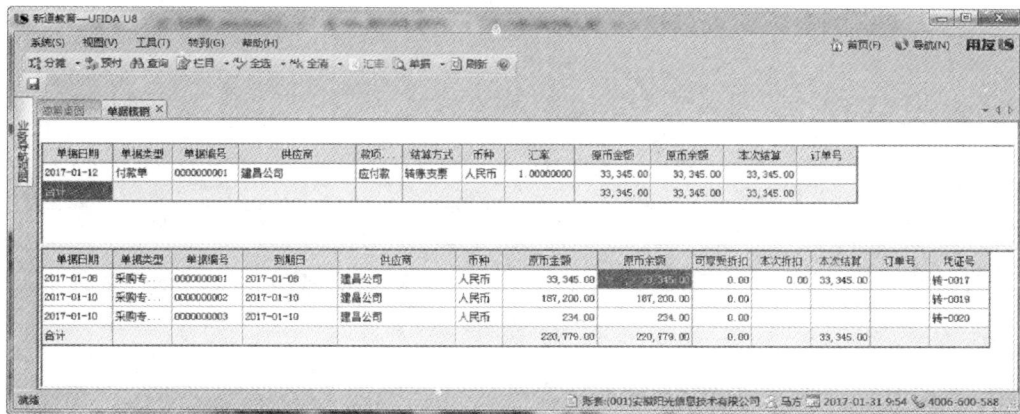

图 8-22　手工核销

四、票据管理

当支付给供应商承兑汇票时,将该汇票录入应付系统的票据管理中。如果应付款管理系统"选项"中选中"应付票据直接生成付款单"选项,如图 8-23 所示,系统保存当前票据,同时生成一张付款单。如果未选中,则需要单击"付款"按钮才生成付款单。

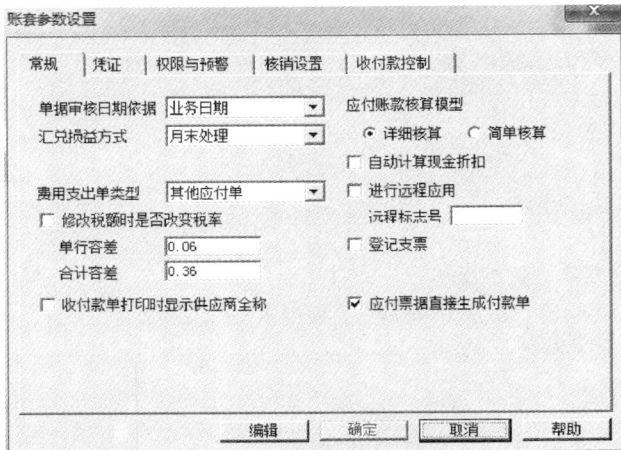

图 8-23　"应付票据直接生成付款单"选项

【业务资料】

安徽阳光公司 2017 年 1 月 18 日向建昌公司签发并承兑的商业承兑汇票一张（NO. 12345），面值为 187 400.00 元，到期日为 2017 年 1 月 28 日。

根据资料录入商业承兑汇票并做会计核算处理。

【操作步骤】

1. 以 003 马方身份登录应付款管理系统，双击"票据管理"，打开票据查询窗口。单击"过滤"按钮，打开票据管理窗口。

2. 单击"增加"按钮，打开商业汇票窗口。选择票据类型"商业承兑汇票"，票据编号"12345"，结算方式"其他"，收到日期和出票日期"2017-01-18"，到期日期"2017-01-28"，收款人"建昌公司"，金额"187 400.00"，单击"保存"后如图 8-24 所示。

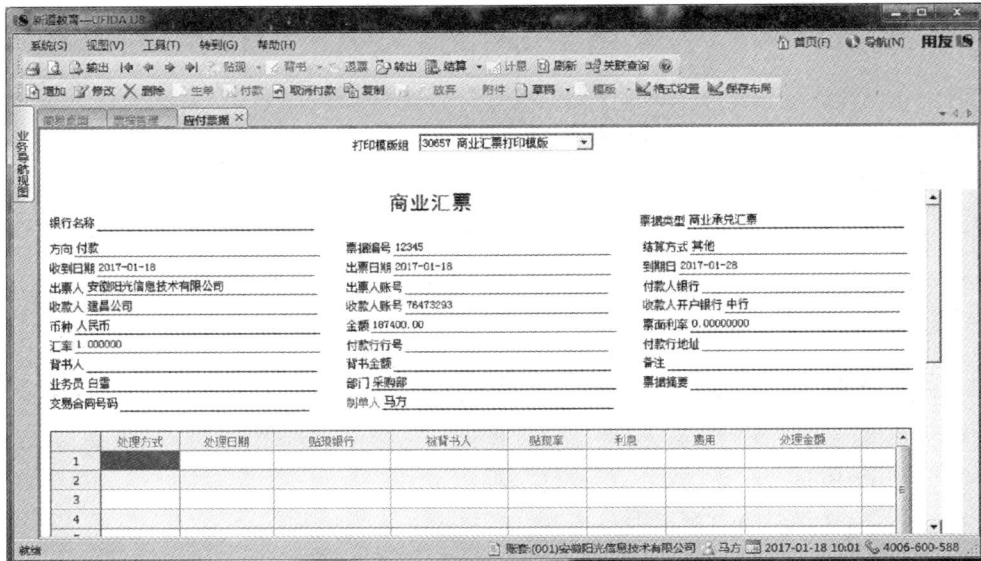

图 8-24　商业承兑汇票录入

🔊 **小提示！**

➢ 保存一张商业汇票,系统会自动生成一张付款单。这张付款单还需经过"审核"之后再到制单处理中生成记账凭证,才可完成应付账款转为应付票据的核算过程。

➢ 商业承兑汇票不能有承兑银行,银行承兑汇票必须有承兑银行。

➢ 由票据生成的付款单不能修改。

3. 单击"付款单据处理",双击"付款单据审核",审核由商业承兑汇票自动生成的付款单。

4. 双击"制单处理",打开制单查询。选中"收付款单制单",单击"确定"按钮,打开收付款单制单列表,选中付款单单据,单击"制单"按钮,进入填制凭证窗口,选择凭证类别"转账凭证",制单日期"2017.01.18",单击"保存"按钮,如图 8-25 所示。

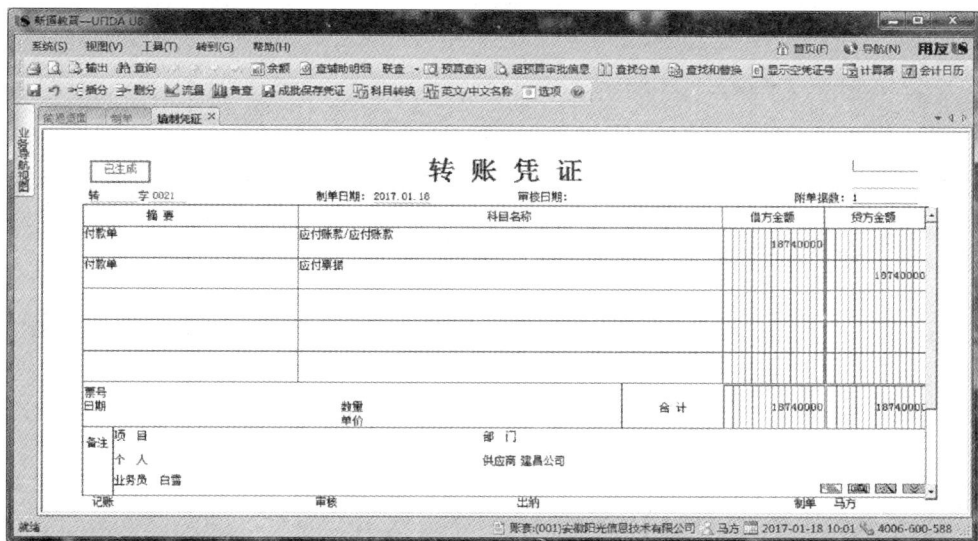

图 8-25　生成转账凭证

【业务资料】

安徽阳光公司 2017 年 1 月 28 日,将 2017 年 1 月 18 日向建昌公司签发并承兑的汇票(No.12345)结算。

根据资料进行商业承兑汇票结算处理,并做会计核算处理。

【操作步骤】

1. 以 003 马方身份登录应付款管理系统,双击"票据管理",打开票据查询窗口。单击"过滤"按钮,打开票据管理窗口。

2. 双击需结算的商业票据,单击"结算"按钮,打开票据结算窗口,修改结算日期"2017-01-28",选择结算科目"100201",如图 8-26 所示。

3. 单击"确定"按钮,系统提示是否立即制单,单击"是"按

图 8-26　票据结算设置

钮,进入填制凭证窗口,选择凭证类别"付款凭证",制单日期"2017.01.28",单击"保存"按钮,如图 8-27 所示。

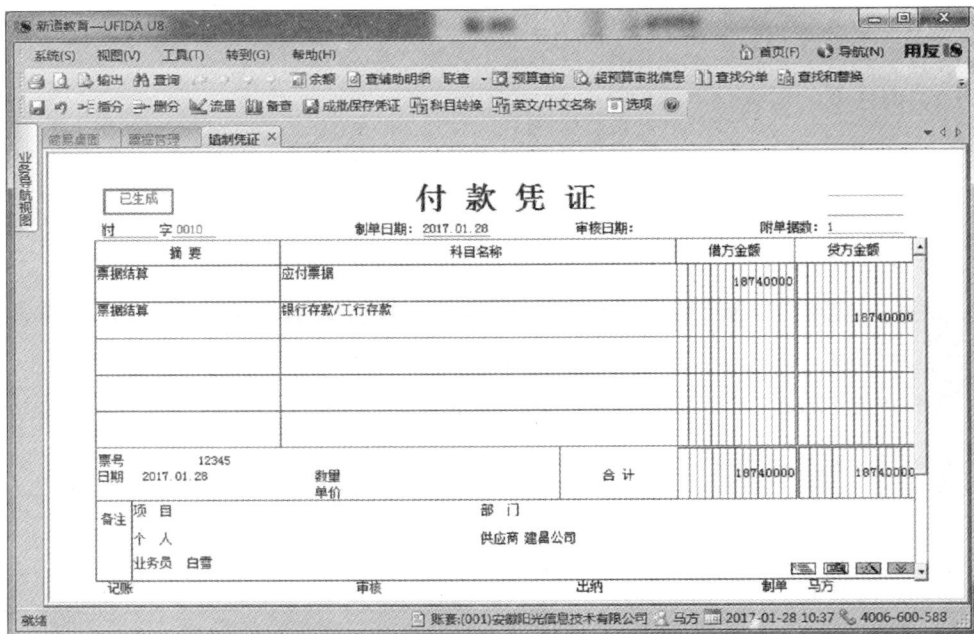

图 8-27 票据结算凭证

◁ 小提示!

> 当票据到期付款时,才能执行票据结算处理。

> 进行票据结算时,结算金额应是通过结算实际支付的金额。

> 票据结算后,不能再进行其他与票据相关的处理。

五、转账处理

应付款管理系统中的转账处理包括应付冲应付、预付冲应付、应付冲应收和红票对冲业务。其操作基本类似,在此主要以应付冲应付和预付冲应付操作为例。

【业务资料】

安徽阳光公司 2017 年 1 月 31 日,经三方同意将 2016 年 12 月 20 日形成的应向兴华公司支付的货税款 176 850.00 元转为向艾德公司的应付账款。

根据资料进行转账,并做会计核算处理。

【操作步骤】

1.以 003 马方身份登录应付款管理系统,单击"转账",双击"应付冲应付",打开应付冲应付窗口。

2.选择转出户"001-兴华公司",转入户"004-艾德公司",如图 8-28 所示。

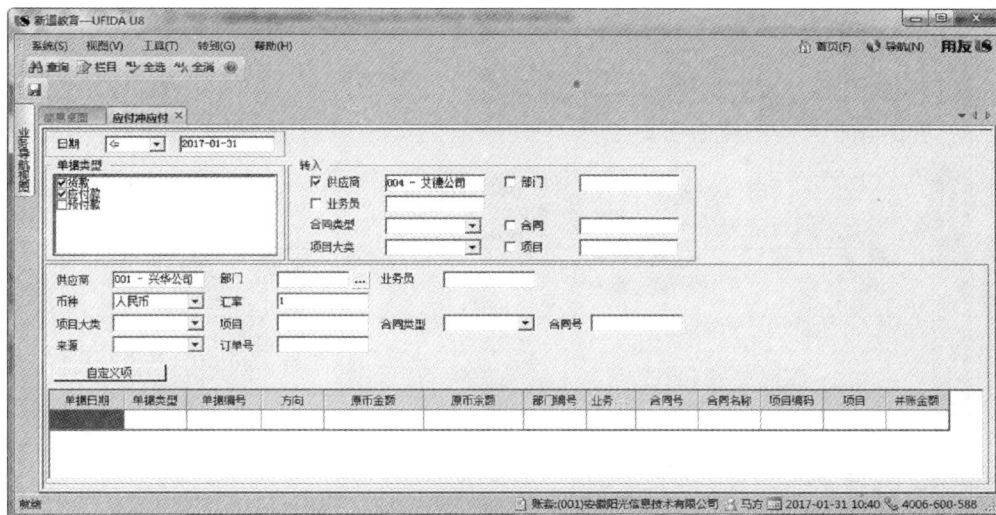

图 8-28　应付冲应付转入和转出户设置

3. 单击"过滤"按钮,在第 1 行"并账金额"中输入"176 850.00",如图 8-29 所示,系统自动进行转出和转入处理。

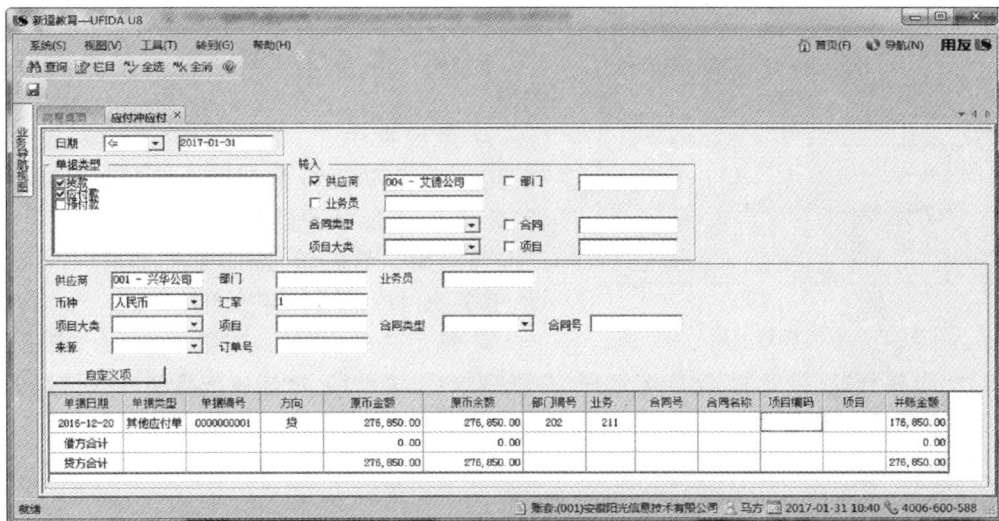

图 8-29　输入并账金额

4. 单击"确定"按钮,系统提示"是否立即制单?",单击"是"按钮,进入填制凭证窗口,选择凭证类别"转账凭证",制单日期"2017.01.31",单击"保存"后如图 8-30 所示。

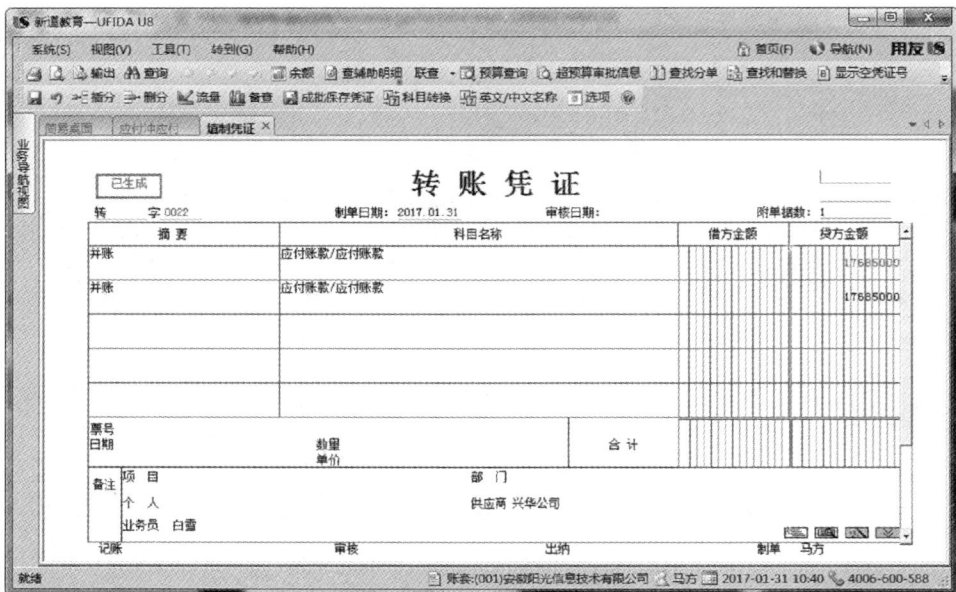

图 8-30　应付冲应付转账凭证

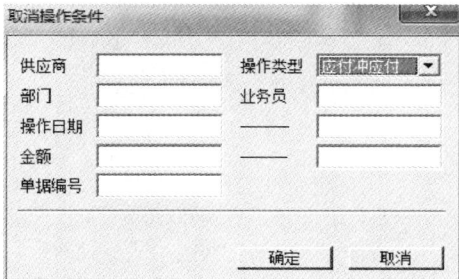

图 8-31　取消应付冲应付

小提示!

➤ 每一笔应付款的并账金额不能大于其余额。

➤ 系统提供了"取消操作"/"取消应付冲应付"功能,可以进行恢复应付冲应付之前的状态操作,如图 8-31 所示。但其前提是应付冲应付转账并没有制单。若制单,则必须先删除并单制单凭证,才能执行取消应付冲应付操作。

➤ 确定并账金额后,也可单击"否"按钮,不立即制单,此时要到"制单处理"功能中选择"并账制单"查询条件,才能生成应付冲应付凭证。

【业务资料】

安徽阳光公司 2017 年 1 月 31 日,经双方同意,将向兴华公司 2016 年 12 月 20 日应付 100 000.00元与预付款进行冲抵。

根据资料进行预付冲应付处理,并做会计核算处理。

【操作步骤】

1. 以 003 马方身份登录应付款管理系统,单击"转账",双击"预付冲应付",打开预付冲应付窗口。

2. 在"供应商"栏选择"001-兴华公司",单击"过滤"按钮,在"转账金额"栏输入"100 000.00",如图 8-32 所示。

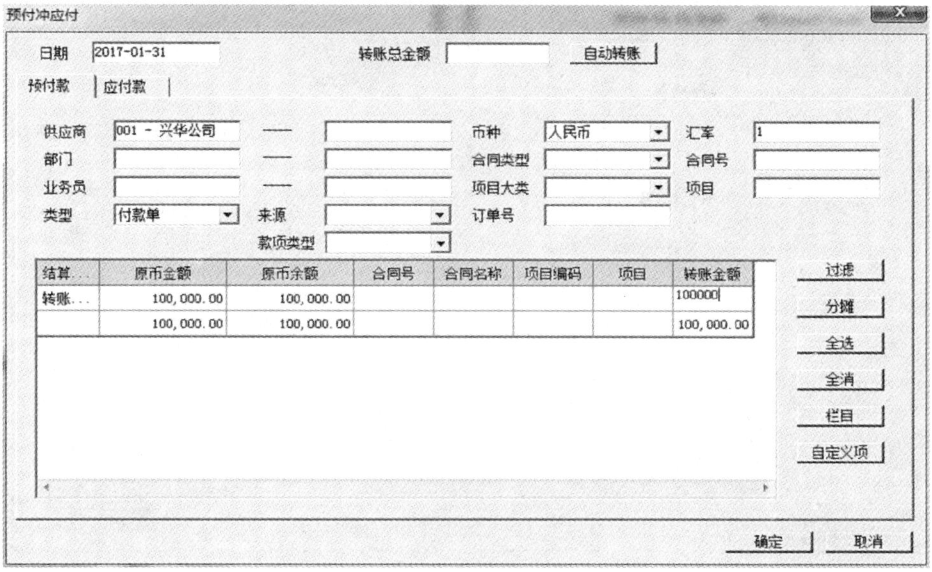

图 8-32 设置供应商及转账金额

3. 单击"应付款"选项卡,单击"过滤"按钮,在"转账金额"栏输入"100 000.00",如图 8-33 所示。

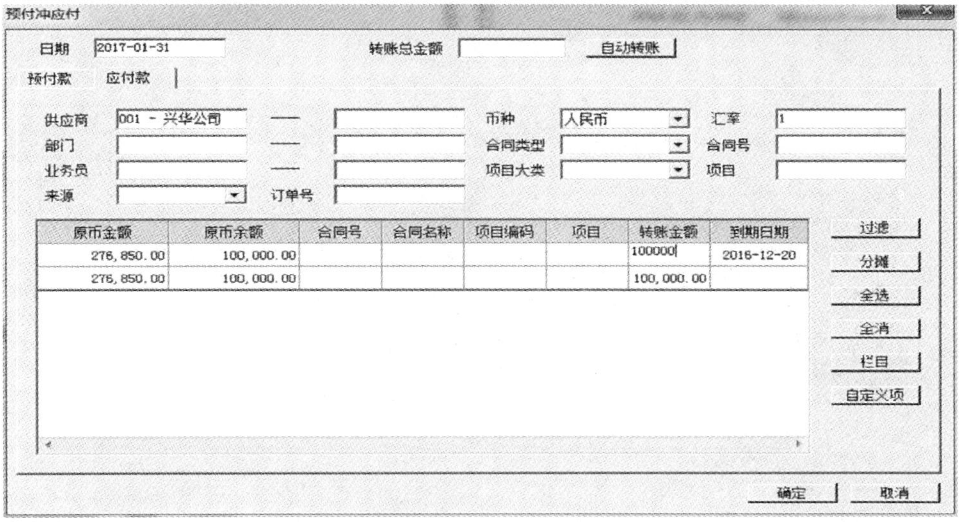

图 8-33 录入转账金额

4. 单击"确定"按钮,系统提示"是否立即制单?",单击"是"按钮,进入填制凭证窗口,选择凭证类别"转账凭证",制单日期"2017.01.31",单击"保存"按钮,如图 8-34 所示。

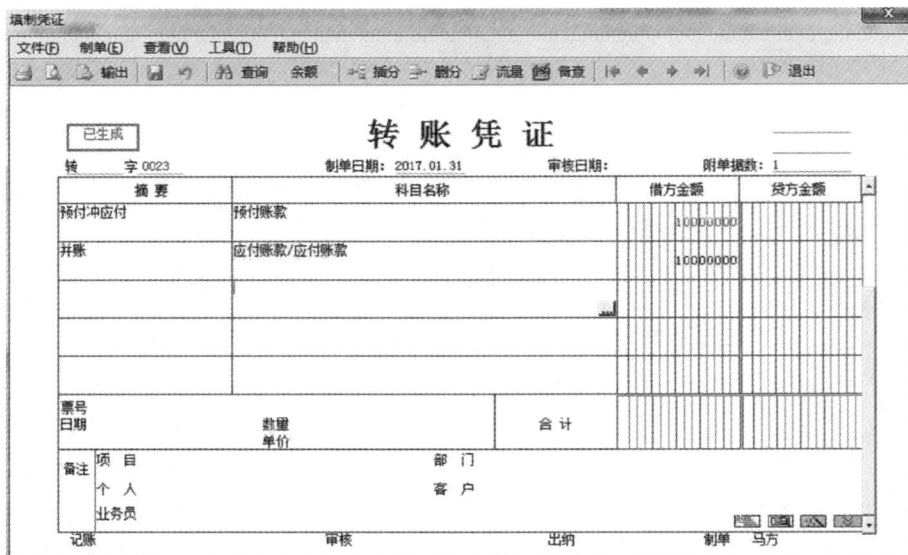

图 8-34　预付冲应付转账凭证

🔊 小提示!

➢ 预付冲应付可以在输入转账总金额后单击"自动转账"按钮,系统会自动根据过滤条件进行预付冲应付工作,如图 8-35 所示。单击"是"按钮,系统提示是否立即制单信息。制单后,系统给出转账信息。

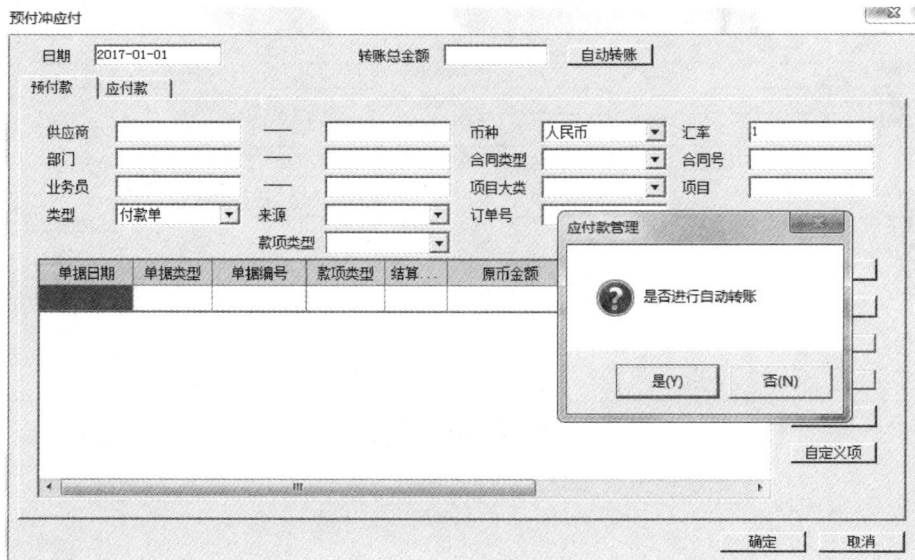

图 8-35　预付冲应付自动转账

➢ 系统提供了"取消操作"/"取消预付冲应付"功能,可以进行恢复预付冲应付之前的状态操作。但其前提是预付冲应付转账并没有制单。若制单,则必须先删除并单制单凭证,才能执行取消预付冲应付操作。

任务四　应付款管理期末处理

【任务描述】

在完成应付款管理日常业务处理后,需进行期末处理,即月末结账。本任务要求掌握应付款管理月末结账的操作方法。

【知识准备与业务操作】

一、月末结账

如果当月应付款业务已经全部处理完毕,应执行月末结账功能。月末结账是在系统引导方式下进行的。在进行月末处理时,一次只能选择一个月进行结账,前一个月如果没有结账,则本月不能结账;结算单还有未核销的,不能结账;单据在结账前应该全部审核。

【业务资料】

安徽阳光公司 2017 年 1 月 31 日执行应付款管理系统月末结账。

【操作步骤】

1. 以 003 马方身份登录应收款管理系统,单击“期末处理”,双击“月末结账”,打开月末处理窗口。

2. 双击一月份结账标志“Y”,如图 8-36 所示。

月　份	结账标志
一月	Y
二月	
三月	
四月	
五月	
六月	
七月	
八月	
九月	
十月	

月末结账后,该月将不能再进行任何处理!

上一步　下一步　取消

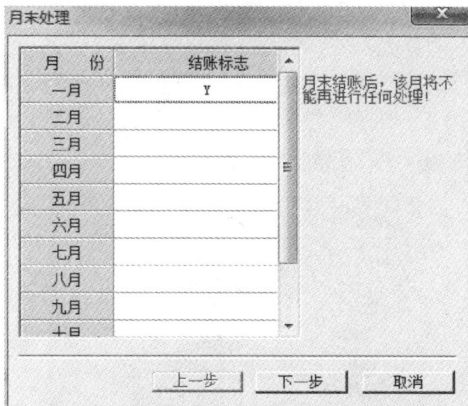

图 8-36　月末处理

3. 单击“下一步”按钮,打开月末处理情况,如图 8-37 所示。

图 8-37　月末处理情况

4.单击"完成"按钮,系统提示一月份结账成功信息。

5.单击"确定"按钮返回。

🔊 小提示!

➢ 只有当月结账后,才能执行下月的工作。

➢ 月结后,该月将不能进行任何处理。

➢ 将月结后的应付款管理账套数据备份到"001 账套备份 /财务管理 /实验十应付款管理"文件夹。

二、取消月结

在执行月末结账后,发现该月还需处理有关业务,或该月有关业务处理有误,需要修改,则可以对应付款管理系统取消结账。

【业务资料】

安徽阳光公司 2017 年 1 月 31 日取消应付款管理月结操作。

【操作步骤】

1.以 003 马方身份登录应付款管理系统,单击"期末处理",双击"取消月结",打开取消结账窗口,如图 8-38 所示。

2.单击"确定"按钮,系统提示取消结账成功。

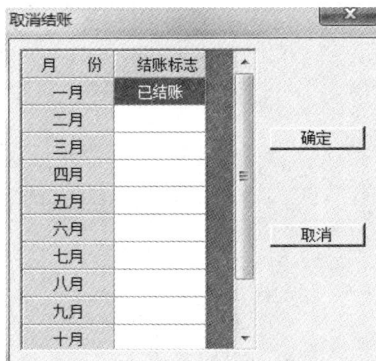

图 8-38　取消结账

项目小结

项目八应付款管理内容结构如图 8-39 所示。

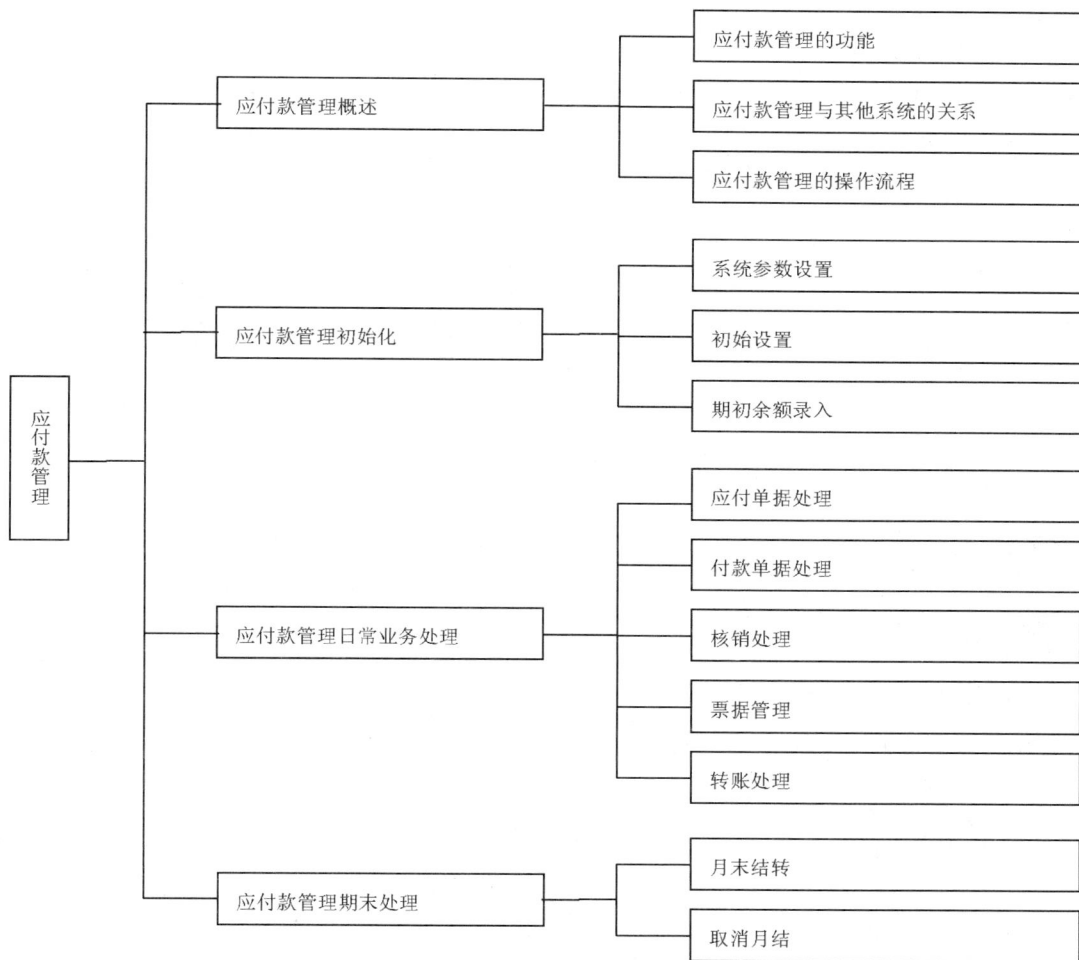

图 8-39 项目八应付款管理内容结构图

项目九　UFO报表

◆**职业能力目标**

了解 UFO 报表处理业务流程及基本概念;掌握利用 UFO 报表模板编制资产负债表和利润表。

◆**典型工作任务**

UFO 报表处理业务流程及基本概念;利用报表模板生成报表。

任务一　UFO 报表处理业务流程及基本概念

【任务描述】

UFO 报表是报表处理的工具,利用 UFO 报表能够编制各种报表。其主要任务就是从总账管理系统或其他业务系统取得有关数据,自动编制各种会计报表,并生成各种分析图。本任务要求了解 UFO 报表处理业务流程及基本概念,为后续编制报表奠定基础。

【知识准备与业务操作】

一、UFO 报表处理业务流程

UFO 报表处理业务流程如图 9-1 所示。

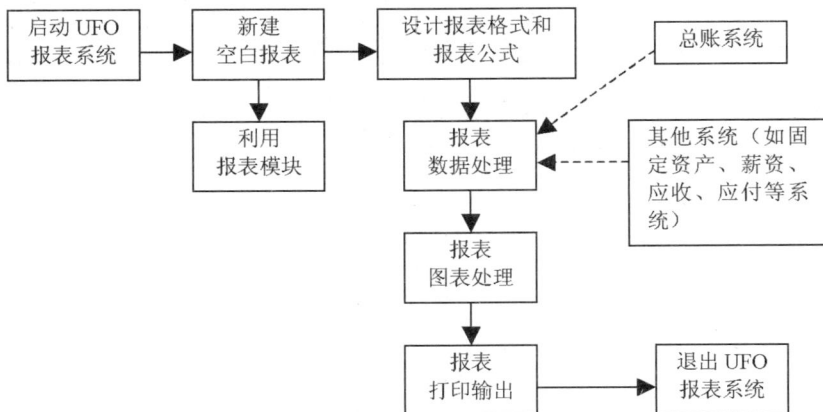

图 9-1　UFO 报表处理业务流程

二、UFO 报表基本概念

(一)报表及报表文件

报表也称表页,是报表系统存储数据的基本单位,是由若干行和若干列组成的二维表。具有相同格式不同数据的每张报表称为一个表页。一个 UFO 报表最多可容纳 99 999 张表页。表页在报表中的序号在表页下方以标签形式出现,称为"页标",用"第 1 页"—"第 99 999 页"表示。在表达式中,表页以"@〈表页号〉"标识,如"@3"表示当前表的第 3 页。

报表文件是一张或多张报表以文件形式保存在存储介质中。每个报表文件都由一个"名称"和". 扩展名"组成表名,如"资产负债表. REP"。每个报表文件可以包含若干张报表(表页),如利润表报表文件中可以存放多个月的多张利润表,每一张表都有一个表名。在报表文件中确定一个数据所在位置的标识为"表页名"、"行"和"列",因此报表文件相当于一个三维表。

(二)格式状态和数据状态

UFO 报表将报表分为两种状态来处理不同的工作,即格式状态和数据状态。

在"格式状态"下,可以对报表格式进行相关操作,如设置表尺寸、行高列宽、组合单元、单元属性、关键字等,还可以定义报表的单元公式、审核公式和舍位平衡公式。在格式状态下所进行的操作,对本报表所有的表页都发生作用,并且此状态下只能看到报表的格式,不能进行数据的录入、计算等操作,报表的数据全部被隐藏了。新建一张空白报表默认的是格式状态。

在"数据状态"下,可以管理报表的数据,如录入数据、增加或删除表页、计算数据、进行审核及舍位操作、制作图表等。在数据状态下不能修改报表的格式,但能看到报表的全部内容,包括格式和数据。

要进行"格式状态"和"数据状态"的切换,可以单击报表工作区左下角的"格式/数据"按钮。

(三)关键字

关键字是游离单元之外的特殊数据单元,可以唯一标识一个表页,用于在大量表页中快速选择表页,其实质就是一个取值函数。

关键字的显示位置在格式状态下设置,其数值则在数据状态下录入,每个报表可以定义多个关键字。作为一个标识,主要有单位名称、单位编号、年、季、月、日 6 种。除此之外,为了满足需要,系统还提供了自定义关键字。

任务二　利用报表模板生成报表

【任务描述】

目前 UFO 报表系统提供了 34 个行业的标准财务报表模板,本任务主要是通过 UFO 报表系统提供的不同行业的报表模板功能,从总账管理系统中取得有关会计数据,自动编制资产负债表和利润表。

【知识准备与业务操作】

一、编制资产负债表

安徽阳光公司启用了"总账管理""固定资产管理""薪资管理""应收款管理""应付款管理"等系统,总账管理接收其他系统的凭证后,需要更换操作员进行出纳签字、审核和记账操作。涉及损益类会计科目,还要进行期间损益结转凭证的生成、审核和记账。

【业务资料】

引入实验十应付款管理账套备份文件,利用报表模板编制 2017 年 1 月 31 日的资产负债表。

【操作步骤】

1. 以 001 学生本人身份登录企业应用平台,单击"业务工作"/"财务会计",双击"UFO 报表",打开 UFO 报表窗口。

2. 单击"新建"按钮,创建一张空表,如图 9-2 所示。

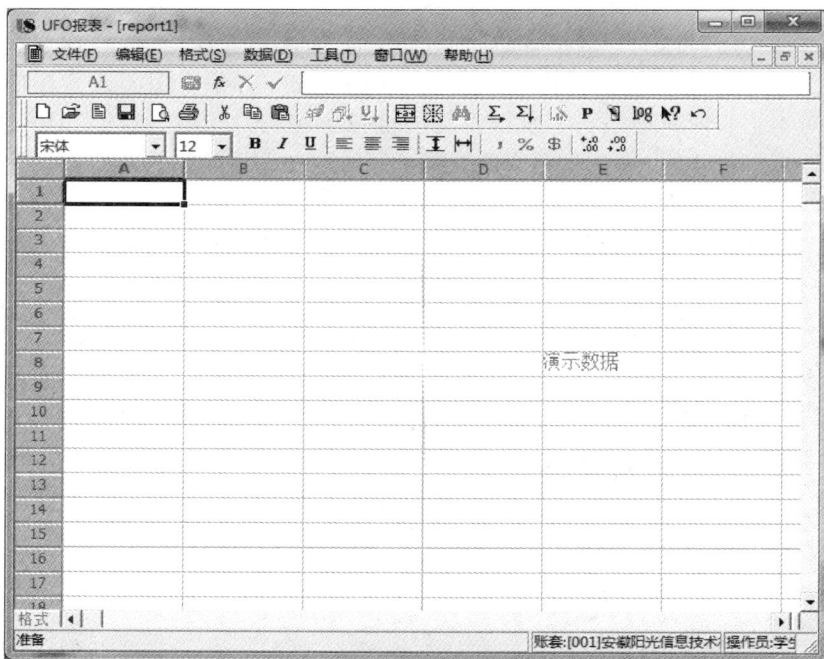

图 9-2　　新建一张空表

3. 下拉"格式"菜单,选择"报表模板",打开报表模板窗口。单击"您所在的行业"栏的下三角按钮,选择"2007 年新会计制度科目",再单击"财务报表"栏的下三角按钮,选择"资产负债表",如图 9-3 所示。

4. 单击"确认"按钮,系统弹出"模板格式将覆盖本表格式,是否继续?"信息提示框,单击"确定"按钮,打开 2007 年新会计制度科目设置的资产负债表模板,如图 9-4 所示。

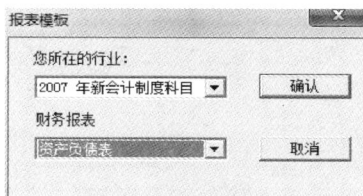

图 9-3　报表模板设置

图 9-4　资产负债表模板

🔊 小提示！

➤ 在编制报表之前,需要确保来自固定资产、薪资管理、应收及应付款管理的凭证已经在总账管理中审核、记账。由于传递至总账管理中涉及损益类账户和制造费用账户,因此还需再次执行期间损益结转和自定义结转凭证生成,并审核记账,以确保所有损益类账户期末无余额,以及制造费用期末无余额。

➤ 在调用报表模板时,一定要注意选择正确的所在行业相应的会计报表,否则不同行业的会计报表其会计科目设置有所不同,直接影响报表项目公式取数的正确性。

➤ 如果被调用的报表模板与实际需要的报表格式或公式不完全一致,可以在此基础上进行修改。资产负债表模板默认的"年、月和日"为关键字。

5.单击"格式"按钮,将资产负债表转换为"数据"状态,下拉"数据"菜单中的"关键字"/"录入",打开关键字窗口,如图9-5所示。

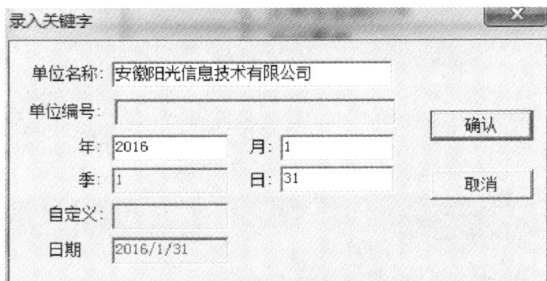

图9-5　录入关键字

6.单击"确认"按钮,系统提示"是否重算第1页?",单击"是"按钮,系统自动生成资产负债表数据,如图9-6和图9-7所示。

图9-6　资产负债表(一)

🔊 小提示!

➤ 注意检查"资产总计是否等于负债+所有者权益",结果发现"期初资产≠期初负债+期初所有者权益","期末资产≠期末负债+期末所有者权益"。

➤ 可以查看账表中的"发生额及余额表",如图9-8所示。发现"期初资产一期初负债与期初所有者之和＝17 165.74", 正好是"生产成本"账户的期初余额。由此可见, 资产负债表模板中"存货"项目公式没有包括"生产成本"账户, 需要手工修改"存货"单元公式。

21	持有至到期投资	14			长期借款	45		
22	长期应收款	15			应付债券	46		
23	长期股权投资	16			长期应付款	47	2,100.00	2,100
24	投资性房地产	17		演示数据	专项应付款	48		
25	固定资产	18	193,291.77	213,739.09	预计负债	49		
26	在建工程	19			递延所得税负债	50		
27	工程物资	20			其他非流动负债	51		
28	固定资产清理	21	5,140.08		非流动负债合计	52	2100.00	2100
29	生产性生物资产	22			负债合计	53	497671.44	470350
30	油气资产	23			所有者权益（或股东权益）：			
31	无形资产	24	58,500.00	58,500.00	实收资本（或股本）	54	2,691,802.00	2,609,052
32	开发支出	25			资本公积	55		-15,470.00
33	商誉	26			减：库存股	56		
34	长期待摊费用	27			盈余公积	57		
35	递延所得税资产	28			未分配利润	58	1,356,827.69	1,358,977
36	其他非流动资产	29			所有者权益（或股东权益）合计	59	4,033,159.69	3,968,029
37	非流动资产合计	30	256931.85	272239.09				
38	资产总计	31	4590258.20	4438379.69	负债和所有者权益（或股东权益）总计	60	4,530,831.13	4,438,379

图 9-7　资产负债表（二）

图 9-8　发生额及余额表

➢ "未分配利润"项目也要包括"本年利润"账户余额。因此, 资产负债表模板中期末余额公式还需要修改"存货"和"未分配利润"两个项目。

7. 将资产负债表再次转换为"格式状态",修改存货项目期初公式,如图 9-9 所示。

图 9-9　期初存货项目公式

8. 修改期末存货和期末未分配利润期末公式,如图 9-10 和图 9-11 所示。

图 9-10　期末存货项目公式

图 9-11　期末未分配利润公式

9. 单击"确认"按钮,再录入数据状态,系统再次执行表页数据重算,此时"期初资产(4 438 379.69)＝期初负债(470 350.00)＋期末所有者权益(3 968 029.69)","期末资产(4 466 631.04)＝期末负债(407 647.69)＋期末所有者权益(4 058 983.35)",如图 9-12 所示。

10. 单击"保存"按钮,保存资产负债表文件,如图 9-13 所示。

11. 单击"另存为"按钮保存资产负债表。

图 9-12　修改后资产负债表数据

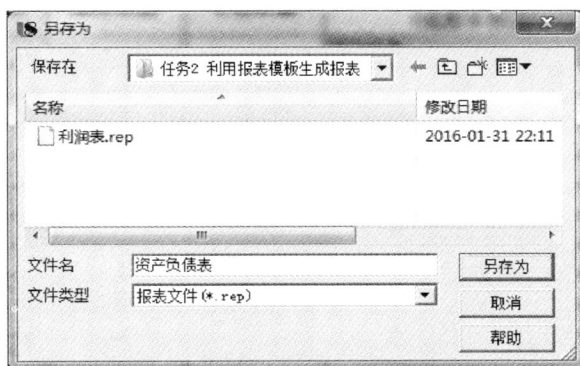

图 9-13　资产负债表保存

二、编制利润表

【业务资料】

利用报表模板编制 2017 年 1 月的利润表。

【操作步骤】

1. 以 001 学生本人身份登录企业应用平台，双击 UFO 报表，打开 UFO 报表窗口。

2. 单击"新建"按钮，创建一张空表。`

3. 下拉"格式"菜单,选择"报表模板",打开报表模板窗口。单击"您所在的行业"栏的下三角按钮,选择"2007 年新会计制度科目",再单击"财务报表"栏的下三角按钮,选择"利润表",如图 9-14 所示。

4. 单击"确认"按钮,系统弹出"模板格式将覆盖本表格式,是否继续?"信息提示框,单击"确定"按钮,打开 2007 年新会计制度科目设置的利润表模板,如图 9-15 所示。

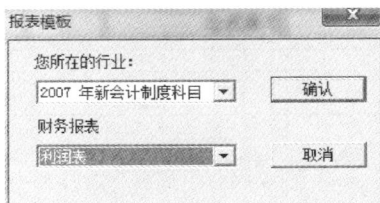

图 9-14　报表模板设置

图 9-15　利润表模板

5. 单击"格式"按钮,将利润表转换为数据状态,下拉"数据"菜单中的"关键字"/"录入",打开关键字窗口,单击"确认"按钮,系统提示"是否重算第 1 页?",单击"是"按钮,系统自动生成利润表数据,如图 9-16 所示。

6. 单击"保存"按钮,保存利润表文件,如图 9-17 所示。

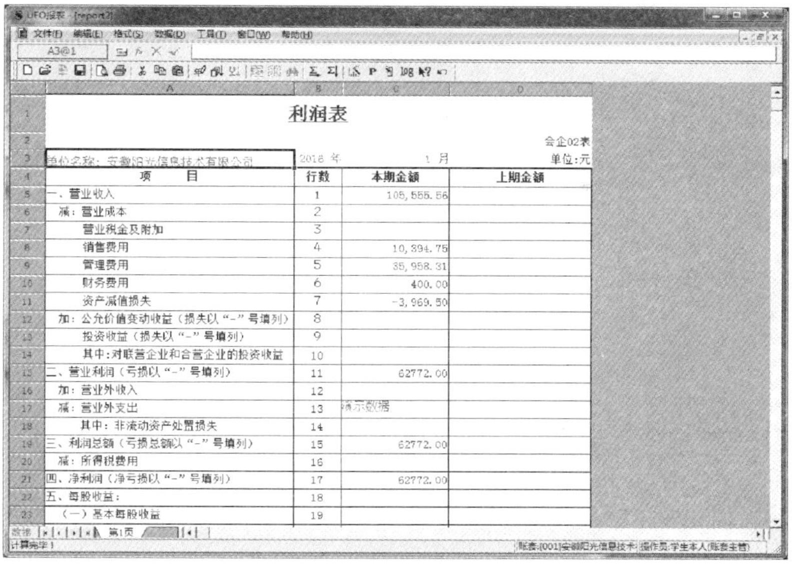

图 9-16　生成利润表数据

图 9-17　利润表保存

🔊 小提示！

➤ 保存后的报表表现为"资产负债表.rep"和"利润表.rep"。

➤ 将保存后的资产负债表和利润表备份在"001 账套备份/财务管理/实验十一 UFO 报表"文件夹中。同时，再次进行账套输出，也保存在"实验十一 UFO 报表"文件夹中。

➤ 保存后的报表不能直接打开，必须先引入对应账套数据后，打开"UFO 报表"，选择"资产负债表"或"利润表"才能打开。

项目小结

项目九 UFO 报表内容结构如图 9-18 所示。

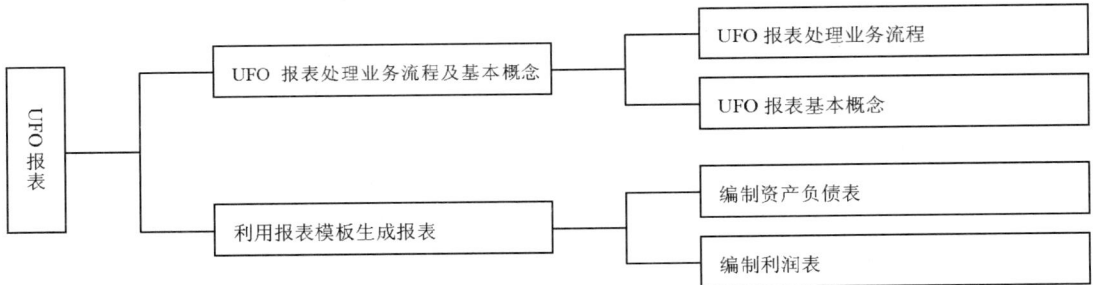

```
                          ┌──────────────────────────┐      ┌─────────────────────────┐
                          │ UFO 报表处理业务流程及基本概念 │──────│ UFO 报表处理业务流程        │
          ┌───────────────┤                          │      └─────────────────────────┘
          │               └──────────────────────────┘      ┌─────────────────────────┐
 ┌─────┐  │                                                 │ UFO 报表基本概念           │
 │UFO │  │                                                 └─────────────────────────┘
 │报表 │──┤
 └─────┘  │               ┌──────────────────────────┐      ┌─────────────────────────┐
          │               │ 利用报表模板生成报表        │──────│ 编制资产负债表             │
          └───────────────┤                          │      └─────────────────────────┘
                          └──────────────────────────┘      ┌─────────────────────────┐
                                                            │ 编制利润表                 │
                                                            └─────────────────────────┘
```

图 9-18　项目九 UFO 报表内容结构图

附录 会计信息化综合实训

一、操作员及权限

操作员及权限资料如附表1所示。

附表1 操作员及权限资料表

操作员编	操作员姓名	系统权限
BY	白燕	账套主管
LF	刘峰	公用目录设置、公共单据、应收、应付、总账、固定资产所有权限

二、账套信息

创建账套的账套号004;账套名称为北京神州顶尖科技有限公司;启用日期为2016年1月1日;企业类型为商业企业;采用2007年新会计制度科目,按行业预置科目。账号基础信息包括:存货分类,客户、供应商不分类;编码方案为科目编码4222,部门22,收发类别12,存货分类22,其他采用系统默认;数据精度采用系统默认。

系统启用:总账、应收账款、应付账款、固定资产、薪资等栏目;启用时间统一为2016年1月1日。

三、基础档案

(一)部门档案

部门档案相关资料如附表2所示。

附表2 部门档案相关资料表

部门编码	部门名称	部门编码	部门名称
01	总经理办公室	04	人力资源部
02	财务中心	05	采购中心
03	营销中心	06	库管中心

(二)人员档案

人员档案的相关资料如附表3所示。

附表3 人员档案的相关资料表

人员编号	人员姓名	性别	行政部门	人员类别	是否业务员
001	张翔	男	总经理办公室	在职人员	是
002	张磊	男	总经理办公室	在职人员	是
003	康兵	女	财务中心	在职人员	是
004	邓森	男	财务中心	在职人员	是

人员编号	人员姓名	性别	行政部门	人员类别	是否业务员
005	赵艳	女	营销中心	在职人员	是
006	吴静	女	营销中心	在职人员	是
007	赵艳艳	女	营销中心	在职人员	是
008	孙明	男	营销中心	在职人员	是
009	吴明	男	采购中心	在职人员	是
010	刘甜甜	女	采购中心	在职人员	是
011	张宇	男	库管中心	在职人员	是

（三）供应商档案

供应商档案的相关资料如附表 4 所示。

附表 4　供应商档案资料表

编　号	供应商名称	简　称
001	北京神州联翔电脑科技公司	神州联想
002	数码视讯股份公司	数码视讯
003	上海丰盈科技中心	丰盈科技

（四）客户档案

客户档案的相关资料如附表 5 所示。

附表 5　客户档案资料表

编　号	客户名称	简　称
C01	北京飞扬通讯公司	飞扬通讯
C02	上海明讯信息公司	明讯信息
C03	深圳联易通公司	深圳联易通
C04	中关村手机商贸中心	手机商贸
C05	苏州迅捷公司	苏州迅捷

（五）结算方式

结算方式的相关资料如附表 6 所示。

附表 6　结算方式资料表

编　号	结算名称
01	现金结算
02	现金支票
03	转账支票

（六）凭证类型

凭证类型的相关资料如附表 7 所示。

附表 7　凭证类型

类　型	限制类型	限制科目
记账凭证	无限制	

（七）存货分类

存货分类的相关资料如附表 8 所示。

附表 8　存货分类表

存货分类编号	存货分类名称
01	手机
0101	苹果手机
0102	HTC 手机
0103	诺基亚手机
02	配件

（八）计量单位组与计量单位

1. 计量单位组

01 无换算组。

2. 计量单位

01 部,02 台,03 个。

（九）存货档案

存货档案的相关资料如附表 9 所示。

附表 9　存货档案资料表

存货编码	存货名称	单　位	税　率	存货属性
0101001	苹果 iphone 4S 16G	部	17%	内销、外销、外购
0101002	苹果 iphone 4S 32G	部	17%	内销、外销、外购
0102001	HTC G14	部	17%	内销、外销、外购
0102002	HTC G23 One X	部	17%	内销、外销、外购
0103001	诺基亚 N9 16GB	部	17%	内销、外销、外购
0103002	诺基亚 800	部	17%	内销、外销、外购
02001	捷波朗 BT2080 蓝牙耳机	个	17%	内销、外销、外购
02002	三彩手机充电器	个	17%	内销、外销、外购

四、各模块初始设置

（一）应收系统

应收账款核销方式:按单据;坏账准备计提方式:应收账款余额百分比法;其他参数为系统默认。

科目设置包括:应收账款科目为 1122,预收账款科目为 2203,主营业务收入科目为 6001,

税金科目为 22210102,其他暂时不设。结算方式科目设置:现金(人民币)对应 1001,其他人民币币种计算方式均对应 100201;坏账准备设置:提取比例为 0.9%,坏账准备期初余额为 800,坏账准备科目为 1231,对方科目为 6701。

(二)应付系统

应付账款核销方式:按单据;其他参数为系统默认。科目设置:应付账款科目为 2202,预付账款科目为 1123,采购科目为 1405,税金科目为 22210101,其他暂时不设。结算方式科目设置:现金(人民币)对应 1001,其他人民币币种计算方式均对应 100201。

(三)固定资产

1.固定资产子账套

启用月份为 2016.01;固定资产类别编码为 2-1-1-2;编码方式按"类别编号＋序号"自动编码;已注销的卡片 5 年后删除;当(月初已计提月份＝可使用月份－1)时,要求将剩余折旧全部提足。折旧方式:平均年限(二),按月计提折旧,卡片序号长度为 5。

2.补充参数

设置固定资产、累计折旧入账科目。固定资产入账科目为 1601 固定资产;累计折旧入账科目为 1602 累计折旧,业务发生后立即制单。

3.固定资产类别

固定资产类别的相关资料如附表 10 所示。

附表 10　　固定资产类别及计提折旧方法表

编　码	类别名称	净残值率(%)	计提属性	折旧方法	卡片样式
01	房屋建筑类	10	正常计提	平均年限(二)	通用
02	工器具	10	正常计提	平均年限(二)	通用
03	办公设备	10	正常计提	平均年限(二)	通用

4.固定资产使用部门及累计折旧对应科目

部门对应折旧科目的相关资料如附表 11 所示。

附表 11　　固定资产使用部门及累计折旧对应科目

部　门	对应折旧科目
总经理办公室	660206 管理费用——折旧费
采购中心	660206 管理费用——折旧费
财务中心	660206 管理费用——折旧费
营销中心	660206 管理费用——折旧费
库管中心	660206 管理费用——折旧费
人力资源部	660206 管理费用——折旧费

5.增减方式及对应入账科目

增减方式及对应入账科目的资料如附表 12 所示。

附表 12 增减方式及对应入账科目

增减方式	对应入账科目
增加方式:直接购入	100201 银行存款——工行存款
减少方式:报废	1606 固定资产清理

6.固定资产原始卡片录入

固定资产原始卡片录入相关资料如附表 13 所示。

附表 13 固定资产原始卡片资料录入

编 号	固定资产名称	所在部门	类别编号	增加方式	使用年限	开始使用日期	原值(元)	累计折旧(元)
001	办公楼	01	出库房外的5个部门平均使用	直接购入	960	2009-8-1	750 000	320 000
002	信号测试仪	02	库管中心	直接购入	120	2011-3-12	62 300	12 100
003	功率测试仪	02	库管中心	直接购入	96	2012-1-1	31 000	8 900
004	频率示波仪	02	采购中心	直接购入	60	2011-6-12	43 000	9 800
005	办公用电脑	03	人力资源	直接购入	60	2011-11-1	6 500	1 300
006	复印机	03	总经理办公室	直接购入	72	2010-3-13	11 000	2 500
合 计							903 800	354 600

注:固定资产使用状况均为在用,录入完原始卡片,进行固定资产对账。

(四)应付职工薪资管理

1.应付职工薪资子账套

单个工资类别,启用时间 2016 年 1 月 1 日,扣税,不扣零,其余默认。

2.个人所得税基数和税率

个人所得税按"应发合计"扣除"3 500"元后计税,个人所得税税率表更改为现行 7 级税率。

3.参照设置工资项目

基本工资、岗位工资、奖金、缺勤次数和缺勤扣款。

4.缺勤扣款公式

公司规定,缺勤一次扣款 50 元。

5.录入工资变动

录入工资变动相关资料如附表 14 所示。

附表 14　　应付职工薪酬变动情况表　　　　　　　　单位:元

人员编号	姓 名	部 门	人员类别	基本工资	岗位工资	奖 金	缺勤天数
001	张翔	总经理办公室	在职人员	3 500	1 500	1 200	0
002	张磊	总经理办公室	在职人员	3 500	1 500	1 000	2
003	康兵	财务中心	在职人员	3 500	1 000	800	0
004	邓森	财务中心	在职人员	3 500	1 000	600	1

6.设置工资分摊参数

以应发工资 14%计提福利费。

五、总分类账户期初余额及部分账户明细

总分类账户期初余额如附表 15 所示。

附表 15　　2016 年 1 月总分类账户期初余额表　　　　　　　　单位:元

账户名称	方 向	期初余额
库存现金(1001)	借	43 000
银行存款(1002)	借	1 080 000
工行存款(100201)	借	1 080 000
应收账款(1122)	借	237 340
应收股利(1131)	借	7 860
坏账准备(1231)	贷	800
在途物资(1402)	借	320 000
库存商品(1405)	借	2 500 000
固定资产(1601)	借	903 800
累计折旧(1602)	贷	354 600
应付账款(2202)	贷	46 600
应付职工薪酬(2211)	贷	10 800
长期借款(2501)	贷	800 000
实收资本(4001)	贷	3 000 000
资本公积(4002)	贷	879 200

其中,应收账款和应付账款期初余额明细要求在应收账款和应付账款系统以期初应收单和期初应付单形式录入,总账期初余额明细如附表 16、附表 17 所示。

附表 16　　应收账款(1122)期初余额明细表　　　　　　　　单位:元

日 期	客户名称	摘 要	方 向	余 额
2015-12-5	中关村手机商贸中心	客户欠款	借	138 600
2015-11-24	苏州迅捷公司	客户欠款	借	98 740

附表 17　　应付账款(2202)期初余额明细表　　　　　　　　单位:元

日 期	供应商名称	摘 要	方 向	余 额
2015-12-12	数码视讯股份公司	欠供应商款	贷	17 600
2015-11-23	北京神州联想产品有限公司	欠供应商款	贷	29 000

六、日常业务处理

根据业务需要,自行选择相关产品模块进行操作,以下业务均由白燕(BY)操作完成。

(1)2016 年 1 月 1 日,公司从工商银行提取现金 21 000 元备用,现金支票号 6488。

(2)2016 年 1 月 2 日,营销中心吴静报销业务招待费 680 元,现金付讫。

(3)2016 年 1 月 3 日,企业使用外单位高新技术,每月以工商银行现金支票(本月票号 5566)支付技术转让费 6800 元,要求填写凭证后生成常用凭证。

(4)2016 年 1 月 3 日,以现金支付企业上月水费 500 元。

(5)2016 年 1 月 5 日,银行代发上月工资 10 800 元(现金支票,票号 2867)。

(6)2016 年 1 月 5 日,张磊报销参加项目管理培训费 3 000 元,以工商银行现金支票支付,票号 3513。

(7)2016 年 1 月 6 日,计提坏账准备金,在应收账款管理系统中处理。

(8)2016 年 1 月 6 日,采购中心刘甜甜去杭州考察,预借差旅费 2 000 元,以现金支付(科目编号:122101,科目名称:单位个人,辅助核算:个人往来,需要新增科目)。

(9)2016 年 1 月 6 日公司各部门购买办公用品,总经理办公室 1 800 元,财务中心 520 元,采购中心 1 200 元,人力资源部 1 800 元,营销中心 1 500 元,库管中心 920 元,以现金付讫。

(10)2016 年 1 月 8 日,采购中心刘甜甜从供应商神州联想采购 20 部 HTC G23 One X,原币单价 3 200 元,货款未支付,刘甜甜将采购普通发票交给财务中心,财务中心暂不支付货款,生成应付账款凭证。

(11)2016 年 1 月 9 日,营销中心吴静销售给中关村手机商贸中心 100 个捷波朗 BT2080 蓝牙耳机,含税单价 650 元,货款未收,根据业务录入销售专用发票,生成应收凭证。

(12)2016 年 1 月 10 日,采购中心吴明向数码视讯采购苹果 iphone 4S 32G 30 部,单价 3 800元,货已验收入库,采购发票已经收到,但财务中心暂不支付货款,录入采购专用发票,并生成应付凭证。

(13)2016 年 1 月 12 日,财务中心对 1 月 8 日采购神州联想货物进行全额付款,付款方式为工商银行现金支票,结算票号 008925,填写、审核付款单,生成相关财务凭证,并进行核销处理。

(14)2016 年 1 月 14 日,营销中心吴静销售给北京飞扬通讯公司诺基亚 800 手机 50 部,含税单价 3 500 元,HTC G14 手机 20 部,含税单价 2 200 元,货款暂未收到,根据业务录入销售专用发票,生成应收账款凭证。

(15)2016 年 1 月 16 日,采购中心刘甜甜从丰盈科技采购诺基亚 800 手机 50 部,原币单价 2 500 元,货已验收入库,货款 1 个月后付,根据业务录入采购专用发票,生成应付账款凭证。

(16)2016 年 1 月 18 日,财务中心对 1 月 10 日采购数码视讯 30 部苹果 iphone 4S 32G 进行付款,付款方式为工商银行现金支票,结算票号 0135,填写、审核付款单,生成相关财务凭证,并进行核销处理。

(17)2016 年 1 月 22 日,营销中心吴静报销差旅费 2 000 元,现金付讫。

(18)2016 年 1 月 24 日,财务中心收到北京飞扬通讯公司现金支票,货款 10 000 元,其他货款下月付清,填写收款单,生成收款凭证,并进行核销处理。

(19)2016 年 1 月 25 日，由于苏州迅捷公司经营不善，已经倒闭，欠公司货款已无法追回，财务中心做坏账业务发生处理，生成坏账发生业务凭证。

(20)2016 年 1 月 27 日，赵艳销售给上海明讯信息公司三彩手机充电器 50 个，含税单价 30 元，货款未收，根据业务录入销售专用发票，生成应收凭证。

(21)2016 年 1 月 27 日，总经理办公室购入办公用固定资产 DELL 服务器一台，使用年限 5 年，净残值率 10%，价值 11 900 元，工商银行现金支票支付，票号 668962，生成固定资产购买凭证。

(22)2016 年 1 月 27 日，设置卡片列头编辑，要求显示卡片编号、固定资产名称、使用部门、原值、累计折旧、净残值，另存为"固定资产明细表.xls"。

(23)2016 年 1 月 27 日，计提 1 月份固定资产折旧，并生成折旧凭证。

(24)2016 年 1 月 31 日，生成薪资管理中企业福利费凭证。

七、月末处理

(1)2016 年 1 月 31 日，由操作员刘峰对所有业务凭证进行出纳签字、审核并记账。

(2)2016 年 1 月 31 日，由操作员白燕设置期间损益结转并结转本年利润，收入、支出类生成一张凭证，并将其由刘峰进行审核记账。

(3)将固定资产、薪资管理、应收、应付及总账系统进行结账。

八、报表生成

由操作员白燕利用报表模版编制 2016 年 1 月份资产负债表和利润表，并保存在报表文件夹中。

参考文献

[1]李爱红.会计信息化[M].2版.北京:高等教育出版社,2016.

[2]王新玲.用友ERP财务管理系统实验教程[M].北京:清华大学出版社,2012.

[3]赵建新.用友ERP供应链管理系统实验教程[M].北京:清华大学出版社,2012.

[4]张冬梅.电算会计项目化教程[M].北京:电子工业出版社,2013.

[5]牛永芹.ERP财务链系统实训教程[M].北京:高等教育出版社,2016.

[6]孙义.会计电算化分岗位实训[M].北京:高等教育出版社,2016.

[7]王新玲.会计信息系统实验教程[M].北京:清华大学出版社,2009.

[8]庄胡蝶.会计信息化[M].北京:高等教育出版社,2014.